oten von Loja

Cajamarca

Chavín

Gebirgsknoten von Pasco

Huari

Cuzco

La Paz

gsknoten von
nota

Tiahuanaco

Atacama
Wüste

Publikationen der
Reiss-Engelhorn-Museen

Band 5

REISS-ENGELHORN-MUSEEN
MIT CURT-ENGELHORN-ZENTRUM

MUSEUM
für Kunst-, Stadt- und Theatergeschichte

MUSEUM
für Archäologie, Völkerkunde und Naturkunde

CURT-ENGELHORN-ZENTRUM
für Internationale Kunst- und
Kulturgeschichte

AN DIE MÄCHTE DER NATUR

Mythen der altperuanischen Nasca-Indianer

Herausgegeben von Alfried Wieczorek
und Michael Tellenbach

VERLAG PHILIPP VON ZABERN
MAINZ AM RHEIN

AN DIE MÄCHTE
DER NATUR

Mythen der altperuanischen Nasca-Indianer

Reiss-Engelhorn-Museen Mannheim

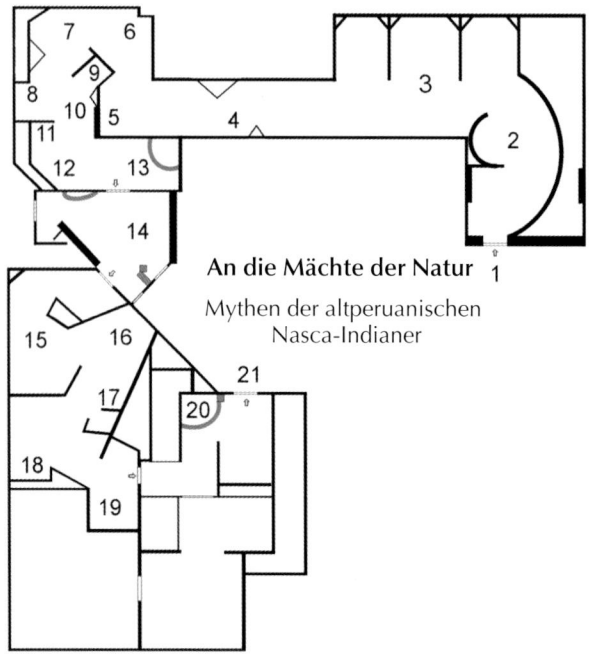

An die Mächte der Natur

Mythen der altperuanischen
Nasca-Indianer

Inhalt

Folgende Seite: Bemaltes Textil mit ernte-
fressenden Melanerpes-Spechten (siehe Kat. Nr. 3.12, Seite 101)

Die Ausstellung

An die Mächte der Natur
Mythen der altperuanischen
Nasca-Indianer

steht unter der Schirmherrschaft
seiner Exzellenz

Alfredo Novoa-Peña

Botschafter der Republik Peru
in der Bundesrepublik Deutschland

Geleitwort

Mit der Ausstellung „An die Mächte der Natur – Mythen der altperuanischen Nasca-Indianer" haben sich die Reiss-Engelhorn-Museen Mannheim vorgenommen, dem modernen mitteleuropäischen Betrachter Vorstellungswelt und Denken der Nascakultur näher zu bringen, die einen bedeutenden Platz in der Hochkultur-Entwicklung Altperus einnimmt.

Wir erfahren, daß die frühen Bewohner Altperus die gewaltige Naturlandschaft der Anden überhaupt erst kulturell überprägt und bewohnbar gemacht haben: An den steilen Hochgebirgshängen haben sie Anbauterrassen und Bewässerungskanäle angelegt, aus den einstmals sumpfigen Talgründen wurden durch Drainage-Arbeiten die paradiesischen Oasen der Küstenwüste.

In diesen sehr durchdacht angelegten Gärten und Feldern domestizierten die Menschen Pflanzen, die Jahrhunderte später ein wesentlicher Teil der Grundlage für Nahrung und Kleidung der ganzen Menschheit werden sollten: die Baumwolle und viele Nährpflanzen, wie z. B. den Mais und die Kartoffel. Wie sähen heute weite Teile Europas aus ohne diese Nahrungsmittel? Wie wäre die Sozialgeschichte Deutschlands in der Neuzeit verlaufen ohne das Grundnahrungsmittel Kartoffel und ohne den Mais für die Schweinezucht? Und auf welche Genüsse müßte Europa verzichten ohne die Schokolade aus den Kakaobohnen der Neuen Welt!

Wenn wir die Vasenmalereien von Nasca betrachten, treten diese Zusammenhänge freilich nicht unmittelbar zutage. Die Formensprache der Nasca-Bilder erinnert vielmehr daran, daß die Entstehung der modernen Kunst gerade in Deutschland, im Lande des Expressionismus, der Begegnung mit der altamerikanischen Kunst ganz wesentliche Impulse verdankt.

Schließlich möchte ich noch einen Aspekt betonen, der gerade Mannheim mit der Neuen Welt verbindet: Vielen ist vielleicht nicht bewußt, daß die urbanistischen Visionen von der idealen Stadt, die in der europäischen Renaissance aufkamen, ganz wesentlich von den Berichten über die Zivilisationen der Neuen Welt inspiriert worden sind. Das erstaunt nicht, denn im 14. Jahrhundert war die wohl größte Stadt der Welt die Metropole Chan Chan, die Hauptstadt des Reiches von Chimú an der Nordküste Perus: eine Stadt mit hunderttausenden von Einwohnern, eine Stadt, deren Architektur nur von rechten Winkeln und geraden Straßen bestimmt war. Die Architekten und Urbanisten des gebildeten Europa wußten aus Berichten und Chroniken von den Städten der gerade entdeckten Welt jenseits des Atlantik, sie beschäftigten ihre Phantasie. Eine

der Utopien, die sie entwarfen, wurde in Deutschland um-
gesetzt ... und es entstand die Stadt Mannheim nach
einem Grundriß, der nicht den Launen der Natur und
Geschichte gehorchte, sondern am Reißbrett als Quadratestadt
konstruiert wurde, übersichtlich, klar und rational.

In unserer Zeit, in der die Welt durch moderne Kom-
munikationsmittel immer mehr zusammenwächst, hat die
Begegnung der Kulturen eine große Bedeutung. Sie vermittelt
eine Vorstellung von der gemeinsamen Geschichte und
den gemeinsamen Wurzeln. Zugleich läßt sie uns erfahren, daß all dem Fremden, all der Vielgestaltigkeit der
Lebensäußerungen letztlich eine gemeinsame Grundlage
gegeben ist. Je genauer wir hinschauen, je intensiver wir
uns mit den Kulturen beschäftigen, die wir noch nicht kennen,
desto vertrauter werden sie uns, desto mehr erkennen wir
darin uns selbst.

Alfredo Novoa-Peña
Botschafter der Republik Peru
in der Bundesrepublik Deutschland

Vorwort

Mit der Gründung der Reiss-Engelhorn-Stiftung rückt die Aufgabe, Kulturen unter vergleichenden Gesichtspunkten darzustellen, in den Vordergrund der Arbeit der Reiss-Engelhorn-Museen. Der Versuch dieser Ausstellung, aus der Bildwelt der schriftlosen Nascakultur Altperus Mythen zu entziffern, die Bilder auf Keramik, Textilien und kultischen Gerätschaften zu lesen, scheint auf den ersten Blick damit wenig zu tun zu haben. Ist doch die Welt der Nasca so völlig anders geartet als jene anderer früher Hochkulturen, denn sie lebten in einer extremen Umwelt, in Wüstenoasen und in den drei gewaltigen Hochgebirgskordilleren der Anden.

Doch dem forschenden Blick erschließt sich, dass diese Bilder einem der großen Menschheitsthemen gewidmet sind, der Auseinandersetzung mit dem Naturraum. Die Frage reizt, in welcher Weise es in dieser frühen Hochkultur weitab von der Alten Welt gestaltet wurde.

Die Nasca wählten ihre Motive sehr bewusst, nur bestimmte Pflanzen und Tiere sind dargestellt. Dr. Gerhard Rietschel, der Naturkundler unseres Hauses, konnte sie fast durchweg genau identifizieren, denn sie beruhen auf präziser Naturbeobachtung. Aus dieser bezogen die Nasca überlebensnotwendige Hinweise auf drohende Krisen. Den in den Zentralanden wüten bedrohliche Kräfte, Niño-Katastrophen zerstören plötzlich Siedlungen und Felder und bringen Plagen, die die menschengeschaffenen Oasenparadiese verwüsten.

Die Tier- und Pflanzenbilder von Nasca sind verschlüsselte Zeichen der Auseinandersetzung mit diesem Lebensraum. Um die Tier- und Pflanzenbilder auf den Gefäßen mit den wirklichen Geschöpfen vergleichen zu können, wurden für die Ausstellung Präparate von Kolibris, Jaguaren und anderem mehr angefertigt, die wir dem mit vielen Preisen ausgezeichneten Präparator unseres Hauses, Herrn Matthias Feuersenger, verdanken.

Jene Tiere liehen ihre Züge einem menschenähnlichen Wesen, einer Gottheit, die als unheil- aber auch als segenbringend erfahren wurde, man fürchtete und verehrte sie und opferte ihr alles bis hin zum Leben der Menschen. Sinnbild von Leben und Fruchtbarkeit war der menschliche Kopf, Bild des Samens und Stecklings, Bild der schöpferischen Kraft, geboren aus Hingabe und Opfer.

Gefleckter Jaguar (Panthera onca)
Präparat: Reiss-Engelhorn-Museen, Matthias Feuersenger
Photo: Reiss-Engelhorn-Museen, Gerhard Rietschel

Trotz der so völlig anderen Darstellungswelt ist dieser Gedanke dem Denken anderer Kulturen, etwa der abendländischen, keineswegs fremd, und eben dies ist eines der überraschenden Ergebnisse unserer Ausstellung: Es gibt tiefe Gemeinsamkeiten zwischen der Nascakultur und unseren eigenen kulturellen Ursprüngen.

Unsere Ergebnisse beruhen auf detaillierten Analysen der weitgehend unpublizierten Bestände der Reiss-Engelhorn-Museen. Gleiches gilt für die Exponate des Martin-von-Wagner-Museums der Universität Würzburg, deren Leiterin, Frau Dr. Irmgard Wehmeier, in Absprache mit Prof. Ulrich Sinn großzügig die Leihgaben zur Verfügung gestellt hat. Entscheidend war die Befürwortung durch Prof. Karl-Theodor Zauzich. Ihm verdankt die Universität Würzburg, dass ihr ein Großteil dieser Bestände aus Privatbesitz geschenkt worden ist. Auch die ergänzenden Exponate aus dem Staatlichen Museum für Völkerkunde München sind zum Teil noch nicht veröffentlicht. Der Direktor dieses Hauses, Dr. Claudius Müller und der zuständige Amerika-Kurator, Dr. Helmut Schindler, sind die großzügigen Leihgeber.

Voraussetzung ikonologischer Untersuchungen, wie wir sie hier vorlegen, ist die genaue kulturgeschichtliche Einordnung der Stücke, denn nur so entsteht ein interpretierbares Gesamtbild. Wir sind stolz, für die Analyse einzelner Objektgruppen international anerkannte Spezialisten gewonnen zu haben: Für das Gebiet der Nasca-Musikologie Frau Dr. Anna Gruszczynska, deren Habilitation über die andinen Panflöten vor dem Abschluss steht; für die altandine Textilforschung Frau Dr. Anne Paul, der mit dem vorliegenden Aufsatz eine erste systematische Abgrenzung zwischen der Textilkunst von Nasca und deren Vorgängerkultur, jener von Paracas, gelungen ist. Sie konnte für diese Untersuchung über die Ausstellungsbestände hinaus unpublizierte Bestände verschiedener Museen herbeiziehen. Das Museo Civico von Modena hat die Abbildungsvorlagen zur Verfügung gestellt, Dank gebührt hierfür dem Direktor, Prof. Cardarelli, zudem auch großzügig wichtige Einzelanalysen erstellt, die wir Frau Ilaria Pulini verdanken. Ebenso großzügig gewährte uns Dr. Klaus Schneider, Direktor des Rautenstrauch-Joest-Museums in Köln Zugang zu einem wesentlichen Frühnasca-Textil, das uns in einer Photographie von Herrn Joerg Hejkal als Abbildung zur Verfügung gestellt wurde. Die Textilrestauratorin des Kölner Museums, Frau Petra Czerwinske, hat sorgfältige technische Analysen erstellt; ebenso unterstützen uns das Mint Museum of Art in Charlotte und das Metropolitan Museum New York.

Der naturwissenschaftlichen Analyse der Keramik im Vorfeld der Ausstellung verdanken wir das spektakulärste Ergebnis dieses Projekts: Den Nachweis der Nutzung der langsam drehenden Töpferscheibe für die Nasca-Keramik. Ein spektakuläres Ergebnis insofern, als die bisherige

Forschung die Kenntnis von Rad und Töpferscheibe auf dem amerikanischen Doppelkontinent stets in Abrede stellte.

Wir verdanken dem Diakonie-Krankenhaus Mannheim, insbesondere dem Mitglied der Geschäftsführung, Herrn Andreas Duda, dem Chefarzt der Röntgenabteilung, Herrn Dr. Rosenthal, sowie seinem Oberarzt, Herrn Dr. Martin, dass diese Einblicke möglich wurden. Beide haben sich in ihrer freien Zeit die Mühe gemacht, gemeinsam mit uns nahezu zweihundert Computer-Tomographien zu erstellen. Der Vorstand des Trägervereins hat großzügig die Nutzung der Geräte erlaubt. Dem Keramikspezialisten der archäologischen Abteilung unseres Hauses, dem Restaurator Bernd Hofmann-Schimpf, verdanken wir sachkundige Beratung, zudem hat er Vergleichstücke aus dem intensiver erforschten Alteuropa für die Untersuchung ausgewählt und selbst für die experimentelle Überprüfung Keramikgefäße in verschiedenen Techniken angefertigt.

Eine der liebevollsten Keramikrestaurierungen für diese Ausstellung verdanken wir Frau Birgit Schwahn, die, betreut von der im Projekt hochrangig engagierten Sandra Gottsmann, derzeit ein Restaurierungspraktikum in unserem Hause ableistet.

Die Gestaltung der Ausstellung verdankt der Unterstützung durch das Landesmuseum Halle unter dem Landesarchäologen Dr. Harald Meller entscheidende Hilfe: Unter der kundigen Anleitung und entsprechend der Gestaltung durch Rainer Mietsch hat Frau Parsche, unterstützt von Claudia Trummer M.A., die von ihm bearbeiteten Vorlagen als Backlits und Auflichtbilder im Großformat ausgeplottet. Die hierfür erforderlichen high-end-scans konnten wir dank der Vermittlung und technischen Hilfe von Herrn Volker Keipp erhalten. Grundlage ist die Vereinbarung über die Zusammenarbeit zwischen den Reiss-Engelhorn-Museen und der Hochschule für Technik und Gestaltung, Fachhochschule Mannheim. In diesem Rahmen hat die Ausstellung Pilotprojektcharakter.

Tanja Vogel M.A. hat sich in vielfältiger Weise um die Gestaltung der Ausstellung verdient gemacht und zudem sämtliche Umzeichnungen angefertigt, die Hans Peter Niers in exzellente Computervorlagen umarbeitete. Jean Christen hat in kürzester Zeit hervorragende Photographien der Objekte angefertigt.

Die Inszenierungen wären weniger anschaulich ohne die Materialien, die uns Herr Leonid Velarde aus Peru mitbrachte, frische Maiskolben, Camelidenwolle und die eigens für diese Ausstellung aufgenommene Antara-Flöten-Musik.

Frau Tina Schrottenbaum, Volontärin in der Völkerkundlichen Abteilung, arbeitete in vielfältiger und engagierter Weise an der Realisierung dieses Projektes mit. Der kurzfristige Aufbau der Ausstellung wäre ohne den klugen und engagierten Einsatz von Oliver Klaukien und ohne das

handwerkliche Geschick von Giuseppe Presentato nicht
möglich gewesen, beide gehören der Abteilung Ausstel-
lungswesen an, geleitet von Dr. Claudia Braun, die sich in
bewährter Weise einsetzte. Ihr und allen anderen Mitarbei-
terinnen und Mitarbeitern der Reiss-Engelhorn-Museen sei
für ihren Einsatz herzlich gedankt. Wir danken auch Frau
Dr. Astrid Boehme-Schönberger für die Unterstützung bei
der Textilbearbeitung.

Der Katalog selbst jedoch läge ohne die kundige und
hochrangige Bearbeitung durch Luisa Reiblich nicht vor.
Ihre Arbeit an diesem Katalog ist mit der Bezeichnung Redaktion nur völlig unzureichend charakterisiert.

Und natürlich danken wir dem Verlag Philipp von
Zabern in Mainz für die Erstellung des Kataloges, im besonderen Herrn Lothar Bache und Herrn Klaus Rob.

Prof. Dr. Alfried Wieczorek   PD Dr. Michael Tellenbach
Ltd. Direktor,   Zweiter Direktor und
Fachbereich   Leiter der Völkerkundlichen
Museen und Archiv   Abteilung der
                                     Reiss-Engelhorn-Museen

Indianerin beim Spinnen
(Photo: Cornelius Ulbert)

Kulturgeschichtlicher Überblick

Auf der ganzen Erde sind nur an sechs Punkten archaische Hochkulturen entstanden. Wendet man sich der Andenweltkultur zu, so muss man sich weit von den anderen Zentren entfernen: Peru liegt in einer „Nicht-Kontakt-Zone". Darin besteht ein wesentlicher Unterschied zu den Stromkulturen Ägypten, Mesopotamien, Indus und Yangtse, wo jeweils die Flüsse selbst Kommunikationswege darstellen, welche die Kristallisationsregionen der frühen Hochkulturen mit den jeweils angrenzenden unterschiedlichen Natur- und Geschichtsräumen verbinden. Aber auch Mesoamerika, das alte Mexiko, unterscheidet sich von Altperu durch seine Lage im Kommunikationsbereich der Neuen Welt zwischen Tropen und gemäßigten Breiten. So steht am Anfang der Beschäftigung mit der Kulturgeschichte Perus das Problem seiner Andersartigkeit.

Peru weist nicht die geographische Einheitlichkeit einer Stromlandkultur auf, sondern ist ein heterogenes Gebiet mit einem Oberflächenrelief, das wie die Alpen oder der Himalaya jüngster geologischer Zeit entstammt: Von der Meeresküste hinauf bis in 6000 m Höhe gelangt man auf eine Distanz von weniger als 100 km.

Der Radikalität dieser Morphologie entsprechen klimatische Kontraste (siehe Annex: Die acht Naturräume Altperus). Neben dem fischreichen Kaltwasser-Ozean, dessen Küsten von dichten Vogelscharen überschwärmt sind, erstreckt sich die Chala-Zone, die nebelverhangene Küstenwüste, eines der trockensten Gebiete der Erde. Darin wirken die zumeist sehr kleinen Flussoasen verloren, sie ziehen sich jedoch in die tief eingeschnittenen Täler hinauf,

Blick in eine Taloase (Photo: Michael Tellenbach)

wo ab ca. 300 m Höhe, in der Yunga-Zone, strahlende Sonne fruchtbare tropische Oasenparadiese bestrahlt. Gemäßigtes Klima herrscht nur in der Quechua-Region, an steilen Hängen und in schmalen Tälern in über 2000 m Höhe, wo Mais und dunkle Bohnen, die Grundnahrungsmittel der altindianischen Kulturen, wachsen. Weite Ebenen gibt es nur in der Puna-Zone, dem feuchten Hochland in über 4000 m Höhe, wo bestenfalls noch Kartoffeln angebaut werden können; es ist auch die Heimat der Lamas und Alpacas, der einzigen großen Haustiere der Neuen Welt. Jedoch wachsen in dieser Höhe weder Baum noch Strauch, zuweilen erheben sich darüber noch 6000 m bis 7000 m hohe Eisgipfel. Ebenso steil wie der Anstieg im Westen ist der Abstieg des Landes im Osten in ungeheure Urwald-Ebenen hinab.

Quechua-Region (Photo: Michael Tellenbach)

Puna-Zone (Photo: Jane Wheeler)

Ein Blick auf die Karte:

Die Andenkordillere am Westrand des südamerikanischen Kontinents bildet gleichsam sein Rückgrat. Die westlichste der drei Andenketten bildet die kontinentale Wasserscheide, steil fallen die Gebirge jenseits davon zum schmalen Küstenstreifen des Pazifik hin ab.

Hier befindet sich das Hochgebirgs- und Küstengebiet, das man Zentralandenraum nennt. Ab dem fünften Grad südlicher Breite werden die Gebirgsketten niedriger, dort befindet sich der Übergang zum Nordandenraum, wo sich die Gebirgszüge in Einzelvulkane auflösen. Im Süden vereinen sich die Kordillerenketten zu einem mächtigen, extrem ariden Hochplateau, am Wendekreis des Krebses schließt der Südandenraum an.

Die drei Andenketten vereinen sich in Vilcanota und Pasco zu Gebirgsknoten, jenseits derer die interandinen Hochebenen jeweils schmaler werden und niedriger liegen.

Alle drei Kordillerenketten werden von Osten beregnet, fast der gesamte Zentralandenraum entwässert nach Osten, nur der Santa-Fluss, genährt von den Eiskappen der höchsten Gipfel des Zentralandenraums, wendet sich zum Pazifik, er ist einer der wenigen Flüsse, die das ganze Jahr über Wasser führen.

Die 3000 km lange, extrem aride Küstenregion ist zweigeteilt: südlich der Paracas-Halbinsel steigen Küstengebirge auf, nördlich davon zieht sich die schmale Küstenebene hin, die sich nach Norden hin ständig verbreitert. Nur

dort, wo Flüsse in den kurzen, engen Tälern der Pazifik-
flanke aus dem Hochland Wasser zum Ozean führen, ist
die Küstenwüste von Oasen unterbrochen. Das Wasser verdankt sich fast ausschließlich dem Regen aus dem östlichen Tiefland. Nach Süden hin, wo die Kordilleren immer
breiter werden, nimmt dementsprechend die Ausdehnung
der Oasen stetig ab.

Die klimatischen Verhältnisse in Altperu

Das Fehlen von Niederschlägen an der Küste des Zentralandenraumes steht ganz offensichtlich in Verbindung mit
der niedrigen Meerestemperatur dort. Man spricht vom sogenannten Humboldtstrom, der sich erst im Übergangsbe-
reich zum Nord-Andenraum von der Küste weg in nord-
westlicher Richtung zum offenen Meer hin wendet. Die
Sonne erwärmt daher das Land mehr als das Meer, die
feuchten Luftmassen, die vom kalten Meer auf das erwärmte Land geblasen werden, werden dort von der war-
men Luft absorbiert. Diese Klima-Parameter haben sich in
den letzten Jahrtausenden offensichtlich nicht geändert,
man kann ausschließen, dass die kühle Meeres-„Strömung" in archäologisch relevanter Vergangenheit ihren
Lauf geändert hat. Denn zeitgleiche Temperaturmessungen
vor den Küsten Perus und 4000 km südlich in Chile ergaben identische Wassertemperaturen. Diese Beobachtung
belegt, dass die niedrigen Meerestemperaturen durch das
Aufsteigen von kalten Wassermassen aus der ozeanischen
Tiefsee bedingt sind. Alle Ozeane der Südhalbkugel sind
linksdrehend. Diese Kreiselbewegung drückt kaltes Tiefsee-
wasser am Westrand der Kontinente nach oben. Tatsächlich
befinden sich dort die trockensten Wüsten der Erde: die
Namib-Wüste in Südwestafrika, die westliche Wüste Aust-
raliens und in Südamerika eben die Küstenwüsten von Atacama bis Sechura. Die Kreiselbewegung wird von den Pas-
satwinden verursacht. Der Passat ist – vereinfacht gesagt – eine leichte Retardierung der Atmosphäre in Äqua-
tornähe gegenüber der Erddrehung: das Kreiseln der Meere
wird also von einer Kraft angetrieben, die wirkt, seit sich
die Erde dreht.

Die großklimatischen Zusammenhänge haben erhebliche Folgen für das archäologische Gesamtbild: die Klima-
Faktoren des Zentralandenraumes sind nicht variabel, man
kann für die letzten 10 000 Jahre (seit der Nacheiszeit)
großklimatische Veränderungen ausschließen (Koepcke
1961).

Wir können also davon ausgehen, dass sich die Kulturen
des Zentralandenraumes in der uns heute in Peru bekannten natürlichen Umwelt entwickelt haben.

Eine der wichtigsten klimatischen Besonderheiten des
Zentralandenraumes ist das Niño-Phänomen, eine Meeres-
strömung, die in Gegenrichtung zum Humboldtstrom un-

verhofft und kurzfristig Warmwasserwirbel vom Äquator vor die Pazifikküste Südamerikas bringt. Diese verursachen tropische Regengüsse in den sonst so extrem trockenen Wüsten und in den Oasen, die Wege, Anbauterrassen, Bewässerungskanäle und die Felder im Schwemmland zerstören. Die Überschwemmungen bringen weitere, vielfältige Plagen mit sich: Vogelschwärme, Frösche und anderes Getier fressen die Ernte weg; Raubkatzen kommen aus den Bergen herunter...

Ein struktureller Aspekt der Kulturen Altperus

In allen Kulturen Altperus finden sich Elemente und Erzeugnisse aus all diesen so verschiedenen Naturräumen, die Nahrungs- und Nutzpflanzen werden zwischen den Regionen ausgetauscht, auch Schmuckelemente, wie z. B. leuchtende Papageienfedern, finden ihren Weg vom Amazonasbecken an die Pazifikküste, gut einfärbbare Camelidenwolle wird in die hellen Baumwollgewebe der Küste eingestickt und die tropischen Raubtiere bevölkern die mythischen Bilddarstellungen von Kulturen des Berglands und der Küstenoasen.

Die wirtschaftliche Integration der unterschiedlichen ökologischen Zonen kennzeichnet die Kulturgeschichte des Zentralandenraumes von Anbeginn (Murra 1972, für die Frühzeit Alva 1986). Sie ist ein Schlüssel zum Verständnis der Hochkulturentwicklung Altperus.

Die Epochen altandiner Kulturgeschichte

Schon die Reisenden vergangener Jahrhunderte beschrieben verlassene Stadtanlagen und pyramidenartige Tempelplattformen; vollständig erhaltene weitläufige Anlagen und Gebäude aus Lehmziegeln im trockenen Küstenstreifen, gewaltige, aus Stein erbaute Baukomplexe im Hochland, präzis gearbeitetes polygonales Mauerwerk, das noch heute zuweilen sichtbarer Untergrund des kolonialen Cuzco ist, geheimnisvolle Tempelgalerien am Abfall der Gebirge in den Dschungel. Noch im 20. Jahrhundert wurden in den wilden Urwaldbergen verschollene Städte entdeckt.

Unter den Gelehrten, die in diese Fülle der Erscheinungen und Rätsel ordnend eingriffen, und die uns erste Einblicke in die geschichtliche Tiefendimension gaben, nimmt der Dresdner Archäologe Max Uhle eine hervorragende Stellung ein: ihm ist zu verdanken, dass eine Epochengliederung andiner Kulturgeschichte sichtbar wurde, obwohl dieser Kulturwelt Schrift fremd war und somit bis ins sechzehnte Jahrhundert keine geschriebene Geschichte bestand.

Uhle gelang es, aus der Fülle der Funde, der Gefäße, Geräte, Skulpturen, Reliefs, der Bauten und Tempel, Stile zu definieren, die im gesamten Zentralandenraum auftauchen, Horizontstile, wie er sie nannte. Es sind die Zeugnisse jener Zeitabschnitte, in denen die voneinander durch Wüsten und Bergketten getrennten Flussoasen, Gebirgstäler und Hochlandbereiche eine eigentümliche Einheitlichkeit der Lebensäußerungen aufweisen und das so zerklüftete Zentralandengebiet eine einzige Kultur entfaltete.

Soweit wir heute wissen, ist das dreimal in der präspanischen Geschichte der Andenwelt der Fall gewesen. Der erste dieser Horizontstile, jener von Chavín, schien bis vor wenigen Jahren völlig unvermittelt aus dem Dunkel der Geschichte zu treten, man vermutete gar, dass er völlig von außen in den Zentralandenraum gebracht worden sei. Dies Bild hat sich jedoch in den letzten Jahren verändert; sehen wir aber zunächst, was all dem vorausging:

Aus der Zeit nach der Einwanderung der späteiszeitlichen Großwildjäger, die über die damals trockenliegende Behringstrasse von Ostsibirien her den amerikanischen Doppelkontinent betraten und ihn bis nach Feuerland hinunter durchzogen, kennen wir nur wenige Malereien in

Relief in Cerro Sechín (Photo: Henning Bischof)

Relief im Rundhof von Chavín (Photo: L. G. Lumbreras)

Höhlen und Felsdächern der Hochanden. Dazu kommen einige Stratigraphien von Lagerplätzen der Jäger- und später auch Hirten-Gruppen der Neuwelt-Kameliden Guanaco und Vicuña (Wildformen) sowie Lama und Alpaca (domestizierte Formen). Nur spärliche Überreste dieser Art fand man in den Küstenregionen.

Unvermittelt tritt uns dann die altperuanische Kulturtradition entgegen mit komplexen Tempelanlagen und Siedlungen, hauptsächlich an den Randbereichen der Taloasen der Pazifikküste. Diese frühen Epochen kannten keine Keramik.

Cerro Sechín ist die berühmteste dieser Zeremonialanlagen. Der Mannheimer Altamerikanist H. Bischof hat entscheidend dazu beigetragen, dass diese Anlage systematisch archäologisch untersucht und mit modernen naturwissenschaftlichen Methoden datiert worden ist. Aufgrund von Vergleichen mit dem spärlichen bislang bekannten Bauschmuck anderer Fundorte und mit wenigen Funden verzierter Paraphernalia und Geweben hat er ein erstes schemenhaftes Bild der Stilentwicklungen dieser frühen Phasen vor der Chavínzeit entworfen (Bischof 1992). Auch in den Schluchten und Hochtälern der Anden und in Tälern, die zum Amazonastiefland hin entwässern, finden sich Architekturanlagen, die vermutlich bis in diese Zeit zurückreichen.

Die weitere Entwicklung des frühen Andenraumes steht offensichtlich in der Tradition dieser „präkeramischen" Kulturen. Man spricht von „initialen" Kulturen, die durchsetzt sind von charakteristischen Darstellungselementen, unter denen kurvolineare vexierbildhafte Darstellungen von mensch-tiergestaltigen Mischwesen eine wichtige Rolle spielen. Kristallisationspunkt dieser verschiedenen regionalen Traditionen ist die Tempelanlage von Chavín de Huántar. Sie zeichnet sich durch reichen Bauschmuck, steinerne Skulpturen und Reliefs, aus und durch ein Kultbild am Schnittpunkt von Gängen im Inneren, die man Galerien nennt. Chavín liegt in einem Seitental des oberen Marañon – das ist der westlichste der Amazonas-Quellflüsse – am Fuß des höchsten Andenmassivs in Peru, dem Massiv des vergletscherten Huascarán. Die Region von Chavín befindet sich am Rande des nördlichen Zentralandenraumes, im Süden schließen die Puna-Hochflächen an.

Bei Ausgrabungen in Chavín de Huántar entdeckte der peruanische Archäologe Luis Guillermo Lumbreras eine Galerie mit einem bedeutenden Ensemble von Keramikgefäßen, die man aufgrund von Form und Dekor den verschiedenen, manchmal hunderte von Kilometern entfernten lokalen Traditionen zuweisen kann: von den fast 700 km entfernt gelegenen Taloasen und Gebirgsregionen der Nordküste bis zu den gleich weit entfernten Taloasen der Zentralküste bei Lima. Hunderte von Gefäßen aus all diesen verschiedenen Regionen wurden in der so genannten Ofrendas-Galerie im Zusammenhang eines rituellen Ereignisses niedergelegt. In der Mitte des nischengesäumten Ganges fand sich ein weiblicher Schädel. Er war von einem Kreis von Milchzähnen umgeben. Nach dem Ereignis wurde der Gang verschlossen und überbaut (Lumbreras 1993). Abgesehen von den zahlreichen kulturgeschichtlichen Einsichten, die sich aus dem Fund und seinen Fundumständen ergeben, ist somit der Nachweis erbracht, dass die verschiedenen „initialen" Stile zeitgleich mit der frühen Tempelanlage von Chavín bestanden und diesen verschiedenen Gruppen ein religiöses Kultzentrum gemeinsam war.

Dem peruanischen Archäologen Julio C. Tello gebührt das Verdienst, schon lange vor diesen Entdeckungen das, was man heute den frühen Horizont nennt, an einem Kunststile erkannt zu haben, nämlich an der Bildwelt der Skulpturen und Reliefs an den Tempelwänden und Gängen im Heiligtum von Chavín. Die typische Darstellung jener Mischwesen mit Feliden-, Schlangen- und Adlerattributen, die die Chavínkunst charakterisiert, ist von so unverkennbarer Eigenheit, dass es uns heute völlig unverständlich erscheint, wieso man nicht schon viel früher erkannt hat, dass die Funde von Orten über 600 km weiter nördlich im Hochland und an der Küste, aber auch Textilien aus Gräbern von Ancón an der peruanischen Zentralküste bei Lima und aus dem noch hunderte von km südlich an der Küste gelegenen Paracas vom selben Stil geprägt sind und derselben Zeitstufe angehören müssen.

Inzwischen haben sich nicht nur die Verbreitungspunkte derart verzierter Knochengeräte und Gefäße aus Keramik sowie von Steinkalebassen und Textilien verdichtet und überziehen fast das gesamte Zentralandengebiet, sondern man fand auch Heiligtümer von charakteristischem Grundriss und entsprechender Form und Bauweise, verziert mit Lehmplastiken des Chavínstils oder bestanden mit Stelen und Architekturteilen, die Bilder jener anthropomorphen Adler, Schlangen und Katzengottheiten tragen.

Die Heiligtümer mit U-förmigem Grundriss um eingetiefe Rundhöfe, charakteristisch verputzten Zweischalenmauern, die im Küstenbereich häufig aus kegelförmigen Lehmziegeln errichtet wurden, weisen eine einheitliche Architektur in diesem ungeheuer großen und unwegsamen Gebiet auf.

Sind auch eine Reihe jener Hauspflanzen, die wir den Kulturen Altperus verdanken, wie z. B. die Baumwolle, aus älterem Kontext bekannt, so sind doch die wichtigsten wie Mais und die Knollenfrüchte Kartoffel und Maniok erst in diesen rätselhaften, plötzlich auftretenden Hochkulturen sicher nachweisbar. Hier begann die Metallverarbeitung mit all ihren Implikationen von Prospektion und Schmelztechnik. Erstmals wurde dank hydraulischer Technologie in Hochtälern und Küstenwüsten die landwirtschaftliche Produktion unabhängig von den jahreszeitlichen Regenfällen und den Flüssen.

Vor einigen Jahren ließ sich sogar die Vorstellung, jene großen Heiligtümer und Anlagen seien nur Pilgerzentren gewesen, insofern wiederlegen, als wir in Montegrande, in Nordperu erstmals nachweisen konnten, dass zeitgleich mit der Anlage eine ausgedehnte Siedlung existierte (Tellenbach 1986). Unser Bild vom Ursprung andiner Hochkultur erfährt zur Zeit einen großen Umbruch.

Es sollte nach dem Ende des frühen Horizonts fast 1000 Jahre dauern, bis das Zentralandengebiet wiederum eine kulturelle Einheit darstellte. Ein letztes Aufleuchten des frühen Horizonts zeigte sich in gewissen Elementen der Kunst und der Bauform, die man im Süden bis nach Nordwest-Argentinien und im Norden bis nach Kolumbien beobachten konnte. Neu waren nun die frei stehenden Skulpturen der Ursprungskultur von Tiahuanaco im Hochland Boliviens, der Pucará-Kultur im Zentralandenraum selbst, neu waren die Orthostatenmauern, diese und auch andere Elemente fand man bis in die Kulturen von La Aguada in Argentinien und San Agustin in Kolumbien. Aus dieser Verbreitung ergab sich, dass sich später Einzelornamente und Züge der Chavínkultur in weit voneinander entfernten Gebieten fanden und in Epochen, die eher durch Stichworte wie Regionalisierung gekennzeichnet waren.

Im ersten nachchristlichen Jahrtausend zerfiel die Kulturwelt der Anden in geographische Einheiten mit stark unterschiedlichem Eigenprofil.

Die Metallverarbeitung der Moche-Vicus-Kultur war bedeutsam für die Entwicklung der Metallurgie im Andengebiet, hier begann die Kupferverarbeitung. Einige dieser Techniken, wie die Platin-Amalgamierung, wurden in Europa erst im 19. Jahrhundert wieder entdeckt.

Scharrbild im Nazca-Tal, Killerwal (Orca)
(Photo: Michael Tellenbach)

Skulpturengefäß in Form eines Killerwals (Orca)
(Photo: Michael Tellenbach)

Die Mochekultur in den Oasen der nordperuanischen Küstenwüste entwickelte jenes großartige Straßensystem, das bis zur Zeit des Inkareiches bestand und immer weiter ausgebaut wurde. Auf Moche-Gefäßen sind Läufer wie eben jene dargestellt, die in der Inkazeit die Mitteilungen auf den schnurgeraden Straßen über hunderte von Kilometern in kürzester Zeit überbrachten. Die gegenständliche Kunst erreichte in den Gefäßskulpturen der Mochekultur ihren Höhepunkt.

Die Nascakultur an der Südküste ist das Pendant zur Mochekultur. Kein augenfälligerer Kontrast ist denkbar zu den Gefäßskulpturen jenes Nordküstenstils, als die rein ornamentalen polychromen Muster und Zeichnungen, die die verschiedensten Gefäßformen überziehen gleich Ge-

weben einen Körper: Und doch sind beide Stile zum Großteil Fortentwicklungen der Bildwelt von Chavín.

Nach dem namengebenden Tal von Nazca sind auch
jene großen Scharrbilder der Küstenwüste von Nazca benannt, die seit ihrer Entdeckung durch Paul Kosok die Fan-
tasie der Touristen und archäologischen Laien bewegt haben. Eine deutsche Mathematiklehrerin, Maria Reiche, hat
ihr Leben der Untersuchung und Erhaltung dieser Geoglyphen gewidmet. Einige Darstellungen lassen sich tatsächlich mit der frühesten Phase der Nascakultur in Verbindung
bringen. Die Beziehung dieser Riesenbilder zur Sternen-
beobachtung ist schon im Hinblick auf ihre Herstellung
offenkundig.

Die Großräumigkeit der Planung, die die Anlage solcher
Geoglyphen voraussetzt, zeigt sich auch in der Konzeption
von Bewässerungssystemen, mit deren Errichtung offenbar
bereits in der Zeit der mittleren Nascakultur, Phase 5 begonnen wurde (Schreiber/Rojas 1995): Großteils unterir-
disch verlaufend zum Schutz vor dem Austrocknen in diesem extrem trockenen Gebiet, sind den Tunnelkanälen von
Nazca und Ica auf der Erde nur die Qanate des iranischen
Hochlands als hydraulische Großtaten an die Seite zu stellen.

Ganz entscheidend für die Herausbildung des panandinen Huari-Tiahuanaco-Stils im 6. Jahrhundert n. Chr.
wurde die fortentwickelte Nascakunst mit ihren geometri-
sierenden polychromen Darstellungen. Die Motive sind
uns von Gefäßen her bekannt, nunmehr finden sie sich,
häufig gereiht, auf Stelen und Steinreliefs wie an dem
berühmten Sonnentor von Tiahuanaco am Titicaca-See.
Die Ursprünge jenes rätselhaften großen Orts in der baumlosen Hochsteppe, wo kaum noch Pflanzen gedeihen kön-

Sonnentor in Tiahuanaco am Titicaca-See
(Photo: Michael Tellenbach)

nen, gehen jedoch, wie wir gesehen haben, in der Chronologie viel weiter zurück.

Selbst auf der Grundlage einer integrierten Ökonomie, die die verschiedenen naturräumlichen Stufen mit ihren jeweiligen Produkten in einen großräumigen Austausch einbindet, übersteigt das Bestehen einer Siedlung dieser Größenordnung in der Puna unsere Vorstellungskraft. Das Lama als einziger großer „Fleischproduzent" der neuen Welt und als einziges Tragetier dürfte für die wirtschaftliche Integration große Bedeutung gehabt haben. Noch heute ist es das einzige große Haustier in dieser Landschaft. Es war wohl auch für die spätere Ausbreitung der Tiahuanaco-Huari-Hochlandkultur wichtig. Die Verwandtschaft der Funde dieses Horizonts aus unterschiedlichen Regionen fällt dem Betrachter auf, seitdem Max Uhle darauf aufmerksam gemacht hat.

Für die Verbreitung von Stil und Ikonographie von Tiahuanaco durch das gesamte Zentralandengebiet waren sicherlich die außerordentlichen Textilien von großer Bedeutung. Wir kennen sie – ähnlich wie im Falle der frühen Paracas-Kultur – aus den Gräbern der Küstenwüste. Totenbündel, wie sie schon aus der Zeit des frühen Horizonts bekannt sind, weisen bis zu 80 m Tuch und Leinwand auf, angefüllt mit den gesamten Kleidungsstücken der Bestatteten wie Lederschurze, Sandalen, Ponchos, Mützen und Beutel aus den verschiedensten Fasern: Lama, Alpaca, Baumwolle etc.

Nicht nur auf dem Dach der Andenwelt, sondern auch im Bereich der Küste entstanden große, stadtartige Siedlungen, die sich aufgrund der Lehmziegelbauweise hervorragend erhalten haben.

Die Diskussionen über den Ursprung der Bildwelt des Mittleren Horizonts von den Zentren von Tiahuanaco und Huari bis an die Grenzen des heutigen Ecuador im Norden und in die Pampas von Argentinien sowie die nördlichen Wüsten Chiles haben noch nicht zu einem allgemein akzeptierten Ergebnis geführt. Unklar ist, ob ein Reich den Zentralandenraum geeint oder eine religiöse Bewegung ihn durchdrungen hat. Es gab jedenfalls damals eine nachhaltige Veränderung in Kunst und Kultur jeder einzelnen Zentralandenregion, wo sich dann nach einer relativ kurzen Zeit der Einheitlichkeit sogenannte „epigonale" Stile bildeten.

In den Metallurgie-Zentren spielte die Verarbeitung von Arsen- und Zinnbronze eine gewichtige Rolle. Diese Zentren lagen zu einem guten Teil in den großen Oasen der Nordküste und sind mit dem Straßennetz der Mochekultur untereinander verbunden. Der Tiahuanaco-Stil im Andengebiet setzte sich wohl nicht infolge einer zerstörenden Eroberung durch, sondern unter Wahrung von zivilisatorischer Kontinuität. So wundert es nicht, dass sich in den nördlichen Küstenoasen zwischen 1000 bis 1400 eine blühende Stadtkultur entfaltete: Das Reich von Chimú entwickelte sich auf der Grundlage komplexer Bewässerungssysteme, die unter anderem sechs Flussoasen zu einer hydraulischen Einheit zusammenfassten. Die Hauptstadt dieses Reiches, Chan Chan, war mit mehr als einer Viertelmillion Einwohner wohl größer als alle Städte Europas in dieser Zeit. Keramik wurde (nach geltender Forschungsmeinung) in Serienproduktion in Modeltechnik gefertigt. Die Grenzen waren mit burgartigen Forts abgeriegelt, dank der hervorragenden Organisation hinsichtlich Versorgung und Militärwesen widerstanden diese Staaten den Eroberungen durch die Inkas über lange Zeit, bis letztere ihnen buchstäblich das Wasser abgruben, in dem sie die Kanäle der Flussoasen im Oberlauf zerstörten.

Fragt man, was das eigentliche Charakteristikum der Andenwelt zur Zeit der Inkas war, so wird der Blick zuerst aufs Straßenwesen gelenkt. Über 4000 km weit führten schnurgerade Straßen von Norden nach Süden durch Küstenwüsten und über Gebirgsschluchten, ohne Rücksicht auf Steigung und Gefälle. An der Küste ursprünglich bis zu 8 m breit und von Mauern eingefasst, sind die Reste dieser sorgfältig mit Lehmziegel gepflasterten Trassen heutzutage in den Wüsten trotz Sandverwehungen noch klar zu erkennen; parallel dazu führte die zweite Hauptstraße durch die Hochgebirge. Abenteuerliche Hängebrücken überquerten Abgründe, Treppen überwanden Berge; hier oben waren die Straßen mit Bruchsteinen gepflastert, da die Lehmziegel den Regen nicht überstanden hätten. Beide Hauptstraßenzüge waren durch Quertrassen miteinander verbunden. Staatliche Wegestationen mit Waffen, Nahrung und Kleidung gab es in den Abständen einer Tagesreise. Die Straßen dienten den chasquis, den „Stafettenläufern", zur Übermittlung von Regierungsnachrichten und den Karawanen zum Gütertransport, wobei das Lama das wichtigste Packtier war. Wie im alten Rom wurde das Straßensystem vorrangig militärisch genutzt.

Grundprinzip des Inkastaats war die kollektive Arbeitsleistung für den Staat je nach Altersgruppe, jeweils ein Viertel des Jahres lang. Anlage und Unterhalt der Bauten und Straßen, Militärdienst und Vorratshaltung zur Versorgung von Alten, Kranken und Behinderten sowie zum Unterhalt der im Staatsdienst Tätigen war Aufgabe der Bevölkerung. Die dafür Verantwortlichen wurden je nach den politischen Umständen durch jährliche Wahl, Einsetzung oder Familienstand bestimmt.

Vom Inka eingesetzte, reisende Inspekteure kontrollierten diese Hierarchie in der Verwaltung. Sie übten auch richterliche Funktion aus. Die höchsten Ämter des Reiches wurden ausschließlich mit Verwandten des Inka besetzt, so das Amt des Hohepriesters, des Oberbefehlshaber des Heeres und der Gouverneure der vier Reichsteile.

Die letztere Beobachtung ist bedeutend für die Klärung der Frage, inwieweit hier moderne kollektivistische europäische Utopien bereits verwirklicht worden waren. Abgesehen von der erstaunlichen Modernität der staatlichen Systematik war die Struktur stark von einem Pragmatismus des Dynastischen geprägt. So übergab man den Fürsten unterworfener Regionen unter folgenden Bedingungen durchaus wieder Verantwortung: Die adligen Söhne des ganzen Reiches, also auch der unterworfenen Länder, wurden sämtlich und notwendig in Cuzco erzogen, sie hatten die Pflicht, die Bevölkerung Ihres Gebiets in der Staatssprache, dem Quechua, zu unterrichten, die kultischen Dienste zu verrichten, das Ihnen anvertraute Gebiet nach den Anweisungen aus der Hauptstadt militärisch einzugliedern und die Staatsgeschichte zu vermitteln. Ausgewählte und adlige Mädchen wurden in sogenannten Acllahuasis der Provinzhauptstädte zu Hausherrinnen der Oberschicht, Konkubinen oder Priesterinnen oder auch für Opferungen erwählt und ausgebildet.

Es ist bis heute ein Rätsel, wie die Verwaltung dieses bis ins Letzte kontrollierten Reiches ohne Schriftsystem funktionieren konnte. In Quellen und archäologischen Evidenzen ist einzig das quipu-System nachweisbar, in dem Spezialisten aus farbigen Baumwoll- und Wolle-Schnüren mit Knoten verschiedenster Zahl Art, Größe und Anordnung Berichte und Zahlenangaben erkennen konnten.

Wir wissen all dies aus den Berichten der Eroberer, aus der Zeit nach 1532: Die Sicht dieser kleinen Gruppe von Abenteurern, die in kurzer Zeit dies Riesenreich unterwarf, ist jedoch nicht die einzige Perspektive, denn weniger als 100 Jahre später liegen bereits Darstellungen vor, die teilweise in Quechua verfasst sind. Der bedeutendsten Chronist der Andenwelt aus der Perspektive der Besiegten ist Huaman Poma de Ayala. Seine Bilderchronik „Nueva Crónica y buen Gobierno" wurde im Jahre 1613 dem spanischen König vorgelegt.

Die Eroberer, die verheerende Seuchen mit sich brachten, gegen die die Indios keine Abwehrkräfte besaßen, betraten ein bereits geschwächtes Reich. Der Inka Huayna Capac war in Quito an den Blattern gestorben, einer Krankheit, die den Spaniern sozusagen von Panamá aus vorausgeeilt war, und die Thronfolge war ungeklärt. Die Spanier erreichten, dass sie als Götter betrachtet wurden, indem sie ohne scheu Religion und Geisteswelt der Indios manipulierten. Sie gingen mit unvermuteter Skrupellosigkeit vor und brachen alle im Zuge der Eroberung geschlossenen Verträge. Die Staatsreligion des Inka-Staats, der Sonnenkult des Viracocha, wurde durch das Christentum ersetzt, die theokratische Inkasippe durch die Erobererclique.

Objektiv spielten auch die überlegene Waffentechnologie der Spanier, ihre im Kampf einsetzbaren Haustiere Hund und Pferd und ihre subtile politische Strategie eine entscheidende Rolle. Die Eroberer erkannten das Thronfolgeproblem und wussten diese Situation auszunutzen. Zudem stellten sie sich als Befreier der vom Inkajoch unterdrückten Völker dar.

Blicken wir durch das Grauen der Conquista Südamerikas mit ihren ungeheuren Bevölkerungsdezimierungen und den Zusammenbruch der inkaischen Welt durch die Jahrhunderte, so wird der Betrachter wiederum von Cuzco fasziniert. Wenn auch Lima die Hauptstadt des spanischen Südamerikas wurde, so konzentrierten sich die Künste doch in der Metropole Cuzco, die sich als Stadt auf den polygonalen Mauern der Inka erhob. In Malerei und Architektur entstanden hier Stile und Kunstrichtungen, die Anregungen aus ganz Europa aufnahmen, geistig war das Vizekönigreich keineswegs Kolonialprovinz. Wir stehen in Lateinamerika staunend vor der einzigen europäischen Eroberung nachmittelalterlicher Zeit, aus der neue geistige Welten entstanden sind.

Folgende Seite: Macchu Pichu (Photo: Henning Bischof)

Präzisionsmauerwerk des Palastes von Inka Roca
(Photo: Michael Tellenbach)

Einführung

Cerro Sechín

In Cerro Sechín reihen sich um einen mehrphasigen, gestuften Plattformbau aus Lehm mit zentralem Treppenaufgang reliefverzierte steinerne Fassadenplatten, die unter anderem menschliche Köpfe und Körperteile sowie mehrere Würdenträger zeigen. Diese umschreiten gleichsam von beiden Seiten das Gebäude und flankieren auch einen überdachten Gang, der von hinten auf die Anlage hinauf führt. Es ist zu vermuten, dass hier Menschenopferrituale dargestellt sind.

Der Sechín-Stil zeichnet sich durch einfache, klare Formen aus, die ihm eine Monumentalität verleihen, die sich deutlich von den geradezu barock überladenen, vieldeutigen Darstellungen der Chavínkunst unterscheidet.

Fassadenausschnitt von Cerro Sechín (Photo: Henning Bischof)

Paracas

Wenn auch charakteristische Äußerungen des Chavínstils
zur Zeit des Frühen Horizonts vom Nordrand des Zentralandenraumes bis zur 1200 km entfernten Paracas-Halbinsel gefunden wurden, so tritt aus diesem Gesamtbild doch
der Bereich der Paracas-Kultur im Süden heraus.

Aus keinem der Chavínbereiche kennt man Webarbei-
ten und Stickereien gleich jenen von Paracas. Natürlich
spielen auch die hervorragenden Erhaltungsbedingungen
dabei eine große Rolle: Hunderte von Bestattungen wurden auf der Halbinsel gefunden. Sie ist extrem trocken,
selbst bei den Niño-Regen gibt es hier kaum einmal Niederschläge. Der trockene Wüstensand ist ein idealer Kon-
servator für Stoffe, so blieben diese Arbeiten erhalten. Sie
stellen einen weltgeschichtlichen Höhepunkt der Textilkunst dar.

Auch die Paracaskeramik unterscheidet sich nicht nur
im Formenkanon, sondern auch im Dekor grundsätzlich
von den Chavínkeramiken. Charakteristisch sind die flachen Teller mit schmalem Rand und kleinere Steilwand-
schalen. Die Kannen haben in Paracas einen Bügelhenkel,
der zwei Ausgußtüllen verbindet. Zuweilen tritt an die
Stelle eines Ausgusses ein plastisch modellierter Kopf. Stets ist
die Darstellung stark schematisiert.

Typisch ist bunte Flächenbemalung, die jedoch nicht
eingebrannt wurde, die pastose Farbsubstanz mit pflanzli-
chem Bindemittel wurde vielmehr auf eigens hierfür vor
dem Brand aufgerauhte Felder aufgetragen. Dekor ist ausschließlich in ritzgesäumte Rechteckfelder eingepasst, Ritzungen trennen auch die unterschiedlichen Farbfelder voneinander. Zur Darstellung kommen neben geometrischen
Elementen Feliden, Raubvögel, Fische und menschengestaltige Mischwesen sowie Gesichtsmasken, die Feliden-
züge aufweisen. Diese Themen finden sich auch in der Ikonographie von Chavín wieder, freilich in völlig anderer
Ausführung. Man hat die Schematisierung der Darstellungen auf der Paracaskeramik damit zu erklären versucht,
dass sie analog den Bildern auf Textilien gleichsam in ein
Webrahmenfeld eingespannt werden.

1.1 Bemalter Teller

Mittleres Paracas (Callango Stil),
Dm 28 cm
Leihgabe aus Privatbesitz

Die ausladende Seite des großen, flachen Tellers, die der
Benutzer nicht sieht, ist in Rechteckfelder aufgeteilt, in die
jeweils ein Felide und ein Falke im Wechsel hintereinander
eingepasst sind. Der Falke und der Körper des Feliden sind
in Seitenansicht wiedergegeben, sein rechteckiger Kopf mit

1.1

katzenartigen Ohren in Frontansicht. Aus seinem ebenfalls rechteckigen Maul ragen Reißzähne.

1.2 Bügelhenkelkanne

Mittleres Paracas, H 15,5 cm, Dm 15 cm
Reiss-Engelhorn-Museen Mannheim, Inv. Nr. Am 4096

Der Bügelhenkel des schwarz polierten, gedrungenen kugeligen Gefäßes zieht sich vom Tüllenausguß zu einer Fi-

1.2

guralprotome, in die ein Pfeifmechanismus eingearbeitet ist. Wenn das Gefäß mit Wasser gefüllt war, erklang beim Schwenken ein Pfeifen. Solche Gefäße tauchten zuerst in Paracas auf, später sind sie nicht nur im Süden, sondern auch an der Nordküste sehr häufig belegt. Die modellierte und pastos bemalte Protome stellt einen menschlichen Kopf mit einem geöffneten und einem geschlossenen Auge und geschlossenem Mund dar. Ein bräunlich ockerfarbenes bemaltes, breites Band über Stirn, Nase und Mund deutet Gesichtsbemalung oder Tätowierung an. Breite hochgesteckte Zöpfe mit rötlicher Bemalung rahmen seitlich das Gesicht und den hoch gewölbten Kopf. Der Körper darunter ist durch Ritzungen und pastose Flächenbemalung dargestellt, ein halbkreisförmiges doppelreihiges Collier umschließt den Hals, darunter ist ein rechteckiges Gewand. Dieses zieren beiderseits eines Fischgrätbandes hochgestellte abstrahierte Rechteckaugen mit exzentrischen Pupillen. Beiderseits des Gewandes sind hängende Arme mit breiten Armreifen und ausgestreckten Händen wiedergegeben.

Im Formenkanon von Chavín und Paracas ist das Auge mit exzentrischer Pupille ein Symbol der Gottheit, häufig eine pars-pro-toto-Darstellung der Maske der Gottheit. Charakteristisch für die Gewandmotive ist im vorliegenden Fall die asymmetrische Ausführung, die ungleichen schematisierten Augen entsprechen jenen des Gesichtes.

1.3   Steilwandige bemalte Schale

Frühes Paracas, H 7,5 cm, Dm 14 cm
Reiss-Engelhorn-Museen Mannheim, Inv. Nr. Am 4101

In einem randständigen Rechteckfeld auf der Außenwandung der tiefen Schale befindet sich der Kopf einer Eule, en face dargestellt. Die Augen sind konzentrische Kreise, da-

1.3

zwischen tritt der Schnabel als plastische Applik hervor. Ein dreifaches Ritzband quert vertikal das Feld und setzt sich nach unten fort. Offenbar stellt der untere Teil Beine und Krallen des Raubvogels dar, der obere seinen Körper oder die Innenränder seiner Schwingen, deren Innenzeichnung durch eingestempelte Kreisaugen oberhalb und seitlich der Eulenaugen angedeutet ist.

Beiderseits des Rechteckfeldes umzieht ein schmales eingeritztes sechszügiges Winkelflechtband unterhalb zweier farbig abgesetzter, durch Ritzungen begrenzter Bänder das Gefäß.

Komplexe Flechtbänder spielen in der Ikonographie von Paracas eine wichtige Rolle. Man stellte sie auch aus Garn her, mehrere Garngruppen bildeten dabei die einzelnen Flechtelemente; diese flachen Bänder sind mit einer derartigen Perfektion geflochten, dass man sie auf den ersten Blick für Webereien halten könnte.

Chavín

Die gewaltige Tempelanlage von Chavín liegt im Gleitwinkel der Einmündung der Wacheqsa-Schlucht in das schmale Mosnatal, ein Seitental des Marañon, der mit anderen Flüssen aus dem Hochland Perus den Amazonas bildet. Die Anlage wurde in zwei Bauabschnitten errichtet. Den Kern der älteren Anlage bildete ein nach Osten geöffneter, U-förmiger Tempel, der einen eingetieften Rundhof umschloss.

Den nördlichen Seitenflügel hat man später zu einer großen Plattformanlage ausgebaut, vor deren Front eingetiefte Plätze, eingefaßt von abgesetzten Flügelbauten, angelegt waren. Die Front des großen Hauptbaus zierte ein Portal mit reliefverzierten Säulen aus Granit, durch das man zu zwei Treppenaufgängen gelangte, sie führten jeweils seitlich auf die Anlage hinauf.

Die Anlage war Zentrum und Kristallisationspunkt der Chavínkultur, hierher brachte man Opfergaben aus den gesamten nördlichen und mittleren Zentralanden.

Vieles weist darauf hin, dass den beiden Phasen der Anlage von Chavín zwei durchaus unterschiedliche Kulturen entsprachen. Eine ältere gehörte ins frühe erste vorchristliche Jahrtausend und bildete einen Kristallisationspunkt unterschiedlicher regionaler Traditionen, die bestimmte Bauformen der Anlage prägten. Stets umgab ein U-förmiger Hauptbau einen eingetieften Hof, davor schlossen sich freie Plätze an, die bei entsprechendem Gefälle stufenförmig gereiht waren. Das keramische Inventar der verschiedenen Traditionen dieser älteren Chavínepoche bestand fast immer aus Schalen und Flaschen. In den Nordküstenoasen hatten die Flaschen einen gegabelten Hals, deswegen heißen sie Gabelhalsflaschen. Der fast durchweg kurvolineare Dekor, sei er geritzt, gerillt oder bemalt, überzieht meist das gesamte Gefäß. Fast immer werden Feliden, krokodilartige Tiere, Schlangen und Adler dargestellt. Der Motivschatz gleicht jenem der Steinreliefs von Chavín. Besonders an der Nordküste Perus erreichte die Gefäßskulptur einen ersten Höhepunkt, die Skulpturen wurden aus den Körpern von Gabelhalsflaschen modelliert.

Hiervon unterscheidet sich deutlich die jüngere Chavínkultur, die in der zweiten Hälfte des ersten vorchristlichen Jahrtausends auftrat. Mit dem jüngeren Architekturtypus der Tempelanlage verband sich ein völlig anderes keramisches Formen- und Dekorspektrum, das uns im gesamten zentralandinen Kulturraum in großer Einheitlichkeit entgegentritt: Steilwandige Becher und große situlenartige Eimer haben wie die Schalen mit schräger Wandung zumeist einen flachen Boden. Charakteristisch sind offene Gefäße mit ausgeprägtem Breitrand, der zuweilen an eine umgekehrte Hutkrempe erinnert. Die Gabelhalsflaschen werden nunmehr im gesamten Bereich des nördlichen und mittleren Zentralandenraumes hergestellt. All diese Gefäße umziehen Dekorbänder, zumeist mit geometrischen Motiven, die zuweilen eingestempelt sind. Seltener sind modellierte Appliken; dies gilt auch für die Figuralgefäße aus Gabelhalsflaschen, die meistens durch Anfügung modellierter Elemente an den Gefäßkörper gestaltet sind.

Es gab tatsächlich zwei voneinander klar unterschiedene Chavínkulturen (Tellenbach 1998), die im Hinblick auf Typologie der Gefäßformen und Dekorstil völlig unterschiedlichen Strukturen folgen. Der ausgeprägte Unterschied zeigte sich offenbar auch in der Architektur. Die ältere Chavínkultur nahm unterschiedliche Regionaltraditionen auf und führte sie zusammen. Die jüngere Chavínkultur wies ein panandin einheitliches Verbreitungsbild auf. Zwischen beiden ist übrigens keinerlei Übergang zu erkennen, einzig die Weiterverwendung und der Aus- und Umbau großer Tempelanlagen wie eben jener von Chavín de Huántar bezeugten die bewußte Aufnahme der älteren Tradition. Mögliche typologische Vorläufer keramischer Formen und des Darstellungsstils der jüngeren Chavínkultur gibt es nur im südlichen Zentralandenraum. Bezeichnenderweise tauchen auch Lamaknochen zum ersten Mal nördlich von Chavín in Ablagerungen der jüngeren Chavínkultur auf. Der natürliche Lebensraum des Lamas liegt in der Puna, die etwa hundert Kilometer südlich von Chavín beginnt. Die Träger der jüngeren Chavínkultur waren Hirten, die das Lama in Gegenden brachten, in denen es vorher unbekannt war.

1.4 Gabelhalsflasche mit aufsteigendem Adler

Ältere Chavínkultur, H 25 cm, Dm 15 cm
Reiss-Engelhorn-Museen Mannheim, Inv. Nr. Am 4487

1.4

Die Keramikgefäße von Chavín sind viel mächtiger als die durchweg kleineren und kleinteilig verzierten Gefäße von Paracas. Gabelhalsflaschen mit eingerilltem Dekor, die einen aufsteigenden Adler darstellen, sind charakteristisch für eine Gruppe der älteren Chavínkultur, die in den Taloasen der Nordküste, Chicama, Jequetepeque und Zaña, verbreitet war. Gefäße wie dieses fanden sich in der Ofrendasgalerie im älteren Tempel von Chavín. Sie gehörten zu den Beigaben, die dort im Zuge eines Opferrituals niedergelegt worden sind.

1.5 Gabelhalsflasche mit Spondylus und Strombus

Ältere Chavínkultur, H 27 cm, Dm 19 cm
Reiss-Engelhorn-Museen Mannheim, Inv. Nr. Am 4489

Auf dem Pyxidenkörper der Flasche ruhen plastische Darstellungen einer Strombus-Meeresschnecke und einer Spondylus-Muschel, auf ihnen sitzt jeweils ein Zweig des schlanken Gabelhalses. Verwandte Formen, allerdings ohne Skulpturdekor, gab es in der älteren Chavínkultur. Die glatte Schnecke und die stachlige Molluske bilden ein Symbolpaar, das in den Jahrtausenden andiner Kultur immer wieder dargestellt wurde. In der Inkazeit symbolisierten sie das männliche und weibliche Prinzip.

1.5

Im Zentralandenraum hatte die Spondylus-Muschel eine besondere Bedeutung, die nicht nur darauf beruht, dass die leuchtend rote Austernschale sich hervorragend für die Herstellung von Schmuck eignete. Sie ist vielmehr ein Klimaindikator, denn sie bietet verlässliche Hinweise auf drohende Niño-Katastrophen, die mit ihren starken Regenfällen Überschwemmungen und Zerstörungen bringen und verheerende Plagen nach sich ziehen. Auch heute gelingt es selbst mit modernster Technik nicht, diese Katastrophen vorher zu sagen. Aber die altindianischen Kulturen konnten dies offenbar. Erst in jüngster Zeit hat man entdeckt, dass die Fischer in Ecuador wissen, wenn sich ein paar Mo-

Spondylus-Muschel

nate später der Niño-Regen einstellt, denn die Spondylus-Muschel wird dann vor der Küste von Ecuador häufiger. Weiß man um derartige Zusammenhänge, so kann man Schutzmaßnahmen ergreifen. Es erstaunt daher nicht, dass man von Anfang an in fast allen Heiligtümern des Zentralandenraumes Spondylus-Prinzeps-Muscheln findet, sie sind eben „mullu", Speise der Götter.

Die Moche

In den Taloasen der Nordküste Perus hat man bereits in den letzten Jahrhunderten vor der Zeitenwende die chavínzeitlichen Traditionen der Großarchitektur, der Metallverarbeitung und der Gefäßskulptur fortgesetzt. Von jenseits der Wüste von Sechura, nahe der Grenze zu Ecuador im Norden, bis ins Huarmeytal nördlich des Zentralküstenbereichs findet man Großarchitektur aus „adobe", Lehmziegeln. Der größte Plattformbau Altamerikas ist die Sonnen-„Pyramide" im Mochetal, sie wurde aus etwa 50 Millionen Lehmziegel errichtet.

Die Qualität der Gold-Kupfer-Metallurgie, die – ausgehend von der Grenzregion zum Nordandenraum – einen ersten Höhepunkt erreichte, ist dank der Ausgrabungen von Walter Alva in der Grabplattform von Sipán in ihrer ganzen Pracht deutlich geworden. In den reichen Edelmetall-Ausstattungen dieser Abfolge von fürstlichen Gräben begegnen uns die Attribute von Gestalten mythischer Szenarien, die wir Jahrhunderte später auf Lehmreliefs, in Malereien auf Großbauten und besonders auf bemalten Gefäßen in der südlichen Hälfte des Mochebereichs wiederfinden. Die hellgrundigen, detailreichen, gegenständlichen Zeichnungen – insbesondere auf Gabelhalsflaschen – stellen einzelne Szenen dar, deren Untersuchung seit den bahnbrechenden Studien Kutschers immer neue Höhepunkte andiner Kunstarchäologie gezeitigt hat.

Auch die vollendeten Skulpturgefäße der Moche zeigen zum Teil Gestalten dieser Szenen. Andere stellen unter anderem in geradezu porträtähnlicher Weise die Köpfe einzelner Individuen dar.

Die Mochekultur vermittelt das Bild theokratischer Fürstentümer, bestehend aus ausgebauten und zentral verwalteten Herrschaftsbereichen, die jeweils eine oder mehrere der extrem fruchtbaren Flussoasen umfassten.

1.6 Gabelhalsflasche mit Läufern vor Mischwesen

Jüngere Mochekultur, H 30 cm, Dm 16 cm
Reiss-Engelhorn-Museen Mannheim, Inv. Nr. Am 4095

Auf dem Gefäßkörper sitzt erhobenen Hauptes ein plastisch herausgearbeitetes menschenähnliches Wesen mit

1.6

Eulenattributen. Es trägt eine Schambinde, die Beine sind
überkreuzt, der rechte Arm ist erhoben. Oberhalb des ge-
furchten Gesichtes trägt es auf dem Kopf eine Scheibe mit
einem gemalten Eulenkopf. Auf den kugeligen Körper des
Gefäßes sind geflügelte Tierdämonen, menschenartige Wesen
mit übergestülpten Tierköpfen, gezeichnet. Sie folgen einander in schnellem Lauf und tragen kleine Säckchen vor
sich in der Hand.

1.7   Gabelhalsflasche als Porträtkopfgefäß

Jüngere Mochekultur, H 23,9 cm, Dm 15 cm
Reiss-Engelhorn-Museen Mannheim, Inv. Nr. Am 2378

Über dem rotbraunen Gefäß erhebt sich der beigefarbene
Gabelhals. Der Gefäßkörper stellt den leicht zurückge-
lehnten Kopf eines Mannes dar. Er trägt eine einfache
Kappe mit einem Saum von gegenständigen Dreiecken in
dunkel und rotbraun über der Stirn. Nach hinten hängt ein
dicker, hell gefärbter Nackenschutz herab. Aus dem vollen
Gesicht blicken ruhige Augen nach vorne.

1.7

Nasca

Ungefähr zeitgleich mit der Mochekultur entfaltete sich in den Taloasen der peruanischen Südküste zwischen Ica und Acarí die Nascakultur. Sie übernahm die Themen sowie die vielfarbige Gefäßbemalung und die hochspezialisierten Webereitraditionen und -techniken der vorangegangenen Paracaskultur. Dazu kam nun die Entwicklung der mehrfarbigen Gefäßmalerei aus eingebranntem Tonschlicker sowie eine Reihe neuer Gestaltungsmöglichkeiten in der Weberei, die der Essay von Anne Paul weiter unten erstmalig erläutert.

Ein zentrales Heiligtum bildete die Anlage von Cahuachi im Nazca-Tal. Die eindrucksvollen hohen Fassaden entstanden weitgehend aus der Ummantelung natürlicher Hügel und durch Anbauten aus Lehmziegeln.

Berühmt sind die gewaltigen Wüsten-Scharrbilder von Nazca, die sich aufgrund der Entsprechungen im Motiv und in der Darstellungsweise zum Teil in die frühe Nascakultur datieren lassen. Neuerdings hat man die Lage zahlreicher Scharrbilder mit unterirdischen Wasservorkommen

in Verbindung gebracht. Tatsächlich leistete die hydraulische Technik der Nasca Bedeutendes, noch heute gibt es
kilometerlange Tunnel, die aufgrund ihres Verhältnisses zu
den Siedlungsgebieten in der mittleren Nascakultur entstanden sein dürften.

Die Nasca-Indianer bestatteten ihre mumifizierten Toten
in Bündeln, deren Stoffumwicklungen und Gewebebeiga-
ben sich in der extrem trockenen Wüste hervorragend erhalten haben.

1.8 Steilwandiger Becher

Mittlere Nascakultur, Phase 5, H 21 cm, Dm 15 cm
Reiss-Engelhorn-Museen Mannheim, Inv. Nr. Am 5393

Die tiefe breite Becherform ist charakteristisch für die
fünfte Phase der Nascakultur. Um die Außenwand zieht
sich auf weißem Grund die bunte Zeichnung eines mythischen menschengestaltigen Wesens, eine der charakteri-
stischsten Darstellungen der Nascabildkunst.

Mittlerer Horizont von Huari-Tiahuanaco

Im sechsten Jahrhundert n. Chr. erlebte der Zentralandenraum bedeutende Veränderungen. In der baumlosen Hochsteppe war aus Jahrhunderte alten Traditionen am Südende
des Titicacasees, in Tiahuanaco, eine bedeutende Siedlung
mit großen Plattformbauten, monumentalen Treppenanla-
gen, Steinskulpturen und einer ausgedehnten Siedlung entstanden. Eingetiefte Steinhöfe, gewaltige monolithische
Statuen und Säulen gliederten große Tempelbezirke. Eines
der berühmtesten Bauwerke ist das monolithische Sonnentor,
verziert mit Reliefs, die in der Mitte eine Gestalt mit einem
Strahlenkranz um den Kopf und Stäben in beiden Händen
darstellen. Auf dieses thronende Wesen hin richten sich zu
beiden Seiten und in drei Reihen übereinander angeordnet jeweils sechs geflügelte Figuren aus. Die „Gottheit mit den
Stäben" ist ein Motiv, das bereits in der Chavínzeit im Zentralandenraum eine bedeutende Rolle gespielt hatte.

Hunderte von Kilometern weiter nördlich, im zentralen
Bergland von Peru, war im siebten Jahrhundert in Huari
eine umwallte, stadtartige Anlage mit großen, rechteckigen, und mehrstöckigen Steinbauten entstanden. Gewaltige Steinskulpturen wurden auch hier gefunden.

In den Stadtvierteln bezeugen Keramikfunde aus den
verschiedenen Regionen Altperus die weitreichenden Ver-
bindungen dieser Siedlung. Neben Gefäßen, deren vielfarbige Bemalung auf Traditionen aus dem Umfeld der Nascakultur hinweisen, erinnern monumentale, eimerartige Gefäße und Becher an die Kultur von Tiahuanaco. Aus dem
fernen Hochland von Cajamarca wurden charakteristische

1.8

Schalen mit feinen dunklen Zeichnungen auf weißem Grund importiert.

Derzeit stellt sich die Forschungssituation etwa folgendermaßen dar: Der Wandel, der mit der Stadt Huari in Zusammenhang gebracht wird und dem auch die Bezeichnung „Mittlerer Horizont" verliehen wurde, zeichnet sich ab im plötzlichen Auftauchen großer keramischer Opferdepots im Süden Perus, deren bunter Maldekor völlig neue Formen und Inhalte wiedergibt, Themen, die zurückgehen auf Reliefbilder von Tiahuanaco, vor allem auf jene des sogenannten Sonnentores, die wohl ein Kultbild wiedergaben, das in der „Toröffnung" stand. Diese neue Bild- und Formenwelt findet auch, anfangs vereinzelt, ihren Niederschlag in der Art der Beigaben reicher Gräber weit über Ayacucho hinaus.

Rowe hat ausgehend von der Funden im Ica-Tal eine anschauliche Terminologie der „Horizonte" entwickelt: Im Unterschied zu den anderen überregionalen Kulturen, dem „Späten Horizont", der Inkakultur, und dem „Frühen Horizont", der Chavín-Kultur, trennt der „Mittlere Horizont", die Huari-Kultur, die vorangehenden und nachfolgenden Regionalkulturen der „Frühen" und „Späten Zwischenzeit" voneinander (Rowe 1962). In der präkolumbianischen Archäologie bezeichnet der Begriff „Horizont" nicht eine chronologisch gliedernde kurze Epoche, sondern ein großräumiges Phänomen, das durchaus lange andauern kann.

Die neuen Bilder und Formen, die uns aus diesen Gräbern und aus weiteren Opferfunden bekannt sind, verdrängten in der zweiten Epoche des „Mittleren Horizonts" nach und nach die keramischen Formen und Dekors der jeweiligen regionalen Traditionen bis weit hinein in die Nordhälfte Perus. In dieser Zeit orientierte sich die Bevölkerung in den Hochtälern von Ayacucho an der Stadt Huari. Andere Siedlungen wie zum Beispiel Chakipampa, nach der ein regionaler Keramik-Stil benannt ist, wurden für immer aufgelassen, der Viñaque-Stil ersetzte ihn. An der Südküste trat an die Stelle der Nasca-Keramik der neunten, jüngsten Phase, die die Zeremonialkeramik (Robles Moqo-Stil) geprägt hatte, ein dem Viñaque-Stil von Ayacucho nah verwandter Stil, jener von Atarco. An der Zentralküste entstand das bis in die Inkazeit einflussreiche, berühmte Heiligtum von Pachacamac, der gleichnamige Keramik-Stil bildete mit den nah verwandten Stilen von Viñaque und Atarco die Huari-Gruppe. Er ersetzte den mit der ersten Huari-Epoche und dem Stil von Chakipampa verbundenen Nievería-Stil. Jetzt zeigten sich hier und an der Nordküste, wo mit der Phase 5 der Moche-Stil endet, die tiefgreifenden Veränderungen des Mittleren Huari-Horizonts darin, daß sich auch die Grabsitten änderten: die Toten wurden nicht mehr liegend, sondern nach der Tradition des Südens hockend bestattet.

Im Andenhochland wissen wir weniger von Grabsitten als von Siedlungsanlagen: Hier zeichnete sich der Mittlere Horizont aus durch neue und sehr spezifische Siedlungen mit einheitlicher Grundstruktur von Cuzco bis nach Cajamarca im Norden. Schließlich wurden Veränderungen im gesamten nördlichen Gebiet sogar im Aufbau und der inneren Gliederung von stufenpyramidenartigen Anlagen vorangegangener Traditionen spürbar.

In den folgenden Stufen 3 und 4 des Mittleren Horizonts wurden die Städte in Ayacucho, auch Huari selbst, verlassen, der Mittlere Horizont klang in epigonalen Stilen aus. In den einzelnen Regionen entwickelten sich nun eigene Traditionen. Das Gesamtbild, das aus den archäologischen Funden und Befunden vom Ende des ersten Jahrtausends entsteht, unterscheidet sich in der Siedlungsart, der keramischen Formenwelt und vielem anderen grundlegend von jenem der Vor-Huari-Zeit.

Das Gesamtbild der archäologischen Erkenntnisse über den Mittleren Horizont, die dynamische Vereinheitlichung in der Art der Funde und die überregional einheitliche Grundstruktur der spezialisierten Siedlungen, deren Bezug zum Straßensystem der Inka und die allgemein feststellbaren Urbanisierungstendenzen geben Anlass zu der Annahme, dass mit Huari ein dem Inka-Imperium ähnliches großflächiges Staatsgebilde verbunden war, sein Vorläuferstaat in den Zentralanden.

Die Keramik von Huari wirkte prägend auf eine Reihe von jüngeren Stilen, die Uhle früh als epigonale Entwick

lungen des Tiahuanaco-Stils identifiziert hatte. Gleiches gilt
für die Textilien, deren ursprünglich gut erkennbare Motive im
Laufe der Zeit immer stärker abstrahiert wurden, was allerdings auch höchst prosaische Gründe haben mag: Wenn
der Betrachter das ursprüngliche Motiv nicht mehr versteht, gibt er die Bilder im Lichte seiner eigenen Erfahrung
und seines Verständnisses wieder. Solche Vermischungen
können historisch sehr aufschlussreich sein.

1.9 Kopfgefäß mit hohem Kragenrand

Chakipampa Stil, Phase 1 des Mittleren Horizont,
H 16 cm, Dm 12 cm
Reiss-Engelhorn-Museen Mannheim, Inv. Nr. Am 4841

Während der Spätzeit der Nasca-Entwicklung vermehren
sich die Gemeinsamkeiten in Formen und Dekor der lokalen Töpfereitraditionen im Hochland von Ayacucho und in
den Küstenoasen der Nazca-Region (Menzel 1968, 34 ff.).
Zeitgleich mit den letzten Phasen der Nascakultur entwickelt sich der Chakipampa-Stil im Bergland von Ayacucho. In seiner älteren Phase ist es im wesentlichen die
dünnwandige Feinkeramik (Chakipampa A), die der Nasca-
keramik gleicht, in der Phase Chakipampa B sind die Ähnlichkeiten dann in der gesamten Keramik erkennbar. Prin-

1.9

zipiell ähnlich ist die schmalovale Augenform bei Gesichtern, während der Mund nur als Einschnitt in eine Wölbung angedeutet ist. Auch erinnern netzartige Rechteckzeichnungen im Gesicht an Körperdekorelemente auf Figuralkeramik der späten Nascazeit. Im Unterschied zur Nasca-Keramik weist jene von Chakipampa eine hervorragende, metallisch glänzende Politur auf, wie sich auch auf unserem Exponat deutlich erkennen lässt. Das mehrarmige Wirbelmotiv mit hellen Kreisaugenelementen, das sich auf der Wange befindet, ist ebenfalls ein typisches Berglandmotiv, das freilich im Laufe der Zeit immer öfter an der Küste auftaucht.

Der hohe Kragenrand des kugeligen Kopfgefäßes ist eines der charakteristischen Formelemente der Robles Moqo-Keramik. Zu dieser gehören große Gefäße mit Motiven im reinen Tiahuanacostil, die unter anderem im Nazca-Tal vergraben wurden und sicher rituellen Zielen gedient haben.

Das Kopfgefäß aus Ayacucho steht stellvertretend für jene Zeit in Altperu, als sich im Hochland von Ayacucho die Tradition entwickelt hatte, die die Kulturen des Hochlands auch in der Küstenregion bestimmend werden ließ. So zeigte sich der Einfluss, der mit dem Wachsen des panandinen Großreiches von Huari-Tiahuanaco einherging.

1.10 Pilgerflasche mit Adler

Ende des Mittleren Horizont, H 27 cm, Dm 23,5 cm
Reiss-Engelhorn-Museen Mannheim, Inv. Nr. Am 5432

Die Form der Pilgerflasche ist charakteristisch für den Mittleren Horizont, sie kam aus dem Hochland und wurde an der Küste heimisch. Auch die Darstellung stammte aus dem Hochland. Das ursprüngliche Motiv stellte einen Adler in Seitenansicht dar, die rechte Kralle ist vorgestreckt, der Kopf trägt einen hochgebogenen Greifenschnabel, der Körper schwebt waagrecht und endet in den Schwanzfedern (Lyon 1966, 190; 209 Pl.VII, 55–63).

Auf unserem Gefäß zeigt sich eine Version des Motivs, die gleichsam am Ende der ikonographischen Reihe steht. Das Gefäß ist zudem an der Küste gefertigt, wo es besonders seit der späten Nasca-Zeit nur sehr selten Greifvogeldarstellungen gibt. Es überrascht daher kaum, dass der Bildtypus seinen Charakter ganz erheblich verändert hat. Die rechte Kralle ist nun viel größer, dafür wurde der Körper auf kurze Streifen und abstrahierte Schwanzfederelemente reduziert. Vor allem angesichts der Darstellung des Kopfes wird deutlich, dass der Künstler aus dem Ica-Tal die Bedeutung des Bildes nicht mehr verstanden hat.

In der Hochlandtradition war die Darstellung des Adlers von großer Bedeutung und sehr sorgfältig ausgeführt, der Papagei gehörte jedoch nicht in das Bildrepertoire der

1.10

Hochlandstile. Im Gegensatz zu den Hochlandvorläufern passen Schnabel, Kopf und Schwanzfedern hier nicht zu einem Adler, dafür aber eher zu einem Papagei. Der Papagei ist eines der wichtigen Motive in den Vasenmalereien der peruanischen Küste.

Die Pilgerflasche vom Ende des Mittleren Horizontes zeigt, dass der Töpfer das Motiv aus der Hochlandkultur nicht mehr verstanden hat, sondern das – wenn auch verkürzt – wiedergegeben hat, was seiner eigenen Tradition und seinem Darstellungsinteresse näher lag, daraus ergibt sich die eigenartige Umwandlung vom Adler zum Papagei.

Kulturen der späten Zwischenzeit und Inkareich

Mit dem Zusammenbruch des Reiches von Huari entwickelten die einzelnen Regionen wieder verstärkt ihr eigenes Gepräge. Typische Beispiele sind die Icakultur an der Südküste Perus, wo vielfarbige Vasen mit in Mustern, wie sie aus der Weberei bekannt sind, bestimmend wurden, und die Chimúkultur an der Nordküste, für die im Gegensatz dazu meist einfarbige Keramik mit plastischem Schmuck kennzeichnend ist.

Die Keramik als typisches Erzeugnis einer Kultur wird hier genannt, weil wir die Merkmale der Kulturen vor den

Eroberungen durch die Inkas in der Ausstellung mit Tongefäßen verdeutlichen können.

Im Unterschied zu den kleinen, wasserarmen Oasen der Südküste, in denen keine größeren, für die Geschichte des Landes bestimmenden Gemeinwesen entstanden, entwickelten sich in den wasserreichen Nordküstenoasen komplexe wirtschaftliche und soziale Einheiten, die schließlich alle in das Reich von Chimú eingingen. Mit seiner Hauptstadt Chan Chan, deren Grundriss im wesentlichen auf jenem der Stadtanlagen des Imperiums von Huari-Tiahuanaco beruhte, umfasste es die Küstenoasen von Zentralperu bis an die Grenzen der Sechurawüste im Norden.

Mit der Eroberung des Reiches von Chimú festigten die Inkas ihre Macht. Sie gewannen die Herrschaft über die reichsten Gebiete des Zentralandenraumes und begannen, eine zentral gesteuerte Organisation aufzubauen. So wurden ganze Handwerkszweige, wie zum Beispiel die gesamte Metallurgie, in die Hauptstadt Cuzco umgesiedelt.

Zu den eindrucksvollsten Hinterlassenschaften der Inka gehören die Anbauterrassen und die Steinarchitektur, die in Machu Picchu noch immer Bewunderung hervorruft. Wesentlich für dieses Großreich waren freilich auch eine ausgefeilte Logistik des Transports, der Wegebau und eine hochentwickelte Vorratswirtschaft. Für diese wurden Gefäße gebraucht wie der sogenannte „Aryballos" (Kat.Nr. 1.14). So nannte der Entdecker von Machu Picchu, Hiram Bingham, in Anlehnung an griechische Gefäßbezeichnungen die charakteristischen inkaischen Vorratsgefäße. An die religiöse Praxis der Inka erinnert hier eine Schale, in Quetschua zur Inkazeit P'oko genannt.

1.11 Bemalter Knickwandtopf

Ältere Icakultur, H 11 cm, Dm 16 cm
Reiss-Engelhorn-Museen Mannheim, Inv. Nr. Am 4136

Den tief sitzenden, leicht abgerundeten und buckelverzierten Umbruch des rot überzogenen Gefäßes ziert ein umlaufendes, dunkles Band, oben begrenzt durch eine weiße Linie. Gleichermaßen weiße, große Kreise umziehen die fünfzehn Umbruchbuckel. Um den steilen, leicht ausladenden Rand zieht sich ein Dekorband, unten durch eine dunkel gebänderte weiße Linie begrenzt, in dem wiederum dunkel umzogene, kleine weiße Stufenmäander aufgereiht sind.

Die eigentlich plastische, wohl von Kürbissen angeregte Form des Gefäßes wird durch die Dekorbänder nicht betont, sondern eher überlagert.

In den jüngeren Phasen der Icakultur wird dann die gesamte Gefäßoberfläche von sich wiederholenden, textilartigen Mustern überzogen. Es ist, als kehre die Gefäßmal-

1.11

kunst der Südküste immer dann, wenn die äußeren Einflüsse schwächer werden, zu den von Webmustern geprägten Ursprüngen zurück.

1.12 Gabelhalsflasche im Bohnenschotenform

Ältere Chimúkultur, H 24 cm, Dm 22 cm
Reiss-Engelhorn-Museen Mannheim, Inv. Nr. Am 146

Eine dicke, schwarz glänzende Bohnenschote bildet den Körper des hochpolierten Gefäßes, sie liegt quer auf einem

1.12

kleinen, runden Sockel, den ein Reliefwellenbandfries umzieht. In die Bohnenschoten sind rechteckige Gabelhalsäste gefügt, auf einer Seite sitzt im Winkel zwischen dem runden Ausguss und dem Gabelhalsast ein kleines, plastisch gearbeitetes Äffchen, ein typisches Merkmal der Chimúkeramik. Der Sockel erinnert an die Ringfüße der vorangehenden huarizeitlichen Sicankeramik, ist jedoch dort Teil des Gefäßkörpers. Er ist hier ein Überrest aus dem Formenspektrum der Vorgängerkultur, der in der jüngeren Chimúkultur kaum mehr vertreten ist. Die schwarze Hochglanzpolitur erinnert an Silbergefäße, sie wurden oft in Ton nachgebildet. Zur Zeit der Chimú wurde Silber nicht blank poliert, sondern leuchtete in schwarzem Glanz.

1.13 Miniatur-Inka-„Aryballos"

Jüngere Inkakultur, H 21 cm, Dm 16 cm
Reiss-Engelhorn-Museen Mannheim, ohne Inv. Nr.

Der sogenannte Aryballos war das klassische Wasser- und Vorratsgefäß der Inka. Auf dem hochgewölbten Körper sitzen senkrecht zwei Bandhenkel, sie beginnen oberhalb des Umbruchs zum spitzen Boden des Gefäßes. Der breite, mit roter Engobe bedeckte Hals schwingt aus in einen breiten Rand mit zwei Schnurösen. Unterhalb des Halsansatzes befindet sich auf der Dekorseite eine für diese Gefäßform charakteristische V-förmige Applik. Das Dekorfeld bedeckt den Gefäßkörper auf einer Seite zwischen den Henkeln vom Hals bis zum Umbruch. Auf rotem Grund ist mit mattschwarzen, weiß getupften Linien ein weitmaschiges Netzmuster gezeichnet. Eine umlaufende doppelte Linie trennt das Musterfeld und den Hals vom übrigen, beigefarbenen Körper ab.

Diese Form des Inka-Aryballos findet sich in den verschiedensten Varianten im gesamten Reich der Inka, von Mittelchile bis Nordecuador. Bestimmte Formen der Verzierung waren aber ausschließlich der Inka-Sippe und den Angehörigen der Führungselite des Imperiums vorbehalten.

1.14 P'oko-Schale mit Vogelkopfgriff

Inkakultur, H 7 cm, Dm 20 cm
Reiss-Engelhorn-Museen Mannheim, Inv. Nr. Am 95

Innen im Rund des flachen Schalenbodens laufen vier Wasservögel. Der am Rand ansetzende aufgebogene Wulstgriff der Schale endet in einem Vogelkopf, offenbar dem einer Nachtschwalbe. Gegenüber dem Griffansatz stehen die beiden, für diese Form typischen Randlappen nach außen. Nur der Vogelkopf hat Bemalung auf dunklem

1.13

1.14

Überzug, die restliche Oberfläche ist in der beigeorange-
farbenen Tonfarbe belassen.

Schalen dieser Art mit Vogelbemalung waren im Zen-
tralgebiet des Inkareiches und bis nach Bolivien hinein verbreitet.

1.15   Doppelausgusskanne

Frühe Nascakultur, H 22,5 cm, Dm 22 cm
Reiss-Engelhorn-Museen Mannheim

Schenkung des ehemaligen Direktor der Völkerkundlichen
Sammlungen Axel Freiherr von Gagern

Auf den Gefäßkörper einer Kanne mit doppeltem Ausguss ist in bunten Farben ein komplexes Wesen gezeichnet.
Aus Kokain-geweiteten, aufgerissenen Augen und vereng-
ten Pupillen trifft uns sein Blick. Die Masken an Mund und
Stirn stellen Barthaare von Feliden dar. Den Hals schmückt
eine großgliedrige Kette. Oben erkennt man Katzenohren,
seitlich hängen Locken mit Scheibenringen herab. Sie rahmen eine Hand ein, die einen menschlichen Kopf am
Schopf ergriffen hat. Links erkennt man die andere Hand,
sie hält einen Stab mit roten Blutflecken. Rechts deuten

1.15

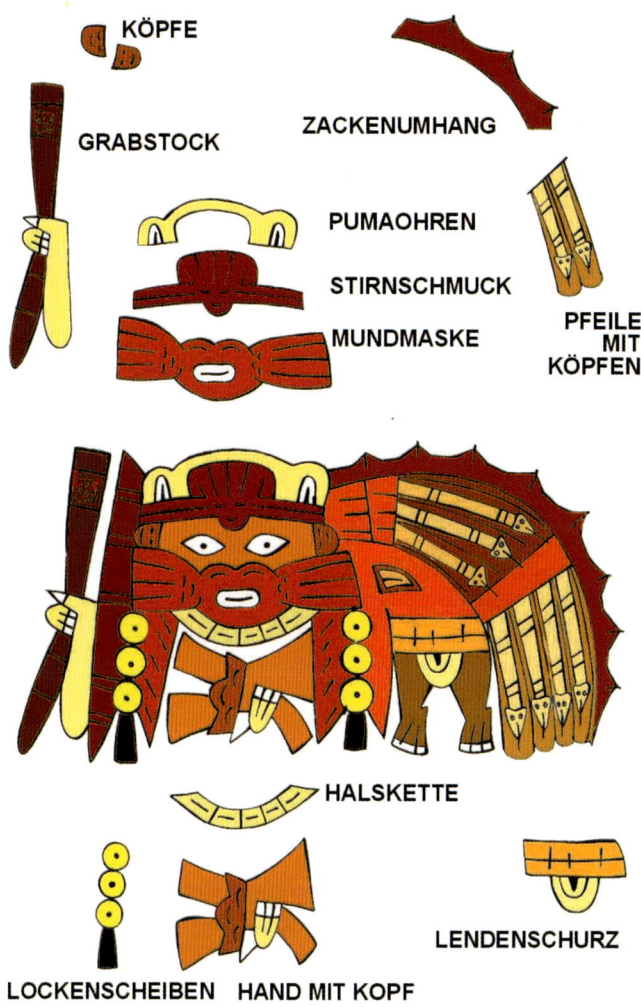

KÖPFE

GRABSTOCK

ZACKENUMHANG

PUMAOHREN

STIRNSCHMUCK

MUNDMASKE

PFEILE MIT KÖPFEN

HALSKETTE

LENDENSCHURZ

LOCKENSCHEIBEN HAND MIT KOPF

zu 1.15 Das menschengestaltige mythische Wesen

sich der kleine Körper bekleidet mit einem Poncho sowie Schambinde und die Beine des Wesens an, darüber ein Flügel oder Gewand mit gezacktem Rand, in das Pfeilartige Elemente mit züngelnden Schlangenköpfen eingezeichnet sind.

Doppelausgusskannen sind typisch für die altandinen Kulturen der peruanischen Südküste, das polychrome Bild kennzeichnet den monumentalen Stil der frühen Nasca-Zeit.

Altandine Techniken

Der Feldbau

Überall in den Zentralanden ist die natürliche Ackerkrume zwar fruchtbar, aber dünn, abgesehen von den schmalen Fruchtlandbereichen der Talböden und Schwemmkegel ist der Untergrund steinig und karg. Wenn man früher dachte, die Kulturen Altamerikas seien deshalb rückständig, weil sie den Pflug nicht kannten, so übersieht man, dass Pflügen bei diesen Bodenverhältnissen völlig unangebracht ist, ganz abgesehen davon, dass es keine Zugtiere gab, das Lama ist nämlich dazu nicht geeignet.

Es wurde eine völlig andere Agrartechnik entwickelt. Das Hauptgerät zur Bodenbearbeitung war der Pflanzstock. Mit ihm wurde der Ackerboden nicht gewendet, sondern aufgelockert. Samen oder Stecklinge wurden sehr gezielt gepflanzt, oft dergestalt, dass solche Arten zusammen in den Boden kamen, die im Hinblick auf den Nährstoffgehalt des Bodens einen Ausgleich schaffen. Ein klassisches Beispiel ist der Anbau von Mais und Chilebohnen, die Bohnen entziehen dem Boden den Stickstoff, den der Mais dort ablagert. Klassisch ist das Bild der Bohnenpflanzen, die sich an den Maisstämmen emporwinden. Die

Anbauterrassen (Photo: Gallimard. Giovanni Dagli Orti)

Öffnungen in den unterirdischen Bewässerungskanälen
(Photo: S. Purin)

Äcker wurden dabei sehr intensiv bewirtschaftet, man spricht von Hortikulturen oder Gartenbaukulturen.

Auch die Bewässerungstechnik wird hier von einem anderen Prinzip als in der Alten Welt geleitet. Das Wasser durchfließt die Furchen zwischen den Pflanzenreihen. Dies ist ein sehr sparsamer Umgang mit Wasser und hat den Vorteil, dass man die Versalzung der Felder verhindert, die bei einer flächigen Bewässerung angesichts der tropischen Sonneneinstrahlung eine ständige Gefahr wäre.

Eine weitere Aufgabe war Entwässerung der unteren Talbereiche, die offenbar vor dem systematischen Wassermanagement, das die verschiedenen Kulturen entwickelten, derart versumpft waren, dass man heute vom „ungesunden Klima" der Yunga-Region spricht. Seit der Eroberung durch die Spanier, die eine Reihe von wichtigen Kenntnissen in Vergessenheit geraten ließ, wurden auch zahlreiche Taloasen nicht mehr drainiert, so dass die Namensschilder der modernen Dörfer, wie zum Beispiel „Tembladera" (Zitterort), Hinweise auf grassierende Krankheiten geben, hier ist der Bezug zum Sumpffieber eindeutig. Ohne Drainage können sich die paradiesischen Flußoasen im Yunga-Bereich in Malaria-Höllen verwandeln. Denn im Unterlauf der Flüsse weiten sich die Talauen, das Wasser hat im Laufe der Jahrtausende sehr viel Geröll und Erde aus dem steilen Oberlauf gebracht, so daß sich vor den jäh aufsteigenden Gebirgsmassiven, beispielsweise im Westen der flachen Küstenwüste, das Schwemm- und Geröllmaterial aufgestaut hat.

Der Zentralandenraum hat also kaum mehr Naturlandschaften, sie sind kulturell überprägt, auch wenn dies auf den ersten Blick nicht auffällt. Dies gilt insbesondere für die Küstenoasen und für die gemäßigten Zonen der Quechua Region.

Die wenigen siedlungsgünstigen Flecken mit gemäßigtem Klima liegen zwischen 2300 m und 4000 m Höhe in der Quechua-Region, einer Hochgebirgslandschaft mit tief eingeschnittenen Tälern. Seit Jahrhunderten wurden die Steilhänge mit Anbauterrassen überzogen, die den Ackerbau erst ermöglichten und die Bodenerosion stoppten. Sie wurden mit fruchtbarer Erde aufgefüllt und mit Guano, dem Kot der unendlich zahlreichen Vögel vor der fischreichen Küste, gedüngt. Diese „hängenden Gärten" der Anden sind überall dort, wo es in dem wasserarmen Land möglich ist, Bewässerungskanäle anzulegen, was auf zuweilen halsbrecherische Weise geschah. Denn die Kanäle ziehen sich an steilen Hängen entlang und es ist oft kaum fassbar, wie eine Kultur, die weder Zement noch Mörtel kannte, solche Kanäle erbauen und über Jahrhunderte lang in Betrieb halten konnte.

Dieser Terrassenanbau ist ein Erfolg von völlig überraschenden Ausmaßen, bis zum heutigen Tag ist die Quechua-Region die am dichtesten besiedelte Landschaft Perus.

Weberei

Die altandine Textiltechnik beruht auf zwei Rohstoffen, der Baumwollpflanze, die an der Küste Altperus bereits im dritten vorchristlichen Jahrtausend angebaut worden ist, und der Wolle der Neuweltcameliden Vicuña und Guanaco, die nach Ausweis der Höhlenstratigraphien der Puna-Hochebene zur selben Zeit zu Lamas und Alpacas domestiziert worden sind.

Die Fasern aus diesen Grundstoffen weisen bereits eine Eigenfärbung auf. Einfacher und erfolgreicher als die

Musterbuch

Spinnrocken

Bambusbehälter mit
Webmaterialien

Baumwolle lassen sich die Tierhaare zusätzlich einfärben.
Das Musterbuch aus dem Callejón de Huaylas, der Hoch-
talregion in den weißen Anden im Norden der Zentralanden *(s. Abb.)*, half den Hirten bei der Färbung nach ein-

Umzeichnung
des Dekors auf
dem Bambus-
behälter

Körbchen mit Webmaterialien

Spinnwirtel

Garnrolle

heimischen Rezepten. In Tütchen sind die meist pflanz-
lichen Färbemittel auf den Seiten eingefügt, auf denen die
jeweilige Färbeprozedur beschrieben ist. In einem Schäl-
chen befindet sich Indigo-Pulver, das aus einem tropischen
Strauch gewonnen wird, einer der ältesten und früher
wichtigsten Farbstoffe für die Blaufärbung.

Die gefärbte Wolle oder Baumwolle wurde in Behältnis-
sen aufbewahrt, zum Beispiel in einem Bambusbehälter
wie diesem, dessen Dekor, hier umgezeichnet, der Nasca-
Ikonographie folgt (s. Abb.). In einem Körbchen aus einem
Grab an der Südküste Perus (s. Abb.) fanden sich Webmaterialien in Miniaturformat, vom einfarbigen Vlies über
eingefärbte Garne bis hin zu fertigen Stickereien.

Die Garnherstellung:
Die gereinigten Tierhaare oder die Baumwollfasern werden
so um den Rocken, einen Holzstab (s. Abb.), gewunden,
dass sie sich leicht mit der Hand herauszupfen lassen, um
dann mithilfe der Spindel zu einem fortlaufenden Faden
verarbeitet zu werden. Die Spindel besteht ebenfalls aus
einem Holzstab, an dem ein Spinnwirtel – ein konisch
geformter Keramikzylinder oder eine durchlochte Stein-
scheibe (s. Abb.) – für den nötigen Schwung sorgte. War
die Spindel voll mit gesponnenem Garn, wurde es entweder zu einem Knäuel gewickelt oder auf eine Garnrolle
gespult (s. Abb.).

Die Herstellung des Gewebes:
Die Fäden können durch Verschlingen, Flechten, Häkeln
und Knoten, also durch eine Maschenstofftechnik, oder
durch Weben zu einem Stoff verarbeitet werden. Bei der
Maschenstofftechnik werden die Fäden miteinander verschlungen.

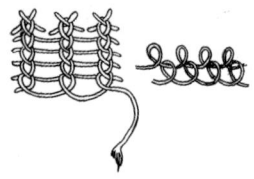

Maschenstofftechnik:

Einfaches Verschlingen

Beim Weben entsteht der Stoff aus den Kettfäden und
dem Schuss, Fäden, die quer zu den Kettfäden zwischen
ihnen hindurchgeführt werden. Mit dem Webschwert
(s. Abb.) werden die Kettfäden auseinander gedrückt, damit
die Schussfäden hindurchgeführt werden können. Dann
wird das Schwert dazu benutzt, die Schussfäden dicht an-
einander zu schlagen, damit ein dichtes Gewebe entsteht.
Mit diesen Verfahren wurde bereits in früher Zeit experi-
mentiert.

Ein erstaunlicher Versuch dieser Art ist die Verbindung
mehrerer Gewebe zu einem. Bei einem Textil aus der Paracaskultur (Kat.Nr. 1.16) wurden sogar drei Stoffe miteinander kombiniert. Die Zeichnung veranschaulicht die Struktur:

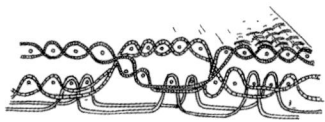

Querschnitt zur Technik der
Dreifachgewebebildung

Die Kettfadensysteme (Punkte) werden durch die Schussfäden
(unterschiedliche Schraffur) miteinander verwoben. So entsteht eine fast reliefartige Oberfläche. Das ganze komplexe
Gewebe ist aus Cameliden-Wollfasern gefertigt.

Verzierungstechniken

Federflor
Die in starken Farben leuchtenden Federn von Papageien
aus dem Amazonastiefland wurden zu Flor auf Geweben
verarbeitet. Am Fragment eines Federflorstoffs *(s. Abb.)*

Zur Technik der Florbildung:

Florbildung mittels einfachem Verschlingen und Fingerknoten

Garnknäuel

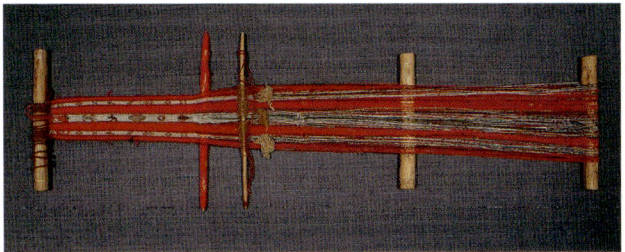

Webrahmen für ein schmales Band

Webschwert

lässt sich die Herstellungstechnik erkennen. Die Federn sind mittels Verknoten auf dem Grundgewebe befestigt. Die Zeichnung zeigt, wie der Faden um die umgebogenen Federkiele geschlungen und die Federansätze mit einem zusätzlich darum verknoteten Faden miteinander verbunden wurden. Das Ergebnis ist ein dichter Federflor auf dem Gewebe.

Musterbildung beim Weben
Die einfachste Form der Verzierung von Geweben entsteht

Maschenstoff

Federflorstoff

jedoch dadurch, dass Fäden bestimmter Farbe, Länge und Anzahl als zusätzliche Schussfäden beim Weben eingefügt werden.

A-jour-Technik
Werden Fäden beim Webvorgang ausgelassen oder zusammengefasst, so ergeben sich Leerräume, das Gewebe wird weniger dicht, sondern schleierartig. Je nach Anordnung der Leerräume entstehen Muster, durch die Farbe der darunter getragenen Stoffe hindurchscheint.

Stickerei
Die eindrucksvollsten Dekoreffekte entstanden bei den Nascatextilien mittels der Stickerei (Kat.Nr. 1.17). Mit Nadeln der Algarrobo-Bäume und Fäden *(s. Abb.)* in verschiedenen Farben wurden auf die Stoffe gegenständliche und abstrahierte Muster gestickt. Bereits in der Paracaskultur fanden sich einseitig bestickte Gewebe, die nachfolgende Nascakultur vervollkommnete die Technik der doppelseitigen Stickerei. Die Motive sind so eingestickt, dass man das Textil wenden kann und das Muster auch auf der Gegenseite sichtbar ist.
    Die Nascakultur hat in der Stickerei höchste Vollkommenheit erreicht. Dass dies nur durch systematisches Erlernen

Nadel mit Faden

der unterschiedlichen Techniken möglich war, zeigen Gewebe aus Gräbern, auf denen man erkennen kann, wie ungeübte Hände sich an Stickereien versucht haben; in der Altamerikaarchäologie nennt man solche Stücke „sampler". Die Versuche waren von großem Erfolg gekrönt: In der Ausstellung sind Nasca-Gewebe zu sehen, deren Bordüren aus dreidimensionalen Stickereien bestehen, richtigen kleinen Stickerei-Skulpturen

1.16 Gewebefragment

Paracaskultur, L 55 cm, B 45 cm
Reiss-Engelhorn-Museen Mannheim, Inv.Nr. Am 4913

Vielleicht gehörte das Gewebefragment einst zu einer Tasche, die aus Tierwolle gefertigt und mit geometrischen und figürlichen Darstellungen verziert war. Sie war aus drei Stücken mit Baumwollzwirn überwendlich vernäht. Alle drei Stücke bestehen ihrerseits aus mehreren miteinander verbundenen Geweben, die eine Art Relief bilden, wie die Skizze oben zeigt. Die eingewebten, leicht abstrahierten Darstellungen zeigen, dass die Bilder in der Paracaskultur, beeinflusst von Chavín, gerne als Vexierbilder daher-

1.16

kommen: Die jeweils rotbraun oder weiß wiedergegebenen und einander zugewandte Profile bilden zugleich die
en-face-Darstellung des Kopfes eines Pumas, der mit ein-
gestemmten Vorderläufen vor dem Betrachter kauert; beiderseits über dem Kopf sieht man die nach außen angewin-
kelten Hinterläufe. Es ist, als wolle das Raubtier gleich auf
den Betrachter losspringen. Flechtelemente in Zickzack-
Anordnung trennen die Bilder voneinander.

1.17   Rechteckiges Mustertuch

Frühe Nascakultur, L 100 cm, B 50 cm
Reiss-Engelhorn-Museen Mannheim

Tücher dieser Art nennt man in der Andenarchäologie
„Sampler", Mustertücher, denn in das hellblaue Gewebe

1.17

1.17 Detail

sind mit ungeübter Hand Motive eingestickt, als ob an diesem Gewebe ein junges Mädchen das Sticken erlernt hätte. Tatsächlich kann man in den einfarbigen und mehrfarbigen Stickmustern etwas verzerrte Wiedergaben klassischer Elemente der Nasca-Ikonographie wiedererkennen.

Auf dem Baumwolltuch wurden sowohl Baumwoll- als auch Tierfaserfäden zum Sticken von Mustern mit Stielstich und Plattstich benutzt. Da die Tierfasern viel leichter zu färben waren, wurden sie zum Herstellen von mehrfarbigen Geweben bevorzugt.

Verwendung der Stoffe
Der Frage, wie die rechteckigen Gewebe der Nascakultur als Kleidung denn getragen wurden, beantworten die Mumienbündel der Paracas- und Nascakultur nicht, da die Toten zwar mit ihren Gewändern, jedoch nicht mit ihnen bekleidet bestattet wurden. Eines der wenigen Indizien für die Trageweise der Rechtecktücher von Paracas ist eine Gefäßskulptur, die sich bereits seit langem als Leihgabe in den Reiss-Engelhorn-Museen befindet:

1.18   Figuralgefäß mit Umhang

Frühe Nascakultur, Phase 1, H 24 cm, Dm 15,5 cm
Leihgabe aus Privatbesitz

Nicht nur die geweiteten Augen der sitzenden weiblichen Gestalt, sondern auch die ausgemergelten Gesichtszüge weisen auf den Genuss von Coca hin. Eine Cocakugel hält sie in der Hand, eine weitere beult die linke Wange aus, die Frau gibt sich also gerade dem Genuss des berauschenden Mittels hin. Sie trägt über dem hochgewölbten Kopf

1.18

und den Schultern einen Umhang, der durch eine Punkt-
leiste als bordürenbesetzter Stoff kenntlich gemacht ist.
Offenkundig handelt es sich um ein Tuch, wie es uns in der
Ausstellung begegnet.

Der Farbdekor überzieht abgegrenzte Flächen. Die bemalten Flächen sind ähnlich wie in der Paracaskultur durch
Ritzungen voneinander abgesetzt. Das Gefäß weist jedoch
– anders als in Paracas – keineswegs pastos aufgetragene,
sondern eingebrannte Farben auf. Diese Art der Ober-
flächenbehandlung ist charakteristisch für die früheste
Phase der Nascakultur. Ebenso charakteristisch für diese
frühe Zeitstellung ist eine weitere Besonderheit: Auf dem
Gefäßboden erkennt man die eingeritzte Darstellung der
Fußsohlen. Es wird hier deutlich, dass die Skulptur nicht eigentlich auf Sicht gearbeitet war, sondern gleichsam ein eigenes Dasein hatte, alles wichtige musste vorhanden sein,
auch wenn es dem Betrachter nicht sichtbar war.

Ähnliches gilt für die Textilkunst: Es war nicht in erster
Linie beabsichtigt, durch wirkungsvolle Verzierung und
Gestaltung zu beeindrucken, die Gewebe gewannen viel-
mehr ihren Wert durch den eingebrachten Aufwand.

Die Keramik

Erst spät hat man in den Zentralanden mit der Herstellung von Keramik begonnen. Während die Gefäßkeramik im benachbarten Nordandenraum schon nahezu tausend Jahre in einem reichen Spektrum von Formen und Dekorsystemen gefertigt wurde, kennt man aus dem Umfeld der Großarchitekturanlagen der peruanischen Küsten- und Hochlandkulturen des dritten und frühen zweiten Jahrtausend keine gebrannten Tongefäße. Das mag damit zusammenhängen, dass einerseits Brennstoff im Zentralandenraum von jeher nur begrenzt vorhanden war und dass andererseits der Flaschenkürbis früh angebaut worden ist. So hatte man jedenfalls keinen großen Bedarf an sonstigen Flüssigkeitsbehältnissen. Aus verschiedenen frühen Fundzusammenhängen wissen wir, dass man in den Flaschenkürbissen nach dem Tauchsiederprinzip Wasser mit Steinen erwärmte, denn man fand bei ihnen Kieselsteine, die offensichtlich im Feuer stark erhitzt worden waren und beim plötzlichen Kontakt mit dem kalten Wasser zerplatzt sind.

Aus all diesen Gründen überrascht es nicht, dass die früheste Keramik des Zentralandenraumes aus dem Amazonasbecken stammte und dass am östlichen und nördlichen Kontaktbereich zum Amazonastiefland, wo zwar keine Flaschenkürbisse, jedoch viel Holz zum Brennen vorhanden waren, die früheste Keramik Altperus nachgewiesen worden ist.

Geeignete Tonablagerungen für die Entnahme von Rohstoff hat es allerdings in allen Taloasen des Zentralandenraumes gegeben. Meint man in den nördlichen Zentralanden in der älteren Chavínkultur und während des Frühen Horizonts zuweilen die Nähe zu den Regionen traditionsreicher Töpferkunst am souveränen Umgang mit der Aufbereitung des Tons zu spüren, ist die Keramikherstellung im Süden weit weniger entwickelt. Dies fällt besonders bei der Gefäßplastik auf, die im Norden schon früh große Perfektion erreichte, während diese Fähigkeiten weiter südlich nicht so intensiv trainiert worden sind: Im Bereich der Paracaskultur sind die Gefäße selbst insgesamt kleiner und weit weniger gut gearbeitet, die figurale Plastik wurde hier auch nur ganz selten aus dem Gefäß selbst herausmodelliert; man fügte sie vielmehr einfach als Appliken an, eine Technik, die in der jüngeren Chavínkultur bis nach Nordperu verbreitet ist. Dies gilt auch für die Bemalung, die im Norden schon früh mit eingebrannter roter Farbe auf hellem Grund beginnt, während in der Paracaskultur bis zum Ende des Frühen Horizontes die Farben erst nach dem Brand mit harzigem Bindemittel aufgebracht wurden.

Die Wende von der Paracas- zur Nascakultur erkennt man an der eingebrannten Malerei, der ersten im Zentralandenraum. Die Nasca entwickelten die klassische polychrome Vasenmalerei, alle Nachfolger zehren von dieser Errungenschaft.

Exkurs: Drehscheibenkeramik? – Neues zur Keramiktechnologie der Nascakultur

Sandra Gottsmann und Michael Tellenbach

Einer der bekanntesten und am häufigsten besprochenen Unterschiede zwischen den Technologien der Kulturen der Alten und der Neuen Welt ist das Fehlen des Rades in Altamerika. Schon früh hat man darauf hingewiesen, dass sich die Zivilisationen Südamerikas angesichts der tropischen Breiten nur in einer Hochgebirgswelt entfalten konnten und dass in einem solchen Gelände der Gebrauch des Rades nicht angebracht erschien. Offenkundig ist auch, dass der Mangel an Zugtieren ihn nicht gefördert hat. Das Spielzeug mit Rädern, das in präspanischen Gräbern Nordwestmexikos gefunden wurde, bildet jedoch einen anschaulichen Beleg dafür, dass die Abwesenheit des Rades hier nicht mit fehlendem Erfindergeist zu begründen ist, sondern dass sich zu jeder technischen Entdeckung auch die entsprechende kulturelle Situation gesellen muß, damit das Neue sich entfalten und durchsetzen kann.

Wenn sich jedoch einmal eine derartige Beobachtung von scheinbar allgemeiner Gültigkeit festgesetzt hat, so überträgt man sie gerne auf alle Bereiche, so auch auf die Frage nach der Verwendung der Töpferscheibe in Altamerika. Georges Bankes stellte in seinem 1989 erschienenen Handbuch über Peruanische Keramik lapidar fest „the true potter‹s ... wheel was unknown in pre-Hispanic Peru". Er erwähnt immerhin 70 Fußschalen des Recuay-Stils aus Pashash im nördlichen Hochandengebiet und deren „spin marks" auf der Basis, die der Ausgräber, Dr. Terence Grieder, mit ausführlicher Darstellung der Hinweise auf Drehscheiben-Verwendung bereits 1978 publiziert hatte. Bankes erklärt jedoch „No such [potters wheel] has ever been found". Noch radikaler verfährt der kanadische Altamerikanist Patrick Carmichael, wenn er schreibt „die Töpferscheibe war im Alten Südamerika unbekannt" und dann in einer Fußnote festhält, Grieder lege interessante Informationen vor, wonach es bei der alten Recuaykultur im Hochland Perus bereits eine Drehscheibe mit zentraler Achse gegeben habe.

Wir können nun Nachweise für die Verwendung der Töpferscheibe in der fast 1000 km von Recuay entfernten Region von Nasca vorlegen. Führen wir uns zunächst in einem kurzen Überblick vor Augen, wie man sich bislang die Herstellung von Nascakeramik vorstellte. Wir folgen hierbei im Großen und Ganzen der Darstellung, die Carmichael 1991 über die Schritte gegeben hat, die im Andenraum zur Herstellung der Keramik erforderlich waren.

An den Gefäßoberflächen und an den Bruchstellen der Scherben erkennt man deutlich, dass der Ton fast immer sehr sorgfältig geschlämmt wurde. Bei fettem Ton wurde anorganische, zum Beispiel feinsandige, Magerung hinzu-

Am 5399 Innenseite

gefügt, um Risse beim Trocknen durch Volumenschwund zu vermeiden. Charakteristisch ist Glimmermagerung, die glitzernden Partikel kann man an einem Gefäß in den Reiss-Engelhorn-Museen (Inv.Nr. Am 5399) erkennen. Der Glimmer ist allerdings auch ein natürlicher Bestandteil der lokalen Tonlagerstätten im Nazca- und Ica-Tal.

Die schematischen Zeichnungen erläutern die nun folgenden Schritte entsprechend dem bisherigen Forschungsstand. Man geht davon aus, dass die flachrunden und halbkugeligen Gefäßböden durch Pressen und Kneten des geschlämmten Tons in Modeln hergestellt worden sind, im Model wurde der Tonklumpen abgezogen und ausge-

Am 5425 Detail:
Das Aufziehen der Wandung mit Tonwülsten ist an der Verdickung zu erkennen.

Wulstaufbautechnik

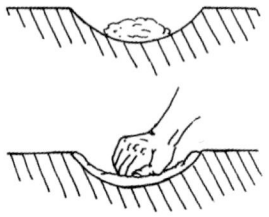

1. Aufbereiteter Tonklumpen im Model

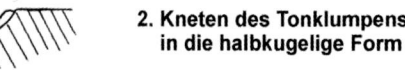

2. Kneten des Tonklumpens in die halbkugelige Form

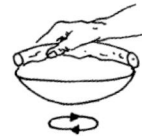

3. Ansetzen von Tonwulsten, dabei Drehen der Halbschale

4. Aufziehen des Gefäßes, dabei Drehbewegungen

Herstellung von Gefäßen mit geschlossener Form

1. Herstellung des Gefäßes zu ca. 2/3 durch Wulstaufbautechnik

2. Ansetzen eines Gegenstückes, das zuvor vermutlich im Model geformt wurde

3. Durchbrechen einer Arbeitsöffnung mit dem Finger oder einem Werkzeug

4. Überarbeiten und polieren der Naht innen und außen

5. Schließen der Arbeitsöffnung; Durchbrechen zweier Öffnungen für den Ausguß; Ansetzen der separat gefertigten Ausgußtülle

schnitten. Der nächste Schritt – man erkennt das deutlich am Gefäß Reiss-Engelhorn-Museen Am 5425, – war dann der weitere Gefäßaufbau durch Ansetzen von Tonwülsten, und das Aufziehen der Wandung mit der Hand, wobei man eventuell auch Geräte aus Holz oder Knochen verwendet hat. Im Gefäß Reiss-Engelhorn-Museen Am 5395, meint man zu fühlen, wie die Wandung durch Schlagen von außen bei gleichzeitigem Gegenhalten mit einem flachen Schlegel von innen verdünnt wurde.

Nach Carmichaels Beobachtungen wurden die Doppelausgußkannen mit Bügelhenkel, eine der klassischen Formen der Nascakeramik, durch Aufziehen von zwei Dritteln der Gefäßwandung und anschließendem Ansetzen des Ausgußteils gefertigt. Er vermutet, dass die Gefäße mit zusammengesetztem Profil aus Teilformen zusammengefügt wurden, die in Wulstaufbautechnik oder durch Formen in Modeln vorgefertigt waren. Auf diese Weise kann man die sorgfältige Innenbearbeitung der Gefäße erklären. Entsprechende Radiographien belegen, dass beispielsweise in einem Fall das Oberteil einer Doppelausgußkanne wie ein Deckel aufgesetzt worden war. Nun sind Gefäßwandung und Deckel auch innen hervorragend verbunden. Man erkennt im Röntgenbild keine Kanten oder sonstige Unebenheiten auf der Innenseite. Demnach muß der Töpfer, so folgert Carmichael, auf der Oberseite der Kanne eine später wieder verschlossene Arbeitsöffnung ausgeschnitten haben, durch die er ins Innere greifen konnte, um die Innenkanten so gut verfugen zu können. Nachdem diese Öffnung dann wieder verschlossen war, hat er beiderseits da-

Am 5395 Detail

Am 5425 Gesamtansicht

von Löcher in der Ton geschnitten und da hinein die separat gefertigten Ausgußtüllen gesetzt.

Typisch für den Oberflächendekor, hauptsächlich im Inneren von Schalen (Reiss-Engelhorn-Museen Kat.Nr. 5.5
und Am 5421), ist ein einfarbiger Überzug, die sogenannte
Engobe. Die charakteristische Bemalung ist in den Farben
Weiß, Beige, verschiedenen Brauntönen (Hell- und Dunkelbraun, helles und dunkles Rotbraun und ähnlichem),
sowie Orange, Bordeauxrot und Grau gehalten. All diese
verschiedenen Farben wurden durch die Verwendung von
Eisenoxydschlicker erreicht.

Die Bemalung erhielt eine dichte, feine glatte Oberfläche,
aber es kommt auch pastos und körnig auf die Oberfläche
aufgebrachte Farbe vor (Reiss-Engelhorn-Museen Am 5383

Am 5395 Gesamtansicht

Am 5419 Gesamtansicht

und Am 5419). Gut beobachten lässt sich der Farbauftrag mit Pinseln, vermutlich auch mit einem Gießhorn.

Die verschiedenen Farben sind meist nebeneinander aufgetragen, bei einigen Stücken lässt sich jedoch bei genauer Beobachtung auch sehen, wie sie einander überlagern. Beim Gefäß Reiss-Engelhorn-Museen Am 5422 gibt es neben der Grundfarbe Weiß eine parallele Bemalung in Bordeauxrot. Darüber hinaus ist auf der weißen Grundfarbe rotbrauner, bordeauxroter, grauer und dunkelbrauner beigefarbener Dekor aufgebracht. Über diesen verschiedenen Dekorschichten sind schwarzbraune Umrisslinien zu beobachten.

Im Fall von Gefäß Reiss-Engelhorn-Museen Am 5421 ist innen und außen ein rotbrauner Farbauftrag festzustellen, außen

Am 5383 Gesamtansicht

auch dunkelbraune Bemalung. Über die rotbraune Oberfläche ziehen sich weiße Linien, die dunkelbraunen Flächen
weisen Dekor in orangefarbenen, weißen und roten Tönun-
gen auf, die weißen Bereiche ihrerseits kann dunkelbraune
Malerei überziehen, die orangefarbene und rote weiße
Umrisslinien. Es kommt schließlich auch vor, dass über die
weißen Bemalungen dunkelfarbene Linien streichen.

Die intensive Oberflächengestaltung ist typisch für die
Nascakeramik, unbearbeitete Oberflächen finden sich
kaum. Auch wo Bemalung fehlt, sind die Oberflächen
durchweg gestaltet, bei offenen Gefäßen stets die gesamte
Außenfläche, bei geschlossenen Formen auch der Innen-
rand und alle Bereiche, die man sieht. Dabei ist die Politur
durchaus nicht immer ganz glatt, sie wirkt häufig streifig.
Man beobachtet (beispielsweise an den Gefäßen Reiss-Engelhorn-Museen Am 5419 und Am 5421) wie der Politur-
strich am Gefäßboden in alle Richtungen geht, bei der horizontalen Politur der Gefäßwandungen sind die einzelnen
Streifspuren klar erkennbar.

Selbst das Innere der Gefäße ist glatt gewischt. Offenbar
diente dazu ein Textilballen, dessen Fasern sich in den Gefäßen Reiss-Engelhorn-Museen Am 5383 und Kat.Nr. 7.25
deutlich abgedrückt hat.

Die totale Überformung der Oberfläche ist der Grund,
warum der untersuchende Blick von „außen" keine Rück-
schlüsse auf Herstellung und Aufbau der Gefäße gewinnen
kann. Die Suche nach solchen Einblicken ist deshalb
dringlich, weil sich bei der Betrachtung von Bruchflächen
Zweifel einstellen, ob diese Keramik, so wie es die gängige
Forschungsmeinung behauptet, wirklich aus gerollten und
gekneteten Elementen hochgewulstet ist. Nie wird man die
Drehrillen beobachten, die Grieder an Keramik der Recuaykultur im ca. 1000 km entfernten Fundort Pashash so
hervorragend dokumentiert hat.

Wir haben uns deshalb entschlossen, die Struktur der
Gefäßkeramik mit Hilfe der Computertomographie zu untersuchen. Wir verdanken dem Diakonie-Krankenhaus
Mannheim, dass diese Einblicke möglich wurden. So haben uns weit über 100 Aufnahmen weitgehende Einsichten
in die Techniken der Keramikherstellung der Nascakultur
gewährt. Unsere Untersuchung wurde vom Keramikrestau-
rator der archäologischen Abteilung der Reiss-Engelhorn-
Museen, Herrn Hofmann-Schimpf, begleitet. Er wählte alt-
europäische Vergleichstücke aus, da deren Herstellungstechnik dank zahlreicher, gut dokumentierter Fundzusam-
menhänge und zeitgleicher schriftlicher Überlieferung sehr
viel eingehender erforscht ist.

Die computertomographischen Aufnahmen geben nicht
jene „Schnittfläche" wieder, die man im Schema der Aufnahmen zu erkennen meint, sondern erfassen stets eine bestimmte Tiefe, gleichsam einen „Streifen" des Gefäßkörpers. Die Aufnahme gibt die unterschiedliche Material-
dichte wieder, im Falle der Keramikwandung müssen sich

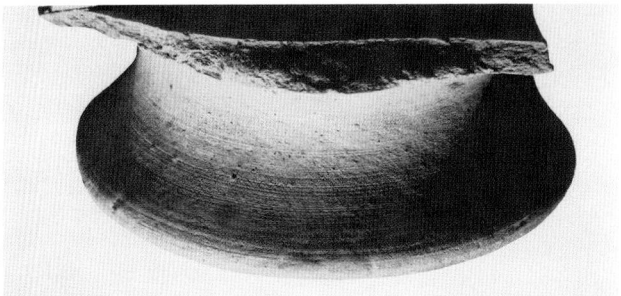

Drehrillen auf Keramik der Recuaykultur (Photo: T. Grieder, 1978. Abb. 75)

die aufgrund von Druck dichter strukturierten Teilbereiche von den eher lockerer gefügten abheben. Die Senkrecht-Aufnahmen der vier Gefäße bestärkten aufgrund der erstaunlichen Regelmäßigkeit der Gefäßprofile unsere Zweifel an den geläufigen Vorstellungen von der Herstellungstechnik.

Entscheidende Einsichten gewannen wir jedoch erst dadurch, dass wir die Aufnahmerichtung geändert haben: Erstaunlicherweise sind bisher in der Literatur nur Aufnahmen von senkrecht im Tomographen stehenden Gefäßen publiziert worden (siehe beispielsweise Carmichael 1991, Abb. 204a). Um Einblick in einen Querschnitt der

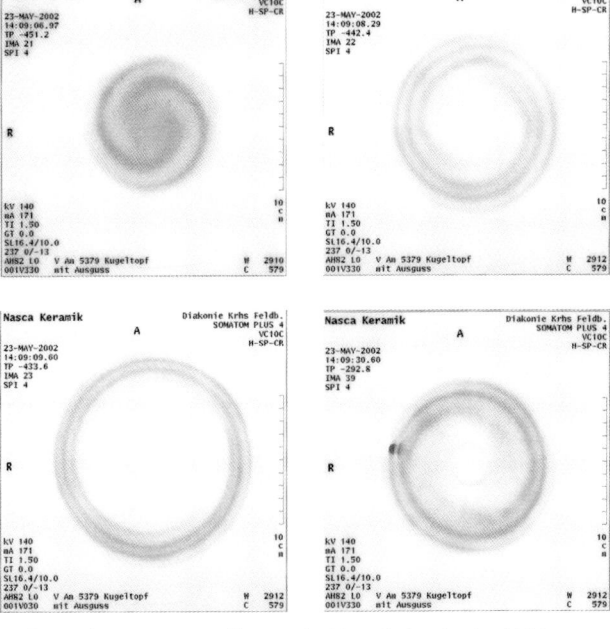

Radiographie einer Ausgußkanne der Nascakultur in der Abfolge vom Boden bis zum Ausguß. Deutlich sind die Spiralstrukturen zu erkennen

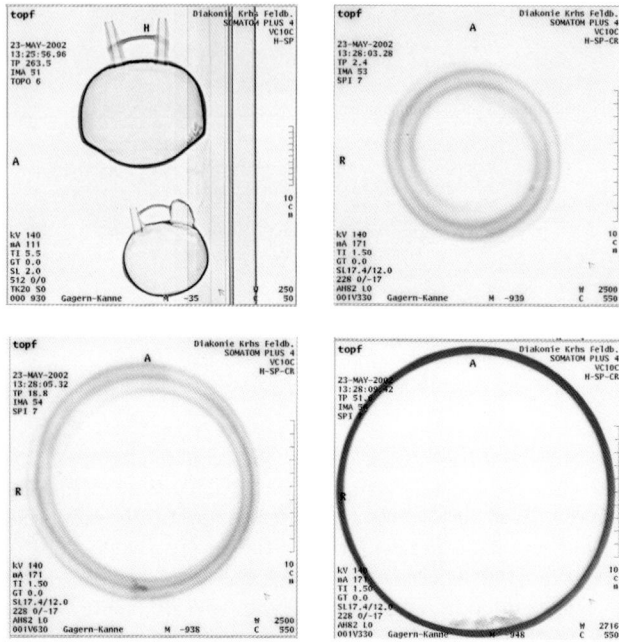

Radiographie des Gefäßes Kat. Nr. 1.15. Oben links steht das Gefäß senkrecht im Computertomographen, die anderen Aufnahmen zeigen es liegend. Auch hier sind die Spiralstrukturen zu erkennen

Gefäßwandung zu erhalten, haben wir die Gefäße hingelegt. Das Ergebnis ist von erstaunlicher Eindeutigkeit: Die Wandungen der ausgewählten Gefäße zeigen – trotz bemerkenswerter Unterschiedlichkeit hinsichtlich Qualität und Zeitstellung – dieselbe regelmäßige Spiralstruktur. Eine solche Struktur kann nur entstehen, wenn absolut regelmäßiger Druck von innen auf die Gefäßwand ausgeübt wird. Eine derartige Spiralstruktur kann nicht bei einer Herstellungstechnik entstehen, bei der das Gefäß durch Aufwulsten und nachträgliches Drehen, etwa auf einer Matte, aufgebaut wird. Das mit bloßem Auge klar erkennbare Bild der Spirale zeigt sich auch in der Computer-Tomographie von Gefäßen, die unser Restaurator, Bernd Hofmann-Schimpf, auf der schnell rotierenden Töpferscheibe hergestellt hat.

Tatsächlich unterscheiden sich die Computertomogramme von Gefäßen der Linearbandkeramik und des Großgartach-Typus eindeutig vom Ergebnis unserer Aufnahmen der Nascagefäße. Sehr viel größer ist die Ähnlichkeit der Aufnahmen unserer Gefäße mit jenen von einer relativ weithalsigen Flaschenform der Laténe-Zeit Aufgrund der relativ genauen Kenntnis des Gesamtbefundes der Laténekeramik kann man für dieses Gefäß von der Verwendung einer sich langsam, aber kontinuierlich um ein Zentrum drehenden Töpferscheibe ausgehen.

Zusammenfassend können wir feststellen:

Die computertomographischen horizontalen Schnitte durch vier von uns untersuchte Nascagefäße lassen eine regelmäßige Spiralstruktur des Wandungsaufbaus erkennen.

Die ausgewählten Gefäße gehören unterschiedlichen zeitlichen Phasen der Nascakultur an und repräsentieren unterschiedliche Qualitäten.

Die Spiralstruktur ist mit den geläufigen Vorstellungen vom Wandungsaufbau der Nascakeramik nicht in Übereinstimmung zu bringen. Computertomographien von nachweislich aufgewulsteter, neolithischer Keramik aus Mitteleuropa ergeben ein stark divergierendes Bild.

Aufnahmen von langsam gedrehter Laténekeramik ergeben ein ähnliches Bild wie die der Nascakeramik.

Das Ergebnis der experimentellen Überprüfung war, daß das Spiralbild eine Struktur zeigt, die nur bei Drehscheibenkeramik nachzuweisen ist. Die Spiralstruktur auf den Computertomographien der Nasca-Gefäße ist daher als Nachweis der Verwendung der Töpferscheibe zu interpretieren.

Dieses Ergebnis wirft auch ein Licht auf vielfach nicht angemessen beachtete Beobachtungen und Interpretationen von Grieder zur Keramik von Pashash, die nach konventioneller C 14-Chronologie in die ersten nachchristlichen Jahrhunderte datiert wird und somit etwa zeitgleich mit der Nascakultur ist.

Aufgrund der vorliegenden Ergebnisse können wir den Beweis antreten, dass ein großer Teil der Nascakeramik von den ersten Phasen an, seit den Jahrhunderten um die Zeitenwende, auf der langsam drehenden Töpferscheibe hergestellt ist.

Die Kulturen des Zentralandenraumes kannten daher nachweislich spätestens seit der Zeitenwende die Töpferscheibe.

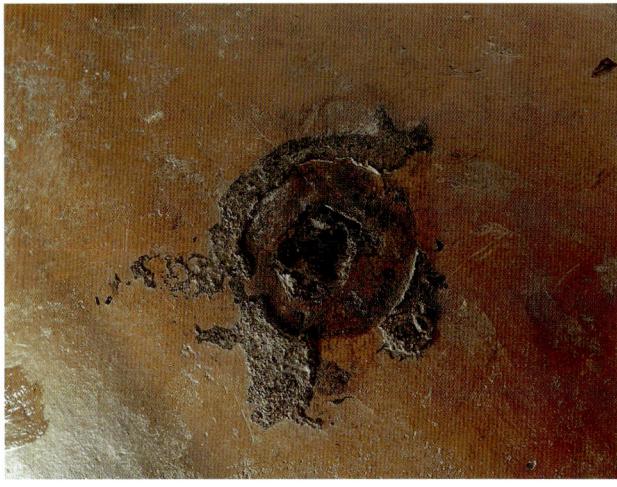

Am 5381 Detail: Offenbar alte Reparatur; Abdichten eines Loches mit einer harzähnlichen Masse

Das Kopfgefäß zeigt die antike Flickung mittels einer Schnur, die
durch gebohrte Löcher gezogen wurde

Die Entwicklung der Nasca-Kunst

In den Taloasen der peruanischen Südküstenwüste entfaltete sich um die Zeitenwende und im ersten Jahrtausend die nach dem Nazca-Tal benannte Kultur, um Verwechslungen zu vermeiden, wird hier in der Schreibung zwischen Nascakultur und Nazca-Tal unterschieden. Ihre charakteristisch polychrom bemalten Doppelausgußkannen mit Bügel, die Becher, Näpfe, Schalen, Kugeltöpfe mit Hals und Figuralgefäße sind schon im vergangenen Jahrhundert bekannt geworden. Die Nascakultur entwickelte sich zwischen zwei überregionalen „panperuanischen" Phänomenen, denn sie ging bruchlos hervor aus der Paracaskultur des Frühen Horizonts mit ihren typischen, pastos bemalten Gefäßen und bildete dann eine wesentliche Grundlage der Kultur von Huari-Tiahuanaco, mit der sie sich im Mittleren Horizont verband. Die bedeutendste Großarchitekturanlage der Nascakultur war Cahuachi im Nazca-Tal, ein umfangreicher Komplex von Stufenpyramiden, der mit Hilfe von Verputz und – anfänglich – kleinen, konischen Lehmziegeln errichtet wurde und auch die Hänge mehrerer natürlicher Erhebungen in Fassaden von Großbauten verwandelte.

Einsichten in die Entwicklung einer solchen Kultur gewinnt der Archäologe in erster Linie aus der Untersuchung von Fundeinheiten, die zeitgleich niedergelegt worden sind, beispielsweise aus dem Inventar von Gräbern. Grabfunde sind bisher nur aus den Tälern von Ica und Nazca belegt. Die ersten dokumentierten Nascagräber verdankt die Forschung Max Uhle (Uhle 1906, 1913, 1914; Kroeber/Strong 1924; Gayton/Kroeber 1927; Roark 1965; Proulx 1970); Gräber wurden weiterhin von Alfred Kroeber (Kroeber 1956), William D. Strong, William C. Farabee (Proulx 1968) und Heinrich Ubbelohde-Doering ausgegraben, von letzterem auch vorgelegt (Ubbelohde-Doering 1958, Neudecker 1979). Dank den Bemühungen von Lawrence Dawson ist die Dokumentation der Grabinventare von Raubgrabungen Aldo Rubini's erhalten (Proulx 1968,5), blieb jedoch unpubliziert. Nach verschiedenen spekulativen Versuchen einer inneren Gliederung der Nasca-Entwicklung in der ersten Hälfte dieses Jahrhunderts (Uhle, Ms; Tello 1917; Gayton/Kroeber 1927; Yacovleff 1932) wird das auf der Grundlage kunstarchäologischer Analysen von Dawson erarbeitete und offenbar an geschlossenen Grabfunden überprüfte, neunphasige Entwicklungsschema (Rowe 1960) weitgehend verwendet; es wurde in Teilen ausgearbeitet und vorgelegt (Menzel/Rowe/Dawson 1964; Menzel 1964; Roark 1965; Proulx 1968), jedoch nie insgesamt publiziert.

Nach einer Übergangszeit, der Phase 1, entfaltete sich demnach bis zur Phase 4 der „monumentaler Stil" benannte Abschnitt, im Laufe dieser Entwicklung fügten sich die Darstellungen immer stärker in ein Rechteckraster ein. Darauf folgte nach einem Übergang, der Phase 5, der „üppige Stil" der Phasen 6 und 7, in dem sich Einzelelemente verselbständigen bis hin zur Auflösung der Bilder. Im „disjunktiven" Stil der Phasen 8 und 9 überlebten isolierte Einzelelemente, die sich jedoch nicht mehr zu einem Gesamtbild fügten.

Musikinstrumente

Raum-Klang-Erfahrungen in der Musik der Nascakultur

Anna Gruszczynska-Ziólkowska

Immer wenn plötzlich ein Wind aufkam, hörte Modesto, der für gewöhnlich seine Tiere in der Pampa weidete, schöne Klänge, die an ein Flötenspiel erinnerten. Er wußte nicht, woher sie kamen. So entschloß er sich eines Tages, ihnen nachzugehen. Er mußte lange gehen, bis er schließlich eine auf der Erde liegende Flöte fand. Interessiert hob er die Flöte auf, um sie näher zu betrachten. Als er sie jedoch wieder hinlegte, blieb die Flöte stumm. Es wehte ein kräftiger Wind. Aber trotz des Windes und trotz vielfacher Versuche, die Flöte wieder genau so hinzulegen wie zu Anfang, waren die schönen Klänge fortan nie wieder zu hören. Diese Geschichte erzählte mir Nelly Garcia aus dem Nazca-Tal und gab dabei wieder, was sie von ihrem Onkel Modesto gehört hatte.

Die Begleitumstände dieses auf den ersten Blick merkwürdig anmutenden Ereignisses deuten darauf hin, daß es sich bei dem gefundenen Instrument um eine Panflöte, um eine sogenannte Antara-Flöte gehandelt haben muß. Während das Spiel des Windes auf einer Flöte – vor allem das „melodische" – eher kaum vorstellbar ist, ist es beim Gebrauch der Antara-Flöte auf interessante Weise erfahrbar und auch nachprüfbar. Die Ausrichtung des Instruments in entsprechendem Winkel zur Windrichtung bewirkt, daß die stärkeren Luftströme aus sich nur gering verändernden Richtungen höchst unterschiedliche Pfeiftöne hervorrufen. Daher ergibt sich ein ganz bestimmter „melodischer" Effekt.

Die Antara-Flöten gehörten zu denjenigen melodischen Instrumenten, die in der Nascakultur überwiegend verwendet wurden und auch im archäologischen Bestand sehr zahlreich vertreten sind. Es handelte sich dabei meist um Instrumente aus Keramik, nur wenige Antara-Flöten sind aus Schilfrohr, die sowohl aufgrund ihrer Konstruktionsidee als auch hinsichtlich ihrer keramischen Produktqualität zu den hervorragendsten Zeugnissen der technisch außerordentlich hochstehenden Nascakultur gehörten.

2.1 Große rotbraune Antara-Flöte mit 13 Zylinderpfeifen

2080–385 Hz, gebrannter Ton. Nascakultur, H 21 cm, B 13,8 cm Reiss-Engelhorn-Museen Mannheim, Inv. Nr. Am 4668

2.2 Antara-Flöte mit sieben fusionierenden Pfeifen

1340–604 Hz, gebrannter Ton, pastos bemalt. Übergang Paracas/Nascakultur, H 19 cm, B 11 cm Leihgabe aus Privatbesitz

Es sind zwei Grundtypen von Antara-Flöten zu unterscheiden: „fusionierende" Pfeifen – oben breiter und unten schmaler – und zylindrische Pfeifen. Der erste Typ ist eindeutig mit der Tradition der Paracas-Indianer verbunden; meist sind es kleinere Instrumente. Zwei ausgebohrte Öffnungen dienten dazu, eine Schnur durch die Pfeife zu ziehen, so daß sie an den Körper des Spielenden, z. B. um den Hals, gehängt werden konnte.

Der zweite Typ hingegen, der im archäologischen Bestand überwiegt, scheint aufgrund seiner spezifischen Konstruktionsmerkmale ein Werk der Schöpfer der Nascakultur zu sein, die in vielen Bereichen wahre Meisterwerke hervorbrachten. In idealer Form gestaltet, stechen sie durch ihre äußerst feine keramische Verarbeitung hervor. Einige der bekannten Antara-Flöten sind derart behutsam ausgeformt, daß ihre Wand nicht mehr als einen Millimeter dick ist!

Ein Beispiel für den enormen technischen Fortschritt der Nasca, dessen Höhe von keiner anderen Andenkultur je erreicht wurde, sind Antara-Flöten von geradezu riesigen Ausmaßen. Die größte der bislang bekannten Flöten wurde im Gebiet von Cahuachi entdeckt: eine 87 cm lange Antara-Flöte, bestehend aus 15 Einzelpfeifen, deren Gewicht zwei Kilogramm kaum übersteigt.

Die höchste Anerkennung verdienen die Handwerker jedoch wegen der perfekten Klangqualität der Flöten; es sind geradezu ideal gestimmte Instrumente. Die Klanghöhe der Flöte hängt von der Flötenlänge ab. Dabei ist zu bedenken, daß Ton während des Brennens schrumpft. Um also das erwartete Endresultat wirklich zu erreichen, mußte man den Schrumpfungsgrad beim Brennen möglichst präzise voraussehen können. Natürlich war diese genaue Abschätzung letztlich nur aufgrund eines großen Erfahrungsreichtums möglich. Dieser Erfahrungsschatz ermöglichte eine weitere konstruktive Neuerung: Es wurde eine Konstruktion entwickelt, bei der sich die einzelnen Pfeifen der Flöte untereinander nicht berühren. Dadurch wurde während des Spiels vermieden, daß sich die Schwingungen einer Pfeife auf die umliegenden Pfeifen übertrugen.

Die Antara-Flöte hat einen angenehmen, feinen Klang, der sich durch ein charakteristisches Geräusch auszeichnet. Aufgrund ihres schmäleren Mundstückes kann man durch entsprechendes Blasen einen leicht pulsierenden Klang mit instabiler Schwingungsfrequenz erzeugen. Ob und inwieweit diese Klangeigenschaft von vornherein beabsichtigt war, ist anhand der derzeitigen Quellenlage nicht mit letzter Eindeutigkeit zu entscheiden. Gleichwohl ist zu betonen, daß das gleichzeitige Spiel auf zwei identisch gestimmten Pfeifen, die zu unterschiedlichen Flöteninstrumenten gehören, das interessante Phänomen des dumpfen Dröhnens erzeugt.

Die Klänge der Antara-Flöte sind recht eigentümlich. Denn ihre Klangpalette wird von Intervallen unterschied-

**2.3 Große
hell rotbraune
Antara-Flöte
mit 10 Zylinder-
pfeifen**

1020–257 Hz,
gebrannter Ton.
Nascakultur,
H 32 cm, B 15 cm
Leihgabe aus
Privatbesitz

**2.4 Große
Antara-Flöte
mit 13 Zylinder-
pfeifen**

950–250 Hz,
bemalte Lippe,
gebrannter Ton.
Nascakultur,
H 42 cm, B 9,2 cm
Leihgabe aus
Privatbesitz

lichsten Umfangs gebildet. Sehr häufig tauchen dabei Töne auf, die sich sehr ähnlich, ja fast schon identisch sind, z. B. nur um einen Viertelton verschieden. Intensive Akustik-Forschungen zeigten dabei eine ungewöhnlich hohe Präzision der Stimmung. Die Stimmung der Antara-Flöte zeichnet sich durch ein präzises, zahlenmäßig greifbares Verhältnis der einzelnen Schwingungsfrequenzen aus, das darauf hinweist, daß der Herstellung der Instrumente ein ganz bestimmtes geometrisches System zugrunde lag.

Es ist nicht ausgeschlossen, daß die nahe beieinanderliegenden Töne während des Spiels nicht als aufeinanderfolgende Klänge, sondern als Doppelklänge genutzt wurden. Denn das dumpfe Dröhnen, das durch das gleichzeitige Spielen auf zwei identisch gestimmten Pfeifen verschiedener Flöten erzeugt wurde, taucht in noch interessanterer Form auf, wenn nämlich auf Pfeifen gespielt wird, deren Stimmung sich nur minimal voneinander unterscheidet. Je komplizierter das Verhältnis zweier Schwingungsfrequenzen ist, desto größer ist die akustische Dissonanz.

Die These von der besonderen Ästhetik der Gleichklänge in der Nascakultur, bei der das Phänomen der akustischen Dissonanz hoch eingeschätzt wird, beruht auf einer breiten Grundlage. Diese Grundlage beruht nicht nur auf archäologischem Klangmaterial, sondern auch auf ethnologischen Erkenntnissen. Denn bis heute kann man in der traditionellen Musik der Andenvölker eine Vorliebe für mehr oder weniger dissonante Intervallkonstruktionen antreffen, die man aus dem Blickwinkel der europäischen Musiktradition als „verstimmt" oder „unrein" bezeichnen würde (de Arce 1998 und Ardenois 1999).

Auf das Problem der intentionalen Dissonanz stößt man auch bei anderen Keramikinstrumenten der Nasca – den Trillerpfeifen. Diese haben eine oder zwei Innenröhren, die mit einem kugelförmigen Teil verbunden sind. Sie erzeugen einen Klang mit sehr hoher Schwingungsfrequenz, ca. 2500 – 4500 Hz. Bei diesen Trillerpfeifen ist eine Röhre ein klein wenig länger als die andere. Dadurch werden Klänge mit sehr ähnlichen, aber nicht identischen Schwingungsfrequenzen erzeugt. Beim gleichzeitigen Blasen in beide Röhren gibt es so einen durchdringenden, dissonanten Ton. Den Klang der Trillerpfeife kann man durch schwächeres oder stärkeres Blasen oder durch das Offenlassen und Zuhalten des Luftlochs beeinflussen. Auf diese Weise lassen sich interessante „Melodien" spielen, die wie bestimmte Signale klingen.

Die Trillerpfeifen stellen unter den archäologischen Musikinstrumenten eine relativ zahlreiche, gattungsmäßig differenzierte Instrumentengruppe dar. Sie sind von recht geringer Größe, ca. 6–7 cm lang, und besitzen zwei Öffnungen, durch die ein Baumwollfaden gezogen wurde, der das Anhängen der Trillerpfeife ermöglichte. Die mannigfaltigen Pfeifen dieser Art tragen für gewöhnlich anthropomorphe oder zoomorphe Züge. Es handelt sich dabei oft um Ge-

2.5   2.6

2.5 und 2.6 Zwei kleine Antara-Flöten mit je acht Zylinderpfeifen

1130 bzw. 1120–425 Hz, einheitliche graubraune Engobe, gebrannter Ton. Nascakultur, H 19,4 cm, B 10,2 cm und H 19,6 cm, B 10,2 cm
Leihgaben aus Privatbesitz

2.7 Kleine Zweiklang-Trillerpfeife in Form einer Nachtschwalbe

3900–3170 Hz, gebrannter Ton. Nascakultur, L 5,8 cm
Leihgabe aus Privatbesitz

2.7   2.8

2.8 Kleine Einklang-Trillerpfeife in Form eines Vogel mit einem Schöpfschälchen

3860–3570 Hz, gebrannter Ton. Nascakultur, L 6,8 cm
Leihgabe aus Privatbesitz

stalten, die sich in irgendeiner Weise auf die geistige Welt beziehen. Deshalb gibt es hier die so oft in der Nasca-Ikonographie vertretenen Abbilder riesiger Meeresungeheuer, katzenartiger Tiere oder sogenannte Vencejo-Vögel, deren Gestalt an Schwalben erinnert. Unter den anthropomorphen Formen hingegen tauchen Darstellungen von Menschenwesen mit eigenartigen Kopfbedeckungen oder Gesichtern auf, die von Masken oder Tätowierungen bedeckt sind.

Die Konstruktionsweise einer anderen Art der Nasca-Flöten ist geeignet, instabile Klanghöhen zu erzeugen. In ihrem Aussehen erinnern sie stark an die bis heute in der Andenkultur populären Kena-Flöten mit ihren spezifischen Blaskanten. Die Möglichkeit der unterschiedlichen Lenkung des Luftstromes während des Blasens und seine variable Kraft erlauben eine Art Glissando-Effekt, ein sanftes Dahingleiten über die ganze Klangpalette, das wie „Jammern" und „Wehklagen" anmuten mag. Diese Flöten, die nur in sehr geringer Anzahl erhalten geblieben sind, stellen eine große Besonderheit unter den Instrumenten der Nascakultur dar, da sie aus Knochen hergestellt worden sind. Einige dieser Exemplare weisen reiche Verzierungen mit geometrischen Figuren, winzigen Kreisen zum Beispiel, oder zoomorphen Motiven auf.

Zur Gruppe der Blasinstrumente gehören auch Trompeten, die allerdings in der Ausstellung nicht zu sehen sind und nur in geringer Anzahl gefunden wurden. Sie bestehen aus einer schlichten, langen Röhre, die aus mehreren Teilen zusammengesetzt ist. Dieser Klangkörper ist von konischer Gestalt und hat eine mehr oder weniger stark umgestülpte Blaskante. Den Trompeten sind darüber hinaus spezifische dekorative Elemente zu eigen. Dabei handelt es sich überwiegend um Abbildungen von Gestalten in Festgewändern, die oftmals maskiert erscheinen und bestimmte Embleme tragen. Es werden aber auch mythische Gestalten abgebildet, die anthropomorphe Züge aufweisen.

Die Trompete der Nascakultur ist im Prinzip ein Einklang-Instrument. Dennoch kann man mit einer bestimmten Spieltechnik, zum Beispiel durch Überblasen, viele unterschiedliche Klangeffekte erzielen und kurze Melodien mit Signalcharakter kreieren. Es ist nicht ausgeschlossen, daß der Grund für die Konstruktion der Röhre aus mehreren Elementen letztlich darin bestand, sowohl eine Verkürzung und damit eine Erhöhung des Grundklangs als auch eine Verlängerung und damit das Absenken des Grundklangs zu ermöglichen. Dabei bewirkt die Verkürzung der Röhre um die Hälfte einen um eine Oktave höheren Grundklang. Dadurch stand dem Spielenden der Übertritt in ein anderes Klangregister offen.

Rhythmusinstrumente in der Musik der Nascakultur waren kleine Schüttel-Idiophone und Trommeln. Die Schüttel-Idiophone wurden aus Naturmaterialien hergestellt. Zu

2.9 Kleine Einklang-Trillerpfeife mit anmodellierter kleiner Fischapplik

4450–4100 Hz, gebrannter Ton.
Nascakultur/Paracastradition,
L 3,2 cm
Leihgabe aus Privatbesitz

2.10 Kleine Zweiklang-Trillerpfeife mit anmodellierter großer Fischapplik

2520–2300 Hz, gebrannter Ton.
Nascakultur, L 6,6 cm
Leihgabe aus Privatbesitz

2.9

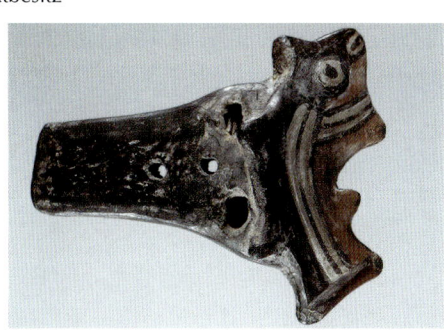

2.11 Kleine Zweiklang-Trillerpfeife mit Katzen-gesichts-applik

3300–2950 Hz, gebrannter Ton.
Nascakultur, L 6,6 cm
Leihgabe aus Privatbesitz

2.10

2.11

2.12 Vogel-förmige kleine Zweiklang Trillerpfeife

3050–2710 Hz, gebrannter Ton.
Nascakultur, L 6,5 cm
Leihgabe aus Privatbesitz

2.12

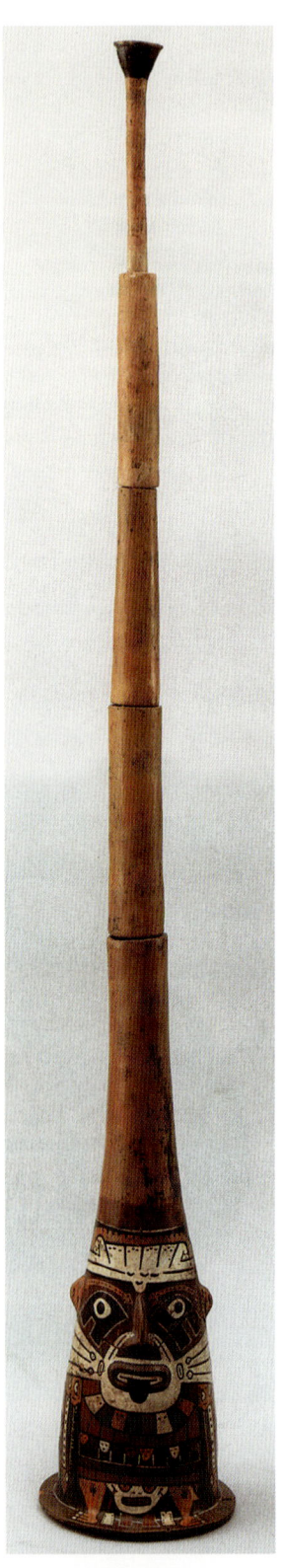

diesen Instrumenten zählten
in erster Linie Halsketten mit
auf kleinen Schnüren aufge-
reihten winzigen Klangele-
menten, die während der Bewegung ihrer Träger ein
leichtes Geklirre oder einen
sanften Klapperton erzeug-
ten. Zu ihrer Herstellung verwendete man pflanzliche
Produkte wie Früchte oder
Samenkörner, vorrangig aber
die Schalen von Weichtieren.
Unter den zahlreich erhalten
gebliebenen archäologischen
Zeugnissen ist besonders auf
die Halsketten aus dem
Spondylus princeps hinzu-
weisen. Diese Muschelnart
ist nämlich in den kalten Ge-
wässern vor der peruani-
schen Küste nicht zu finden
und stellt daher ein ungewöhnlich kostbares Rohma-
terial dar. Die lose aneinandergereihten, klirrenden
Klangelemente der Halsketten waren von vielerlei Gestalt: von kleinen, runden
Perlen bis zu rechteckigen
oder trapezförmigen Plätt-
chen. Es ist anzunehmen,
daß dabei ähnlich wie in den
anderen indianischen Kulturen Perus auch zweigeteilte
Halsketten aus *Spondylus*
verwendet wurden, die als
Schlag-Idiophone dienten
(Hickmann 1990, 30–31).

In der Bildwelt der Nascakultur – vor allem bei den
Gefäßen mit anthropomor-
phen Verzierungen – finden
sich zahlreiche Beispiele von
Männern, deren Hälse mit
Ketten geschmückt sind. Die

Trompete aus gebranntem Ton,
Frühe Nascakultur, Museum zu
Allerheiligen Schaffhausen,
(Photo: R. Wolfsberger, Zürich)

2.13

2.13 Große Gefäßtrommel mit weißgrundiger Nachtschwalben-Bemalung

Gebrannter Ton. Nascakultur, H 59 cm, Dm 31 cm
Leihgabe aus Privatbesitz

Auf dem großen, hellgrundigen Körper der Pauke sind Vögel wiedergegeben, die in drei Reihen in Richtung auf den rot engobierten Paukenschwanz fliegen. Es handelt sich um amerikanische Nachtschwalben, wie bereits Seler (1914, Nachdruck 1961, 302 ff.) an den großen Augen, den langen, schmalen Flügeln, dem schwalbenartigen Leib und dem schwarzen Gefieder, von dem sich über der Brust ein breiter halbmondförmiger Kragen in Weiß, das Kehlband, und unten der helle Darmausgang abhebt, erkannte. Charakteristisch sind weiterhin der gegabelte Schwanz und der mit haarförmigen Bartfedern besetzte Schnabel. Die Nachtschwalbe ist kein erntevernichtender, gefräßiger Schädling, sondern ein Insektenfresser, der die Felder schützt und die zuweilen heftigen tropischen Plagen von den Feldfrüchten abwehren hilft. Ihre Darstellung steht gleichsam für ein gutes Omen für Landwirtschaft und Nahrungspflanzen.

üppige Ausstattung dieser männlichen Gestalten – Attribute, die auf eine bestimmte soziale Funktion oder Stellung hinweisen, zum Beispiel Waffen sowie festliche Gewänder und Kopfbedeckungen – läßt vermuten, daß diese
Abbildungen Menschen zeigen, die an einer Zeremonie
oder kultischen Versammlung teilnehmen.

Man möchte annehmen, daß die eher winzigen, an
Schnüren aneinandergereihten Klangelemente keine allzu
große klangliche Bedeutung hatten. Wenn man sich jedoch
bestimmte historische und ethnologische Analogien aus
dem Andengebirge vor Augen führt, kann man sich vorstellen, daß die Wirkung dieser Klangelemente keineswegs gering gewesen sein muß.

Ein interessantes und sehr bestechendes Beispiel für
diese Zusammenhänge stellen die Beschreibungen der
Inka-Zeremonie „Itu" aus dem 17. und 18. Jahrhundert
dar: Der wichtigste Teil der einen Tag und eine Nacht dau-
ernden Zeremonie fand in absoluter Stille statt. Gespräche
waren dabei streng untersagt, wobei aus der Stadt auch alle
Tiere entfernt wurden, die die zeremonielle Ruhe hätten
stören können. Die Männer trafen auf dem Hauptplatz der
Stadt zusammen, ausgerüstet mit Halsketten aus Muscheln
und kleinen Trommeln. Der Klang dieser Instrumente war
während der kurzen Prozession das einzige Geräusch, das
während dieser Phase der Zeremonie zu hören war. Als
dieser rituelle Teil jedoch zu Ende war, fingen alle Versam-
melten zu tanzen an, „als Zeichen, daß ihr Gebet ange-
nommen worden war" (Murúa 1964, II cap. 39, vol.280;
Cobo 1964, 22, Polo de Ondegardo 1916, I cap. 9, 25). Ihr
Gebet? Es war doch dabei kein einziges Wort gefallen! Es
scheint, daß diese Zeremonie eine interessante Kalkulation
von spezifischen Raum-Klang-Erfahrungen beinhaltete:
Der sanfte Klang der Muscheln und die nicht allzu lauten,
gleichmäßigen Klänge der kleinen Trommeln gewannen
angesichts der längerwährenden allgemeinen Stille eine
ganz besondere Bedeutung. Geschah die Erzeugung der
Raum-Klang-Erfahrungen in der Nascakultur etwa auf ganz
ähnliche Weise? Offensichtlich bleibt die Antwort auf diese
Frage letztlich ein Geheimnis.

Die Halsketten – insbesondere die aus den *Spondylus-
Muscheln* – waren wohl nicht auf die Nascakultur be-
schränkt, da Halsketten dieser Art auch in anderen antiken
Kulturen des Andengebirges in vielfältiger Form zu finden
sind. Ein Beispiel für den besonderen Erfindungsreichtum
der Nasca-Indianer sind dagegen neben den Antara-Flöten
die Trommeln. Denn diese unterscheiden sich von den
Trommeln anderer Kulturen Altperus durch das Herstel-
lungsmaterial – Keramik. Die Keramiktrommeln sind wahrscheinlich ein Erbe der Tradition der Paracas-Indianer. Das
Fortdauern dieser Tradition ist auch in Tiahuanaco-Huari
zu beobachten.

Es handelt sich dabei um eine Art Gefäßtrommel, die in
ihrer Form an die kugelförmigen Krüge der Nascakultur

2.14 Kleine Gefäßtrommel mit hellgrundigem Bild einer mythischen, Feld-früchte bringenden Katze

Gebrannter Ton.
Nascakultur, H 14 cm,
Dm 16,5 cm
Leihgabe aus Privatbe-sitz

2.14

2.15 Kleine Pauke mit der Darstellung eines mythischen Wesens

Gebrannter Ton.
Nascakultur, H 16 cm,
Dm 15 cm
Reiss-Engelhorn-Mu-seen Mannheim,
Inv. Nr. Am 5405

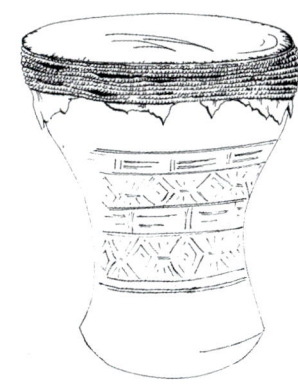

2.15

erinnert. Sie wies am unteren Rand einen Fortsatz auf, der
als Stützvorrichtung diente und war darüber hinaus mit einem breiten Ausguß versehen. Der obere Teil der Trommel
hingegen wurde ein wenig in die Länge gezogen, um das
Befestigen der Membran zu ermöglichen. Der Durchmesser der Membran war dabei weitaus größer als der des Ge-
fäßausgusses. Nachdem die Membran über die Randkan-
ten der Trommel gezogen worden war, legte man sie in Falten und umwickelte sie mit einer Schnur. Dann wurden
zahlreiche, eng anliegende Spiralrollen um die Membran
gelegt, um die Spannung dauerhaft zu sichern und zu sta-
bilisieren. Am Trommelboden befand sich eine winzige
Öffnung. Dies ermöglichte einerseits den Ausgleich des
durch das Schlagen auf die Membran bedeutend erhöhten
Luftdrucks im Trommelkörper. Zum anderen wurde dadurch auch eine höhere Schwingungszahl der Membranvi-
brationen erzielt. Die Trommeln der Nascakultur zeichnet
eine enorme Vielfalt an Form und Größe aus, was ein be-
redtes Zeugnis für die große Klangpalette dieser Instrumente ist. So gibt es unter den bislang bekannten Funden
sowohl kleine Trommelchen als auch sehr große Trommeln, die eine Höhe von bis zu eineinhalb Metern erreichten.

Die Ikonographie der Nascakultur wirft bis zu einem gewissen Grade ein Licht auf die angewandte Trommeltech-
nik. Die kleinen und mittelgroßen Instrumente wurden
schräg gehalten. Die größeren Trommeln stellte man seitlich auf den Boden. Eine entsprechende Auswuchtung des
Trommelkörpers bewirkte, daß der Trommelboden nach
unten kippte und sich dabei auf den Fortsatz stützte. Dadurch gewann die Gefäßtrommel an Stabilität. Der Spie-
lende schlug mit einer Hand auf die Membran, während er
mit der anderen den Trommelkörper am oberen Rand fest-
hielt. Die Position dieser Hand mag den Eindruck erwecken, als ob aufgrund der Kugelgestalt des Trommelkörpers eine Beeinflussung des Spiels der anderen Hand möglich
gewesen wäre. Denn der Neigungswinkel der Membran
konnte durch ein schwächeres oder stärkeres Drücken auf
den oberen Trommelrand – gleichsam wie bei einer Waage –
je nach Bedarf verändert werden. Die ganz großen Trommeln hingegen, besonders jene mit verlängertem Mittelteil,
stellte man wahrscheinlich senkrecht auf, wobei möglicherweise auf zusätzliche Stützen zurückgegriffen wurde.
Vielleicht wurden die großen Trommeln auf Dauer an zere-
moniell bedeutsamen Orten aufgestellt (Bolaños 1988, 28).

Ein kurzer Überblick über die Instrumentenpalette der
Nascakultur und ihres Klangspektrums läßt eher an stille
Kammermusik denken, es gab behutsam klingende melodische Instrumente, die Antara-Flöte und andere Holzblas-
instrumente und nur wenig Percussionsinstrumente. Mit
Hilfe der Antara-Flöte vorgenommene Klangexperimente
im Gebiet des großen Kultzentrums in Cahuachi führten jedoch zu einem verblüffenden Ergebnis: Der subtile Klang

der Antara-Flöte hat in diesem Raum eine Reichweite von mindestens einem Kilometer. Dabei ist anzumerken, daß aufgrund des schlechten Erhaltungszustands der Instrumente bei dem Experiment lediglich Flöten mit kurzer Pfeiflänge benutzt wurden, die einen verhältnismäßig hohen Klang erzeugen.

Dagegen weisen archäologische Funde darauf hin, daß sich die Klangbreite dieser Instrumente von ca. 100 bis über 2000 Hz erstreckt, also mehr als vier Oktaven umfaßt. Viele der in Cahuachi gefundenen Antara-Flöten sind von riesigem Ausmaß und weisen eine niedrige Schwingungsfrequenz auf, was eine große Klangreichweite ermöglicht.

Die mittelgroßen, aber auch die ganz großen Trommeln mit sehr niedriger Schwingungsfrequenz konnten durch das Aufsetzen auf die Erde noch weiter gehört werden, da die Vibrationen über den Erdboden weitergetragen wurden.

Die Forschungen zur Raumakustik stecken, besonders was die zeremoniellen Orte angeht, an denen sich die Mehrzahl der antiken Musikinstrumente befand, leider noch in den Anfängen. Nichtsdestotrotz lassen die akustischen Eigenarten dieser Orte und der dort liegenden Instrumente für die Zukunft sehr interessante Ergebnisse erwarten.

Nicht weniger wichtig erscheint die Frage, wie groß die einzelnen Orchester und Musikgruppen wirklich gewesen waren. Ethnologische und historische Untersuchungen weisen darauf hin, daß es ein Hauptprinzip der traditionellen Anden-Musik war, melodische Instrumente der gleichen Gattung nicht in ein und derselben Spielgruppe zu vereinen. Wenn dieses Prinzip auch für die Nascakultur gegolten hätte, hätten die Antara-Flöten nicht mit anderen Blasinstrumenten zusammen eingesetzt werden dürfen, sehr wohl jedoch mit Trommeln oder Idiophonen. Ein weiteres Merkmal der Anden-Tradition besteht darin, daß stets ein konkretes Instrument einer konkreten Situation zuzuordnen ist. Das jeweilige Instrument hat dabei eine eigens für diese Situation bestimmte Melodie zu spielen. Kurz gesagt, es existiert also eine Art musikalischer Kalender, der mit dem rituellen Kalender in Einklang steht und alle verwendeten Instrumente erfaßt.

Natürlich weiß man nicht mit letzter Gewißheit, ob diese Prinzipien auch für die Nascakultur gegolten haben. Für diese Hypothese würde jedoch eine wichtige Tatsache sprechen: Eine hervorstechende Eigenschaft der Antara-Flöten aus dem Nazca-Gebiet ist die individuell verschiedene Stimmung jedes Instrumentes. So hat im Grunde genommen jede Antara-Flöte ihr eigenes Klangspektrum, so als ob sie speziell für das Spielen einer bestimmten Melodie oder einer gemeinsamen Melodiengruppe vorgesehen gewesen wäre.

Einen Hinweis gibt hier die Art der Verzierung. Denn die „Zwillingsinstrumente", also die identisch gestimmten Antara-Flöten, weisen auch gleichen Dekor auf. Dies könnte man als besondere visuelle Verdeutlichung der Klangqualitäten bestimmter Instrumente ansehen. Auffallend ist ferner, daß zahlreiche Dekorationselemente oder Verzierungsmuster der Antara-Flöten auch auf Keramikinstrumenten, besonders auf kultischen Instrumenten, und Trommeln zu finden sind. Vielleicht ist daher die identische Dekoration ein Hinweis darauf, daß die betreffenden Gegenstände einer konkreten Handlung, zum Beispiel einem bestimmten Ritus, gewidmet waren, die auf ein gemeinsames Ziel ausgerichtet war.

Das meiste Wissen über die Musik der Nascakultur liefern die Instrumente selbst. Denn viele von ihnen überstanden die Jahrtausende unversehrt und erlauben es, die originalen Klänge der Vergangenheit wieder zum Leben zu erwecken. Anhand anderer Instrumente wiederum lassen sich mit Hilfe der Erkenntnisse aus der Akustik-Forschung bestimmte hypothetische Klangformen möglicherweise rekonstruieren. Dies reicht zwar nicht aus, um die uralten Melodien wieder neu erklingen zu lassen. Doch nicht diese Melodien sind letztlich das Ziel der archäologischen Forschung, sondern die Fragen bezüglich der Träger der Nascakultur selbst: welche Klangspektren sie suchten, was sie zu tun vermochten, um sie zu finden und auf welche Weise sie diese Klangspektren in Handlungen organisierten, die man im allgemeinen als Musizieren bezeichnet.

Denn wollen wir wirklich – wie bei einem flüchtigen musikalischen Erlebnis – sämtliche Düfte und die ganze Geschmacksvielfalt der in ferner Vergangenheit verzehrten Speisen noch einmal genau so wie damals wahrnehmen, selbst wenn die Speisegefäße und Diätpläne der jeweiligen antiken Kultur noch so gut erhalten und bekannt sind?

Aus dem Polnischen von Jan Obermeier

2.16 Kerbflöte mit vier Fingeröffnungen aus einer Elle (ulna), wahrscheinlich vom Lama

Frühe Nascakultur, L 26 cm, Dm 4 cm, H 5 cm
Leihgabe aus Privatbesitz

Der Röhrenknochen ist mit eingebrannten Ornamenten aus Kreisaugen mit Punkten verziert und ist am belassenen, proximalen Gelenkende figürlich beschnitzt.

Die Gelenkpfanne ist als aufgerissenes Schlangenmaul gestaltet, in dessen Innerem ein kleines Menschenköpfchen zu erkennen ist. An der Gelenkbasis, vor dem Unterkiefer der Schlange, steht ein Katzentier mit gekrümmtem Buckel; die Kreisaugen deuten hier die Flecken auf dem Tierfell an. Der Schwanz ist mäanderartig ins Innere des Schlangenmaules, des Gelenkes, eingewinkelt.

2.17, 2.18
Dekor der
Knochenflöten

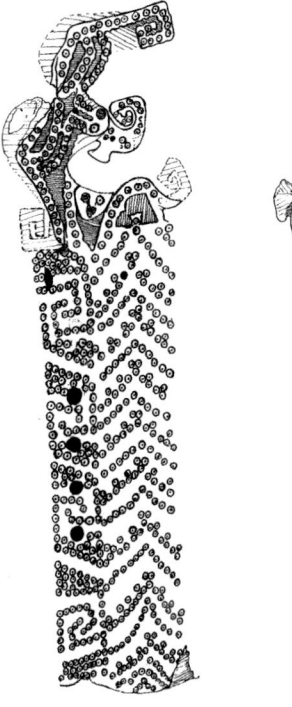

2.17

2.18

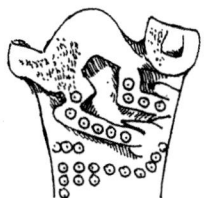

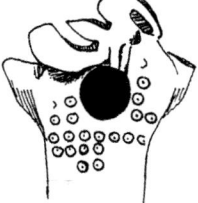

2.18

Die Gelenkaußenseite ist zu einem Schlangenkopf gestaltet, die Augen, eingelegte Muschelkreise analog jenen
der Katze, richten sich nach oben. Auf dem Kopf ist ein
doppelter Kamm zu erkennen, darüber zeichnen sich mit
weiteren Kreisaugen verzierte Windungen ab, in durchbro-
chener Arbeit aus dem Gelenkkopf herausgearbeitet, und
ganz oben bekrönt von einem Felidenkopf, dessen Züge
freilich in der erodierten, schwammartigen Knochenmasse
kaum noch erkennbar sind. Man ahnt, dass die Katze einen
Gegenstand in den Tatzen hält. Ihr Schwanz zieht sich auf
der Gelenkrückseite hinunter und endet gleichfalls in einem seitlich gewinkelten Mäander.

Die eingebrannten Kreisaugen mit Punkt ergeben auf
der Außenseite des Röhrenknochens ein Mäanderhaken-
Ornament, das die eingeschnittenen Grifflöcher umzieht,
auf der Innenseite einen geometrischen Dekor mit Dreier-
Kreis-Gruppen im Bereich der Mittelachse, der an die Musterung eines Schlangenkörpers erinnert.

Diese Flöte datiert in die frühe Nascakultur. Das belegen insbesondere die figurativen Darstellungselemente. Es
ist jedoch noch viel vom Geist der früheren Paracaskultur
darin, an sie erinnern besonders die geometrischen Figuren. Charakteristischerweise finden sich derartige Elemente
nur ganz selten auf Gefäßen des monumentalen Stils, der
die frühe Nascakultur charakterisiert. Geometrische Elemente wurden jedoch in jüngster Zeit bei Ausgrabungen
als Rillen und Flachreliefs im Lehmverputz frühnascazeitlicher
Sakralanlagen gefunden. J. C. Tellos Vermutung bestätigt
sich, die Flöten gehören zu den Paraphernalia der Nascakultur. Die Präsenz der retardierenden Dekorelemente erstaunt daher nicht, ist doch sakrale Gerätschaft in allen ar-
chaischen Kulturen der Welt in diesem Sinn konservativ
und den überlieferten Traditionen besonders eng verbunden, denn die vergangenen Generationen, die Ahnen, sind die
naheliegendste Verbindung zur jenseitigen Welt. Im religiösen Vollzug suchte man offenbar die alte Formensprache zu nutzen, sich in die Ausdrucksformen der Vorgänger
hinein zu versetzen.

Die Flöte ist wirklich ein besonderes Stück, nicht nur
wegen der handwerklichen Perfektion, sondern auch wegen der dichten Information in den Bildern. Sie erzählen
offenbar die Mythe von einer großen Schlange, dem
menschlichen Kopf mit offenen Augen in ihrem aufgerissenen Rachen, dem Katzentier mit gekrümmtem Buckel vor
dem Unterkiefer der Schlange, in deren Rachen hinein sich
ihr Schwanz ringelt sowie dem anderen Feliden, der hoch
aufgerichtet auf dem von einem Fächerkamm gekrönten
Schlangenkopf steht. Wir bekommen im Verlauf des Weiteren eine Vorstellung, um wen es sich bei diesen Gestalten
handelt, doch können wir den Inhalt der Geschichte nur
erahnen.

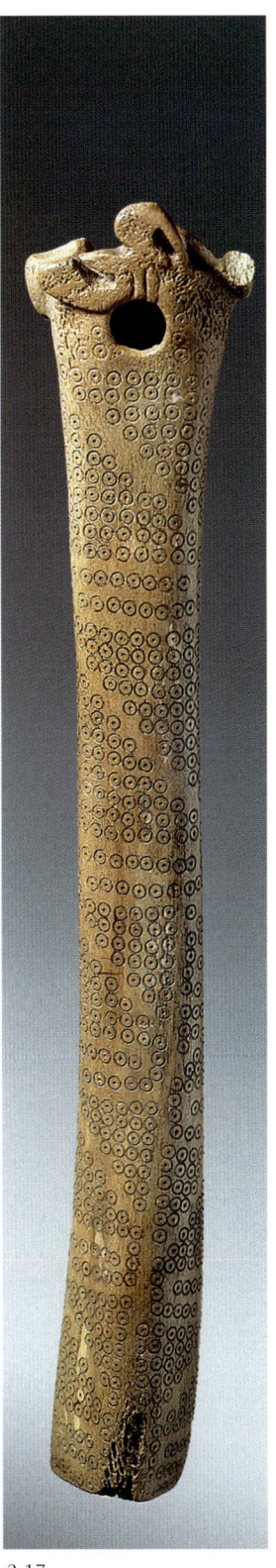

2.16   2.17

2.17   Kerbflöte aus Lamaknochen(?) mit vier Fingeröffnungen

Frühe Nascakultur, L 24,6 cm, Dm 4,3 cm, H 5 cm
Leihgabe aus Privatbesitz

Das proximale Ende des Röhrenknochens ist abgeschnitten, aus den beiden Längsseiten des distalen, flachen Gelenkes sind ein Vogel und ein Katzentier herausgearbeitet. Der Felidenkörper hat einen gekrümmten Buckel, der Kopf wendet sich zum Betrachter, der mächtige Schweif schwingt nach hinten. Auf der Gegenseite ist ein Wasservogel mit langem Schnabel, der sich auf die Brust herunterwendet, es dürfte sich um einen Pelikan handeln.

Die Außenseite des Röhrenknochens überzieht dasselbe Mäanderhakenornament, das auch auf der Außenseite der Knochenflöte Nr. 2.16 durch eingebrannte Kreisaugen mit Punkt gebildet ist.

Die Tierdarstellungen scheinen auf gegensätzliche Naturerscheinungen zu verweisen. Die Wasservögel, insbesondere die Pelikane, treten an der Küste Perus besonders in fischreichen Zeiten häufig auf. Fische und in deren Folge die vielen Vögel verschwinden jedoch, wenn das Niño-Phänomen auftritt. Dann brüllen in den Bergen die Pumas und die anderen Katzenwesen der südperuanischen Küstenregionen und noch heute fürchten die Bewohner der Fruchtoasen, dass sie sich den Hütten der Menschen nähern.

Die geschnitzten Darstellungen dieser Flöte stellen ebenso wie die Mäanderdarstellungen auf beiden Flöten fraglos einen Bezug zum religiösen Kontext dar.

2.16 Detail
2.17 Detail

Tier- und Pflanzendarstellungen auf Keramik und Textilien der Nascakultur

Vögel im allgemeinen

Charakteristisch für die Bildwelt des „monumentalen Stils" sind Darstellungen von Papageien, Kolibris, Wasser- und Landvögeln sowie Greifvögeln. Sie finden sich aufgereiht in umlaufenden Friesen auf der Außenseite von mehr oder weniger flachen Näpfen, sie können aber auch – freier angeordnet – die Gefäßkörper der charakteristischen Doppelausgußkannen zieren. Der elegante Naturalismus der Darstellungen sollte nicht vergessen lassen, welche Bedeutung diese Vögel gehabt haben müssen: der Kolibri, der nach dem Südwinter zur Pflanzenblüte zurückkehrt und der Reiher, ein Stelzvogel der Sumpfbiotope: Sicherlich waren beide Sinnbilder von Regen, Wasserüberfluss und Blüte für die Bewohner der extrem trockenen südperuanischen Küstenwüste, deren Wohl und Wehe vom Wasser abhing.

Papageien

Die strahlendsten Farben der Neuen Welt sind jene der Papageienfedern. Im Fundort Supe an der nördlichen Zentral-Küste Perus, der aufgrund von Scherbenfunden der älteren Chavínkultur zuzurechnen ist, fand Uhle Papageienfedern aus dem Regenwald des östlichen Tieflands. Sicher waren die leuchtenden Farben dieser Federn von großer Bedeutung für die Wertschätzung und die wichtige Rolle der Farben in einer Kultur, die der Vielfarbigkeit eine so beherrschende Rolle in ihrer Kunst zugewiesen hatte.

Wenn ein Papageienschwarm auffliegt, erzeugt er ein ganz charakteristisches Geräusch. Man kann davon ausgehen, dass Papageien mit üppiger Feuchtigkeit assoziiert wurden, denn sie gehören zu den typischen Vögeln des Regenwaldes.

3.1 Ara-Federn-Textil in Blau, Orange, Gelb und Schwarz

Späte Nascakultur, L 62 cm, B 82 cm
Reiss-Engelhorn-Museen Mannheim, Inv. Nr. Am 4912

Aus Gräbern der peruanischen Zentralküste kennt man sogenannte Federhemden. Auf den Baumwollgeweben sind leuchtende Federn aus dem Amazonasbecken befestigt (zu den Befestigungstechniken siehe oben), die Mosaike bilden. Wir wissen nicht, seit wann es im Zentralandenraum

3.1

diese Technik gibt, denn Federhemden sind extrem seltene Funde.

Auch die geometrischen Motive dieses Federhemds, Kreuze, Stufenmäander und weitere, ermöglichen keine kulturelle Zuweisung. Auf Gefäßen sind die Motive jedoch eher in den späten Phasen der Nascakultur zu finden. Das Federhemd kann aber auch aus einer sehr viel jüngeren Epoche der präspanischen Kulturentwicklung stammen. Die hervorragende Funderhaltung lässt auf eine Herkunft aus der trockenen Südküste schließen.

3.2 Papageien-Küken-Becher

Frühe Nascakultur Phase 4/5, H 13,5 cm, Dm 8 cm
Reiss-Engelhorn-Museen Mannheim, Inv. Nr. Am 2379

Die oberen zwei Drittel der Außenwandung des leicht bauchigen Bechers nimmt ein Fries ein: auf weißem Grund sind rote Vogelküken mit orangefarbenen Beinen und schwarz-bräunlichem Schnabel gezeichnet, die leicht gegeneinander versetzt in zwei übereinander angeordneten Reihen den Gefäßkörper nach links umkreisen. Die Hakenform der Schnäbel lässt keinen Zweifel daran aufkommen, dass hier Papageienküken abgebildet sind. Trotz dieser klaren Erkennbarkeit der Bilder ist es nahezu unmöglich, sie innerhalb der Nasca-Entwicklung zu datieren: Denn Papageienküken tauchen auch zusammen mit Darstellungen des menschengestaltigen mythischen Wesens

3.2

auf (Kat. Nr. 7.14), die erst für die Zeit des üppigen Stils, die mittleren Phasen 6 und 7, charakteristisch sind. Die Form des Gefäßes läßt jedoch darauf schließen, dass es in der 4. oder 5. Phase gefertigt worden ist.

Kolibris

Bereits E. Seler hat die Darstellungen aufgrund des langen, dünnen Schnabels und der abgesetzten Halspartie als Bilder von Kolibris identifizieren können (Seler 1923, 302 Abb. 280–283). Der Kolibri taucht in der Zeit der Fruchtblüte auf, er ist mit dem Blühen und seinem berauschenden Duft in den tropischen Küstenoasen verbunden.

Julia-Kolibri (Damophila Julie)
(Präparat: Reiss-Engelhorn-Museen, Matthias Feuersenger
Photo: Reiss-Engelhorn-Museen, Gerhard Rietschel)

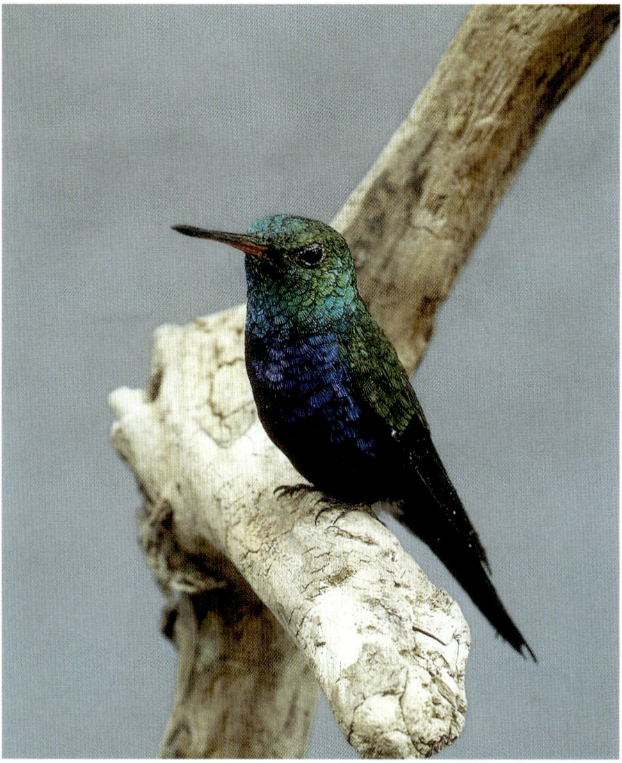

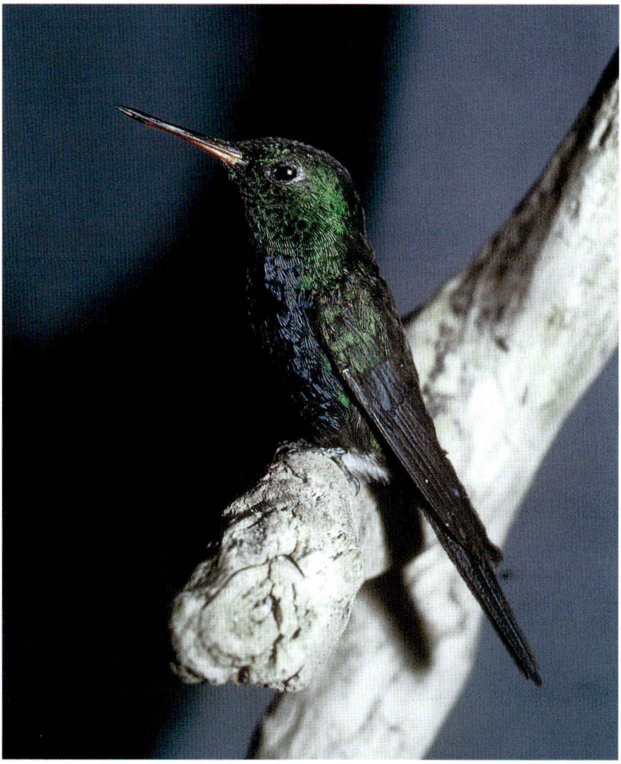

3.3

3.3 Zwei Kolibri-Schalen mit ausladender Wandung

Frühe Nascakultur, Phase 3, H 7,2 cm, Dm 16 cm und H 6,5 cm,
Dm 15 cm
Martin von Wagner-Museum der Universität Würzburg, Slg. Gütte
Inv. Nr. 5878 und Staatliches Museum für Völkerkunde München,
Inv. Nr. G 1275

An den verrundeten Boden der flachen Näpfe setzt eine
schräg ausladende, steile Wand an, deren hellgrundige,
umlaufende Friesfläche Darstellungen dicht hintereinander
angeordneter, leicht aufwärts fliegender Vögel trägt.

Die relativ flache Napfform ist in den Grabinventaren,
die Uhle im Ica-Tal ausgegraben hat, auf die ältesten begrenzt, auf vier Inventare (CB (Proulx 1970 Pl. 11, D. C; 12,
D. C), F5 (ebd. Pl. 19, A), F19 (ebd. Pl. 30, E), F4 (ebd. Pl.
17, B. G; 18, B)), die nach Proulx in die erste Hälfte der
Phase Nasca 3 (Abschnitte 3 A und B) datieren. Nach ihm
gilt das gleiche für die Entwicklung im Nazca-Tal, von wo
er unpublizierte Grabinventare für seine chronologisch-
chorologische Untersuchung verwenden konnte (Proulx
1968, 126 Fig. 1; 127 Fig. 2).

Eine der formgleichen Schalen aus dem Ica-Tal trägt
auch nahezu identischen Kolibridekor (CB: Proulx 1970 Pl.
11, D). Dort sind die Kolibris nach rechts gerichtet, was
auch bei anderen Exemplaren dieses Dekortyps aus der
gleichen Zeit der Fall ist, beispielsweise bei einer etwas tie-
feren Schale aus einem frühen Ica-Tal-Grabinventar Uhles,
einem Miniaturgefäß (F 23: Proulx 1970 Pl. 33, B). Ein weiterer
Detailunterschied besteht darin, dass die meisten publizierten Kolibri-Darstellungen dieser Art nur drei und nicht
vier Flügelfedern aufweisen: Offenbar vermittelt der Publi-
kationsstand aber ein einseitiges Bild, denn nach Angaben
von Proulx (Proulx 1968, 35) ist die Wiedergabe von vier
Flügelfedern durchaus üblich.

Der einzige Widerspruch zu den Beobachtungen von
Proulx besteht darin, dass seiner Ansicht nach im Ica- und

im Nazca-Tal erst in der Phase Nasca 4 die Trennlinie zwischen den unterschiedlichen Flügelfeldern von waagrechten Linien überquert wurde, während sie in älteren Darstellungen jeweils auf der Hälfte aussetze. Auf der Zeichnung unseres Napfes sind diese Linien jedoch durchgezogen, obwohl nicht nur die Gefäßform eine frühe Zeitstellung belegt, sondern auch alle anderen Eigenheiten der Darstellung, der rundliche Umriss des Kolibrikopfes, das Fehlen eines größeren Kröpfchens, der rundlich geschwungene Körperumriss und die deutlich getrennten Flügelfedern. Auch sämtliche anderen Merkmale deuten nach Proulx auf eine frühe Zeitstellung innerhalb der Phase 3. Ein Stück von ähnlicher Form mit nahezu identischem Dekor und gleichartiger Flügelzeichnung befindet sich in der von Uhle begutachteten Sammlung der Akademie der Wissenschaften Davenport, Iowa (Uhle/Putnam 1914 Pl. III, 10). Die durchgezogenen waagrechten Linien innerhalb der Flügel sind übrigens auch im Zusammenhang von gereihtem Kolibri-Dekor auf einer Schale aus einem Grab in Cahuachi im Nazca-Tal selbst belegt, die frühe Zeitstellung dieses Grabes innerhalb der Nasca-Entwicklung ist sicher (Strong 1957 Fig. 13, I: Nach den Form- und Dekor-Kriterien von Proulx ist dieses Grabinventar (Strong 1957 Fig. 13, G-M) dem Abschnitt B seiner Phase Nasca 3 zuzuweisen). Die Gestaltung der Unterkörper-Zeichnung deutet darauf hin, dass die Darstellung aus dem Ica-Tal stammt.

Die Schale mit dem Kolibri-Dekor stammt aus der Zeit des ersten Höhepunkts der Nascakunst, aus der ersten Hälfte der Phase 3. In dieser Zeit erlebten die Nasca-Indianer den Ausbau ihres größten Tempelzentrums, Cahuachi, und die erste größere Ausdehnung über die Küstenoasen Südperus zwischen Pisco und Acarí.

3.4 Kolibri-Kanne mit Doppelausguss und Bügel

Frühe Nascakultur, Phase 3, H 18 cm, Dm 14 cm
Martin von Wagner-Museum der Universität Würzburg, Slg. Gütte
Inv. Nr. 5852

Auf der bauchigen Kanne sind auf hellem Grunde Kolibris dargestellt. Jeweils vier von ihnen „stehen" in der Luft und saugen an den Blüten, die als Kranz die beiden Ausgussröhren der Kanne umgeben. Einige von ihnen haben vier Schwanzfedern, die zusammengelegt und gleich lang sind und in einem sanften Bogen abschließen, andere haben nur drei Schwanzfedern, die spitz zulaufen, wobei die mittlere weit über die seitlichen Federn hinausragt. Im übrigen lassen sich keine Unterschiede zwischen den Vögeln erkennen, sie haben alle je drei Flügelfedern, durchweg überqueren die Innenlinien der Flügel die Trennlinien der unterschiedlichen Flügelfelder, der Kropf ist bei allen etwa gleich groß.

3.4

Die einzige Kanne aus der ältesten Gruppe der Grabinventare Uhles aus dem Ica-Tal (Proulx 1970, Pl. 17A) unterscheidet sich in der Form von dieser, dort setzt ein Knick
den Boden von der Wandung ab. Dies Merkmal ist offenbar auch ein charakteristisches Formkriterium für Doppel-
ausguss-Kannen aus anderen frühen Gräbern aus dem Ica-
und Nazca-Tal, denn Kannen, die einen solchen Knick
nicht aufweisen, bildet Proulx erst für die Abschnitte C und
D seiner Phase 3 ab (Proulx 1968, 134 Fig. 9, 135 Fig. 10).
Formen ähnlich der Würzburger Kolibri-Kanne sind von
der jüngeren Hälfte der Phase 3 an belegt (Grabinventar B5)
(Proulx 1970 Pl. 10, C), F6 (ebd. Pl. 19, C), F11A (ebd. Pl.
24, E), F11B (ebd. Pl. 25, A. B. C), F15 (ebd. Pl. 28, C) und
F21 (ebd. Pl. 31, C).
Das Bild der Kolibris am Blütenkranz findet sich oft in
der Literatur, zuerst bei Seler, er zeigte ein nach Form und
Dekor vermutlich gleichaltes Stück wie das Würzburger
Exemplar (Seler 1923, 304 Abb 283*; 283). Die Kolibris
haben auf den Darstellungen beider Gefäße u. a. einen
kurvolinearen Umriss des Kopfes, einen Kropf ohne Innenzeichnung und deutlich geteilte Flügelfedern. Es fehlen somit die Charakteristika der Kolibridarstellungen der jüngsten Phase, der Phase 4, des monumentalen Stils (Proulx
1968, 88), abgesehen von den die Flügelfelder kreuzenden
Linien, einem, wie oben bei Kat. Nr. 3.3 gezeigt, chronologisch offenbar nicht so entscheidenden Merkmal. Ein be-

3.5 Detail

deutsamer Hinweis auf den Herkunftsort ist die Gestaltung der Bauchpartie: die senkrechte Linie, die sich zwischen den Beinen des Vogels nach oben zieht, soll nach Proulx nur im Nazca-, nicht jedoch im Ica-Tal vorkommen (Proulx 1968, 36).

Faßt man die Datierungshinweise aus den Form- und Dekorvergleichen zusammen, so ergibt sich eine Zuordnung der Würzburger Kolibri-Kanne in die zweite Hälfte der Phase Nasca 3. Offenbar kommt das Stück aus dem Nazca-Tal.

Die beiden Kolibrigefäße aus dem Ica- und Nazca-Tal veranschaulichen eine wichtige Einsicht von Proulx: In beiden Oasen der Küstenwüste gab es hervorragende Qualität in den Vasenmalereien zur Zeit des „monumentalen Stils", obwohl das Zentrum mit Großarchitektur und Siedlungen fraglos im Nazca-Tal lag. Das bedingte offenbar keine Konzentration der besten Handwerker in dieser Taloase.

3.5 Textil mit dreidimensional gestickter Bordüre, Kolibris an Blüten

Frühe Nascakultur, L 140 cm, B 75 cm
Reiss-Engelhorn-Museen Mannheim, Inv. Nr. Am 4947

3.5

An dem Stoff wurde eine vielfarbige Borte mit dreidimensional gestalteten Vögeln, die neben Pflanzenblüten stehen, auf einer nach innen gezahnten Basis befestigt. Es handelt sich offensichtlich um Kolibris und die Darstellung der verschiedenartigen Blüten, deren Seim sie naschen. Jeder der dreidimensional gestickten Vögel und jede der Blüten ist in unterschiedlichen Farbzusammensetzungen gearbeitet, die sonst üblichen regelmäßigen Farbfolgen finden sich hier nicht. Rings um das Innenfeld sind, ineinander verbunden, verschiedene Borten angefügt. Sie gehörten wohl ursprünglich nicht zu diesem Gewebe, dessen Falten und Zersetzungsspuren darauf hinweisen, dass es wohl ehemals zu einem Mumienbündel gehörte.

Nachtreiher (Nycticorax nycticorax)
(Präparat: Reiss-Engelhorn-Museen, Matthias Feuersenger
Photo: Reiss-Engelhorn-Museen, Gerhard Rietschel)

Kormoran (Phalacrocorax olivaceus)
(Präparat: Reiss-Engelhorn-Museen, Matthias Feuersenger
Photo: Reiss-Engelhorn-Museen, Gerhard Rietschel)

Wasservögel

Als Süßwasservögel sind Reiher wohl Sinnbilder von Regen und Feuchtigkeit; heute noch sind sie in den Flussoasen Perus auch als Schädlingsbekämpfer gerne gesehen. Beide Eigenschaften mögen bei der Darstellung dieser Vögel bei den Nasca eine Rolle gespielt haben. Versteht man ihre Vasenmalerei nicht als bloße Genrekunst, so ist bei diesen Vögeln der Zusammenhang mit Regen, Blüte und Fruchtbarkeit unabweisbar.

3.6 und 3.7 Steilwandige Reiher-Schalen

Frühe Nascakultur, Phase 3, H 7 cm, Dm 13 cm und H 7,5 cm, Dm 14,2 cm
Martin von Wagner-Museum der Universität Würzburg, Slg. Gütte Inv. Nr. 5879 und
Reiss-Engelhorn-Museen Mannheim, Inv. Nr. Am 5417

Friese umziehen die leicht rundbodigen Schalen mit dem steilen, sanft S-förmigen Rand. Sie bestehen aus nach links gerichteten Reihern, jeweils weiß auf dunklem Grund. Die langen Hälse sind teils gewinkelt, teils gebogen, sie tragen kreisrunde Köpfe mit ebenfalls kreisrunden Augen und

3.6

spitzen Schnäbeln. Die Flügel sind massiv dreieckig gezeichnet, die rechteckigen Körper gehen in leicht fächerförmig verbreitete Schwänze über. Die Beine sind durch
parallele Striche bis zum Bildrand angedeutet.

Die Gefäßform ist für das Ica-Tal nicht publiziert, für das
Nazca-Tal ist vom Beginn der Phase 3 eine ebensolche
Form abgebildet (Proulx 1968, 127 Fig. 2, F), sie hat jedoch bei gleicher Höhe einen um die Hälfte größeren
Durchmesser. Dennoch gehört die Form zweifellos zum
„monumentalen" Stil. Qualitätsdifferenzen dürften erklären, wieso es kleine Unterschiede gibt im Vergleich zu
den zahlreichen qualitätvollen publizierten Reiher-Bildern
des „monumentalen" Stils auf Napftypen der Phase 3 (Seler
1923, 309 Abb. 308 (Zeichnung) = (Foto), Eisleb 1977,
Abb. 14; Schlesier 1959, 188 Abb. 130; Proulx 1968, Pl.
16, a; Blasco/Ramos 1980, 84 Lam. XX fig. 1a; 2), in einem
Fall stammt das Gefäß aus einem der Ica-Grabinventare
Uhles (Proulx 1970 Pl. 17, B). Zeichnungen des weißen

3.7 Reiss-Engelhorn-Museen Mannheim, Inv. Nr. Am 5417

Reihers auf Gefäßformen der Phase 4 sind von diesen Darstellungen deutlich unterschieden (Proulx 1968 Pl. 16, b; Blasco/Ramos 1980, 84 Lam. XX fig. 4).

Bereits Seler hat die langhalsigen Vögel als reiherartige Stelzvögel identifiziert (Seler 1923, 308). Trotz Schlesiers unterschiedlicher Ansicht – er spricht von „Schwimmvögeln" (Schlesier 1959, 61) – hat sich Selers Beurteilung durchgesetzt (Proulx 1968, 20; Blasco/Ramos 1980, 76).

3.8 Schwimmvogel-Miniaturkanne

Frühe Nascakultur, H 6,3 cm, Dm 4,1 cm
Reiss-Engelhorn-Museen Mannheim, Inv. Nr. Am 5377

Auf dem kugeligen Körper der kleinen Doppelausgusskanne ist jeweils auf beiden Seiten parallel zum Bügel ein Paar weißer Vögel mit rot gepunktetem Gefieder wiedergegeben. Die kurzen Beine sind hintereinander im selben Orange gezeichnet wie der Schnabel und die Iris im Auge. In den Fächern der Flügel, die in weiße Spitzen auslaufen, wiederholen sich diese Farben.

Jedes Vogelpaar hält ein schlankes Fischlein in den Schnäbeln. Die für die Fischdarstellungen der Nasca-Vasenmalerei charakteristische scharfe Trennung von Ober- und Unterseite des Leibes ist deutlich zu erkennen, stets sind die Oberseite dunkel, die untere Kopfhälfte und der Fischbauch hell.

3.8

3.9

Immer sind Miniaturgefäße nur schwer der Chronologie der Gefäßformentwicklung zuzuweisen. Daher kann die Einordnung in die frühe Phase der Nascakultur, den monumentalen Stil, hier nur unter Vorbehalt erfolgen.

In der Vasenmalerei der Nasca tauchen die unterschiedlichsten Vögel mit gesprenkeltem Gefieder auf. Eine Identifizierung der Vogelart aufgrund dieses Merkmals ist nicht möglich. Auch die anderen Kennzeichen sind nicht spezifisch genug, so dass keine Interpretation der Darstellung aufgrund der Eigenarten einer bestimmten Vogelart möglich ist.

3.9 Tüllenausgussgefäß mit Schwimmvogelküken auf dem Krageninnenrand

Frühe Nascakultur, H 6,8 cm, Dm 9 cm
Leihgabe aus Privatbesitz

Das braunrote Kugelgefäß mit Ausgusstülle gehört zu den qualitätvollsten Stücken der Ausstellung. Selbst die Randinnenbemalung ist außerordentlich sorgfältig ausgeführt. Die wie alarmiert rennenden Küken mit aufgesperrtem Schnabel bilden eine gleichsam unendliche Reihe. Ihre Füße scheinen die von Schwimmvögeln zu sein, eine genauere Identifikation und damit Interpretation des Bildes ist nicht möglich.

3.10

Es handelt sich hier um eine seltene Gefäßform, die aus geschlossenen Grabkontexten bislang nicht bekannt ist. Aufgrund allgemeiner Merkmale lässt sie sich jedoch in eine frühe Phase der Nasca-Entwicklung einordnen.

3.10   Gezahnte Borte mit Stickerei

Frühe Nascakultur, L 22 cm, B 4 cm
Reiss-Engelhorn-Museen Mannheim, Inv. Nr. Am 4931

Die schmale, gezahnte Borte mit Stickerei ist aus Baumwolle gewebt. Sie wurde zunächst einseitig geschlitzt und die gezahnten Schmalseiten wurden dann mit Verschlingstichen umstochen. Danach wurde die flächige Stickerei mit Stiel- und Kreuzstichen ausgeführt. Abschließend wurden die Fransen angenäht und ineinander verdrillt.

Dargestellt sind eine Reihe von Schwimmvögeln, die Köpfe sind zum Teil nach vorne, zum Teil nach hinten gewandt, Schwingen und Schwanzfedern sind nach oben gerichtet.

3.11

Landvögel

3.11 Vogelfriesbecher

Mittlere Nascakultur, Phase 5, H 11,6 cm, Dm 10 cm
Reiss-Engelhorn-Museen Mannheim, Inv. Nr. Am 5396

Eingefasst von schmalen roten Bändern umzieht ein weißgrundiger Fries die Mitte des konkaven Bechers: Vögel mit
rotem, waagrecht gestrecktem Körper laufen nach links, an
ihren gleichfalls roten, kreisrunden Köpfen sitzen schmale
gerade, leicht geöffnete Schnäbel. Vor dem weißen Grund
sind die erhobenen Flügel und die Schwanzfedern nur
durch die schwarze Umrandung zu erkennen. Oberhalb
und unterhalb der roten Bänder bedecken rötliche Netz-
schraffuren die Becherwand nach oben bis zur Randlinie
an der Lippe und nach unten bis an den leicht gerundeten
Umbruch zum konvexen Gefäßboden.

Der Vogelfriesbecher ist seiner Form nach atypisch. Der
kantige Umriss legt eine Datierung in die Phase 5 nahe,
wenngleich sich in den Paredones-Gräbern, nach deren Inventar die Phasen festgelegt wurden, nur Becher mit weit
ausladenderer Wand finden. Nach Roark (1965, 62ff.) endet jedoch die einzige analoge, weil halbwegs scharfkan-
tige Form, die „cup-bowl IIa" mit Phase 5. In den nachfol-

genden Phasen gibt es nur tiefe Becher und weit ausladende, eher schalenartige Formen.

Die auf 3.11 dargestellten Vögel sind nicht eindeutig zu bestimmen. Eindrücklich sind die aufgerissenen, weißen Augen mit exzentrischer Knopfpupille. Sie unterstreichen den Ausdruck von exstatischer Hektik und Anspannung. Die Natur ist in wilder Aufregung.

3.12 Bemaltes Textil mit erntefressenden Melanerpes-Spechten

H 87 cm, B 60 cm
Staatliches Völkerkunde-Museum München,
Inv. Nr. 344147a

Im Folgenden identifiziert Gerhard Rietschel, Leiter der naturkundlichen Sammlungen der Reiss-Engelhorn-Museen, die dargestellten Vögel.

Die dargestellten Vögel zeigen zwei ganz typische Merkmale: einen langen, kräftigen spitzen Schnabel und einzeln stehende, zugespitzte Schwanzfedern, die in der Mitte länger sind als an den Seiten. Beide Merkmale sind für Spechte typisch. Entsprechend ihrer ebenfalls hier abgebildeten Nahrung, Früchten und Sämereien, lässt sich vermuten, dass eine Art der Gattung Melanerpes gemeint ist. Diese Spechtgattung ist mit 21 Arten und vielen Unterarten auf beiden amerikanischen Kontinenten verbreitet. Die Zuordnung zu einer bestimmten Art ist nicht möglich, auch wenn durchaus Ähnlichkeiten mit den Melanerpes pucherani bestehen, die auch heute noch von Mittelamerika bis ins nordwestliche Südamerika weit verbreitet vorkommt.

3.12

3.12

Sammelspechte (Melanerpes pucherani)
(Photo: Reiss-Engelhorn-Museen, Gerhard Rietschel)

Spechte ernähren sich vorwiegend von Insekten und deren Larven sowie von anderen Gliedertieren wie Spinnen und Tausendfüßern. Die Arten der Gattung Melanerpes jedoch fressen bevorzugt Früchte, Beeren und Sämereien wie Mais und Bohnen. Da manche der Melanerpes-Arten sehr viel mehr sammeln, als sie auf einmal fressen können, und aus dem Überschuss versteckte Vorratslager für nahrungsarme Zeiten anlegen, wird diese neuweltliche Spechtgattung als „Sammelspechte" bezeichnet. Auch im Sozialleben nehmen die Sammelspechte eine Sonderstellung unter den Spechtvögeln ein. Während die meisten Spechte recht unverträgliche Einzelgänger sind, leben die Sammelspechte gesellig und streifen meist in Trupps umher. Man kann sich gut vorstellen, daß sie in den Bohnen-, Mais- und anderen Kulturen der Nasca-Indianer durch ihre Nahrungswahl, ihr massenhaftes Einfallen und ihre Vorratswirtschaft durchaus Schaden anrichten konnten, so wie es auf dem Textil dargestellt ist.

Dieser Analyse von Gerhard Rietschel verdanken wir tiefere Einsichten in die Bedeutung des Bildes auf der inneren Textilfläche. Thema ist nicht etwa die Beschwörung einer guten Ernte, wie in Publikationen der vergangenen Jahre vermutet wurde, dargestellt ist vielmehr eine Plage, die sich häufig an Niño-Katastrophen anschließt: Die aufgrund ihrer Merkmale identifizierten Vögel legen Vorräte an und sammeln deshalb sehr viel auf einmal ein. Wenn solche Vögel nach plötzlich auftretendem Regen in Massen auftreten, fallen sie über die Ernten her und lassen nichts übrig. Es sind entsetzliche Plagen, die für die Bewohner paradiesischer Oasen den Hungertod bedeuten können. Dargestellt ist hier, wie die Spechte über Bohnen, Palmfrüchte und Schotenfrüchte herfallen und alles abpflücken und wegtragen, dargestellt ist eine Katastrophe für die Bewohner der Küstenoasen Altperus.

3.13 Doppelausgusskanne mit Blütenbringer-Vogel

H 17 cm, Dm 13,4 cm
Martin von Wagner-Museum der Universität Würzburg,
Slg. Gütte
Inv. Nr. Wü 5850

Die bauchige Kanne zeigt auf dunklem Überzug oberhalb einer schmalen weißen, umlaufenden Linie einen Vogel mit weißem, getupften Federkleid. Die Flügeldarstellung gleicht jener der Kolibris, der Schwanz ist gerundet. Für einen Wasservogel, auf den der lange, dünne Schnabel weist, sind die Beine relativ kurz. Der Vogel trägt einen Stengel mit zwei großen, hellen Blüten.

Für die rundliche Gefäßform ohne Bodenabsatz gilt das oben über die Kolibri-Kanne Kat. Nr. 3.4 Gesagte. In der

3.13

ältesten Gruppe der Uhle-Grabinventare aus dem Ica-Tal
ist diese Form nicht belegt, wird jedoch später häufig. Gleiches scheint für die weiteren von Proulx untersuchten Inventare aus dem Ica und auch aus dem Nazca-Tal zu
gelten.

Bereits Seler hat den „Vogel mit gefleckter Zeichnung"
als Typus erkannt und in zwei Umzeichnungen von Gefäßbemalungen abgebildet (Seler 1923, 307 Abb. 297; 298).
Der eine, etwas schematischer gezeichnete Vogel trägt keinen
Blütenstengel, den anderen kennzeichnet ein massiver, gebogener Schnabel und ein breiter Dreieckschwanz, er trägt
jedoch auch die Stengel mit den Blüten im Schnabel. In
seiner großen Studie zur Nasca-Vasenmalerei bildet Schlesier das Gefäß selbst mit der letzteren Darstellung ab
(Schlesier 1959, 189 Abb. 133), es ist eine Doppelausgusskanne derselben Form wie das Würzburger Exemplar. Nahezu identisch mit unserer Darstellung ist das Bild des gefleckten Vogels mit den Blüten im langen Schnabel auf einer Kanne aus Madrid (Blasco/Ramos 1980, 83 Lam. XIX,
1c), deren Form jedoch auf eine relativ späte Zeitstellung
innerhalb des monumentalen Stils schließen lässt.

Hinweise auf die Bedeutung dieses Bildes gibt es bislang nicht. Schlesier betont ähnlich wie Seler die Fleckung

und spricht von „Vögeln, die ein getupftes Federkleid tragen" (Schlesier 1959, 61). Die Beinlänge hatte offensichtlich für die Charakterisierung von Wasservögeln bei den Nasca keine entscheidende Bedeutung: Auch eindeutig identifizierbare Stelzvögel, wie zum Beispiel jene auf der Würzburger Reiher-Schale Nr. Wü 5879, Kat. Nr. 3.6, sind nicht mit langen Beinen dargestellt. Sicherlich hat das Bild des Wasservogels mit Blumen im Schnabel eine besondere Bedeutung, die uns jedoch bislang verschlossen bleibt.

3.14 Schale mit getupften Vögeln

Frühe Nascakultur, Phase 3,
H 7,5 cm, Dm 16,5 cm
Reiss-Engelhorn-Museen Mannheim,
Inv. Nr. Am 2414

Die gesamte Außenseite der rotgrundigen Schale nehmen vier hintereinander aufgereihte, nach links laufende Vögel ein. Die weißen Körper tragen kreisrunde, dicke, rote Tupfen. In der gelblichen Augeniris zeichnen sich große Pupillen ab. Gelb sind auch die kurzen, massiven Schnäbel und die kleinen angedeuteten Beine. Die aufgerichteten Flügel sind der Nasca-Konvention folgend wiedergegeben.

Eine genauere Identifizierung der Vögel ist nicht möglich, obwohl die Darstellung der frühen Zeitstellung innerhalb der Nascakultur entsprechend ziemlich naturgetreu zu sein scheint. Der Umfang der bemalten Fläche bestätigt diese Datierung, desgleichen die gerade Wandung der Schalen, die innerhalb der von Uhle dokumentieren Grabinventare aus dem Ica-Tal nur in den frühen Inventaren (zum Beispiel der Gräber CB, F 23 und F 7 siehe Proulx 1970) Entsprechungen findet.

3.14

3.15 Textil mit Figuralbordüre;
Rekonstruktion (Digitale Bearbeitung Hans Peter Niers)

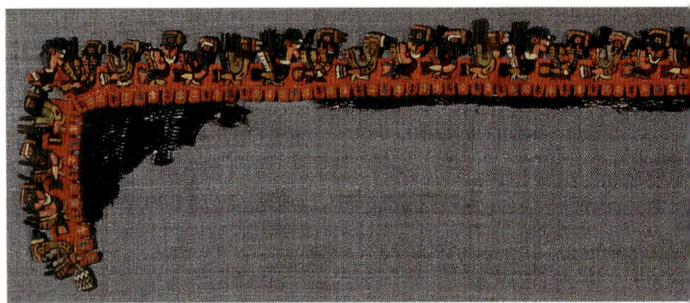

3.15

3.15   Detail

Die Greifvögel

3.15   Textil mit Figuralbordüre

L 90 cm, B 19 cm
Reiss-Engelhorn-Museen Mannheim, Inv. Nr. Am 4945

Das blaue und durchbrochen gearbeitete Gewebe wurde anders als die meisten anderen Stücke offensichtlich erst als fertiger Stoff gefärbt. Es weist eine geometrische Musterung in a-jour-Technik auf, Stufenmäanderhaken, die in Reihen das Innenfeld durchzogen und aufgrund der erhaltenen Gewebereste rekonstruierbar sind. Die Borte war

durch Streifen mit unterschiedlicher farblicher Stickerei in einem sich wiederholenden Muster mit dem Hauptfeld verbunden. Jeweils sechs unterschiedliche Greifvögel gehören zu einer Musterfolge. Erkennbar sind ein Kondor und drei Falkenarten, die restlichen zwei Vogeltypen lassen sich nicht genauer bestimmen.

3.16 Ausgusskanne mit Falkenaugen-Mischwesen

Frühe Nascakultur, H 23 cm, Dm 12 cm
Leihgabe aus Privatbesitz

Das Gefäß stellt ein mit angezogenen Beinen sitzendes, menschengestaltiges Wesen dar. Ein Bandhenkel verbindet den Körper mit dem Ausguss an der Rückseite des Kopfes. Diesen bedeckt ein dunkles Tuch, von dem spitz zulaufende Fransen den Rücken herunterhängen. Unter dem Tuch zeichnet sich die menschliche Form der Ohren deutlich ab. Das Gesicht mit fraglos menschlicher Nase ist modelliert und im Oberteil weiß. Die herausmodellierten, weit aufgerissenen Augen umzieht ein doppeltes, jeweils beidseitiges hängendes U-förmiges Ornament, das bei Raubvogeldarstellungen der Nasca die Falken kennzeichnet. Die rotbraune Einfärbung unterhalb der Nase ist kein Tuch, denn die roten Lippen des kleinen geschlossenen Mundes sind deutlich zu erkennen. Die Ausbeulung der rechten Wange dürfte auf eine Kokakugel im Mund hinweisen. Eine mehrgliedrige breite Kette liegt um den Hals. Die andeutungsweise herausmodellierten Arme mit je zwei Armreifen am Handgelenk sind vor den weißgrundigen Oberkörper gehalten, aus den Händen hängen jeweils zwei Chileschoten und eine Jiquima-Wurzel (Identifikation nach Yacovleff 1933, 51–65) herunter. Die vor den Rumpf gezogenen Beine sind durch leichte Modellierung und Bemalung angedeutet.

Es handelt sich hier um ein menschengestaltiges Wesen mit sakralen Attributen wie die Halskette, die uns von der Darstellung des mythischen Wesens auf dem Gagerngefäß

3.16

bekannt ist (Kat. Nr. 1.15). Die Jiquima ist eine essbare Wurzel, deren obere Pflanzenteile giftig sind. Sie wird selten allein, sondern fast nur in den Händen menschengestaltiger Wesen wiedergegeben (Blasco/Ramos 1980, 61f.). Man könnte unser Gefäß deuten als „„mit heiligen Gegenständen geschmückten Falkenmenschen, der die Lebensmittel bringt".

Säugetiere

Das Meerschweinchen das wichtigste und weitverbreiteste Nutztier Altperus. Abgesehen von einer Entenart und den Verwandten des Lamas, die nur auf der Puna-Hochebene vorkommen, ist das Meerschweinchen das einzige Haustier in den Zentralanden. Es ist ein Allesfresser und zugleich sehr sauber und hat sich, weit entfernt von seinem

Meerschweinchen
(Präparat: Reiss-Engelhorn-Museen, Matthias Feuersenger
Photo: Reiss-Engelhorn-Museen, Gerhard Rietschel)

natürlichen Verbreitungsgebiet, der Jalca-Zone, an alle anderen Naturräume Altperus angepasst.

4.1 Gefäß in Form eines Meerschweinchens

Späteste Nascakultur, H 15,7 cm, B 9 cm
Reiss-Engelhorn-Museen Mannheim, Inv. Nr. Am 5371

Das Gefäß stellt ein wohlgenährtes Meerschweinchen mit seinen vier Stummelfüßchen und seinem dicken kurzen

4.1

4.2

Schwanz dar. Der anmodellierte Kopf ist nach unten gewendet. Die Gesichtsform und besonders die Augen erinnern an das typische menschengestaltige Gesichtsschema
der späten Nascazeit, die letztlich auf die „Gesichtsgott-
heiten" (Clados 2001) verweist. Die Barthaare des Meerschweinchens sind jedoch deutlich wiedergegeben. Der
Gefäßausguss befindet sich oben auf dem Gefäß und erinnert an die freilich engeren, mit Fischgrätornamenten
verzierten Ausgüsse auf Figuralgefäßen der folgenden
Huari-Tiahuanaco-Epoche (Pacheco-Stil). Mit Ausnahme
des Ausgusses, der unteren Gefäßhälfte und dem Tierge-
sicht ist das Gefäß dunkel eingefärbt.

4.2 Miniaturgefäß in Form eines Meerschweinchenkopfes

Frühe Nascakultur, H 4,7 cm, Dm 6,5 cm
Leihgabe aus Privatbesitz

Das Gefäßfragment stellt in knapper Form und mit Beto-
nung der charakteristischen Merkmale wie Augenstellung
und Nase den Kopf eines kleinen Meerschweinchens dar.

Lamas

4.3 Bauchiger Topf mit Lama-Darstellungen

Späte Nascakultur, H 12,5 cm, Dm 14,8 cm
Martin von Wagner-Museum der Universität Würzburg,
Inv. Nr. Wü 4551 Slg. Weizinger

Der breite, bauchige Topf hat eine weite Öffnung. Unterhalb des schmalen steilen Randstreifens, auf dem stilisierte

Köpfe im Profil mit fliegendem Haar dargestellt sind, umzieht den Gefäßkörper ein ebenfalls hellgrundiger Fries mit Lamadarstellungen. Aus dem Maul der Tiere quillt ein Schwall hervor, der sich zackenstabartig verzweigt. Auf der hängenden Gefäßschulter unmittelbar unterhalb des Halses befindet sich in plastischer Ausmodellierung ein weibliches Gesicht mit vorspringender Nase. Kreuze und seitlich gefasste Ornamente umgeben es.

Die Gefäßform setzt sich deutlich ab vom Kanon der Nascaformen und erinnert nur entfernt an manche sackförmigen Kopfgefäße, deren Rand jedoch stets etwas ausbiegt (beispielsweise Gayton/Kroeber 1927 Pl. 7, B).

Im Unterschied zur Form ist die Bildwelt sehr viel vertrauter. Die Profilköpfe mit den „fliegenden Haaren" am Rand sind charakteristisch für die Phase 7, sie sind beispielsweise in Chaviña belegt (Lothrop/Mahler 1957 Pl. IV, c). Aus Chaviña sind auch herausmodellierte weibliche Gesichter bekannt, zumeist auch mit Bemalung unter den Augen (ebd. Pl. II; IV). Lama- (oder Guanaco-) Darstellungen finden sich nach Roark bereits in der Phase 5, jedoch bildet er nur für die darauffolgende Phase eine Umzeichnung ab und betont ausdrücklich, dass sie in der Phase Nasca 6 Hauptthema einer Vasenmalerei seien (Roark 1965, 29; 46 siehe auch Pl. 16 fig. 69). Auf jenem Bild wie auch auf den Gefäßen im Museo de las Americas in Madrid (Gefäßformskizze und Umzeichnungen Blasco/Ramos 1980, 103 Lam. XXVII fig. 5a. 5e. 5f. 5 g) sind die Lamas detailgetreuer wiedergegeben, sowohl im Hinblick auf die eher ovale Augenform als auch auf die charakteristische

4.3

Kameliden-Nase. Die Formen und die Darstellungen der Madrider Gefäße legen nahe, daß das Stück mit der gegenständlichsten Wiedergabe der Phase 5 zuzuweisen ist, während die Exemplare mit den schematischeren Darstellungen zur Phase 6 gehören. In einer solchen Entwicklungsreihe steht die Würzburger Darstellung am Ende: hier sind die Augen als helle Kreise mit Zentralpupille wiedergegeben, auf die Nase ist schlichtweg verzichtet. – Aus der Gefäßform ergeben sich keine Datierungshinweise, Dekorelement-Vergleiche legen jedoch eine Einordnung in Phase 7 nahe.

Die Frage nach der Bedeutung dieser Bilder läßt sich nur unter Einbeziehung der anderen annähernd beantworten. Roark interpretiert die Lamas und Pflanzen auf dem von ihm umgezeichneten Gefäß aus dem Nazca-Tal als Knabbern des Lamas an Kürbisfrüchten (Roark 1965, 46). Bei den Madrider Lamas sieht es aber eher so aus, als ob die Pflanzen aus dem Mund der Tiere hervorträten. Für dies spricht auch die Analogie zum Gefäß in Würzburg: aus den Lamas wachsen die Pflanzen mit ihren Früchten, die Zackenstab-Symbole der Fruchtbarkeit, hervor, darüber ist das weibliche Gesicht jenes Wesens, das als Inbegriff der Fruchtbarkeit schon mehrfach bekannt geworden ist. Es ist die unbekleidete weibliche Gestalt, aus deren Genital Masken, Zackenstäbe und Voluten hervorquellen (siehe beispielsweise Seler 1923, 263 Abb. 208, a–d). Die eingehende Analyse von Chr. Clados hat ergeben, daß die unbekleidete weibliche Gestalt mit dem Prinzip der Fruchtbarkeit in Verbindung steht (Clados 2000, 25 ff.).

Füchse

Ganz im Gegensatz zu der abendländischen Vorstellung vom Fuchs als einem diebischen Raubtier, das gejagt werden muss, wird dieses Tier in der altperuanischen Welt durchaus freundlich betrachtet. Dies leuchtet im Hinblick auf die unterschiedlichen Haustiere ein: Der Fuchs stiehlt Hühner, Gänse und Kaninchen, die es in den Anden nicht gab. Die „Meerschweinchen" werden nicht auf offenem Feld gehalten und sind damit nicht gefährdet. Der Fuchs ist aber der Hauptfeind der Mäuse, die – zumal in Zeiten klimatischer Krisen – Saat und Ernten bedrohen und auch als Schädlinge in der Nasca-Vasenmalerei dargestellt werden (zum Beispiel „Mäuse am Mais" auf einer Doppelausgußkanne aus dem Nazca-Tal in Berkeley, Gayton/Kroeber 1927 Pl. 1, D, oder die „Mäuse als schwarze Masse", Blasco/Ramos 1985, 393 Numero 326; Farkass 1981, 48 Fig. 54; 57). Wir ahnen etwas von der Bedeutung des Fuchses für die Nasca, wenn wir uns vergegenwärtigen, daß der „Katzendämon", die Vegetationsgottheit, statt seinem sonst üblichen Zackenumhang auch einen Fuchspelz tragen kann (Blasco/Ramos 1980, 210 Lam. LX, 1a).

4.4

4.4 Doppelfuchs – Schale mit eingedrücktem Rand

H 5,8 cm, B 12 cm
Reiss-Engelhorn-Museen Mannheim, Inv. Nr. Am 5451

Die Außenseite des Schalenbodens überziehen zwei
Fuchsdarstellungen; die Schale könnte ein Deckel gewesen
sein. Eigentümlich sind die beiden regelmäßigen Ein-
drücke am Schalenrand. Bei der Form handelt es sich um
eine Sonderform, verwandte Gefäßformen sind mir völlig
unbekannt.

4.5 Doppelkonvexer Becher mit Masken-, Fuchs- und Mäander-Friesen

H 12 cm, Dm 11 cm
Martin von Wagner-Museum der Universität Würzburg,
Inv. Nr. Wü 5860 Slg. Gütte

Diese Form kombiniert die konvexwandige, kugelbodige
Schale mit dem konvexwandigen Topf, so daß eine doppel-
konvexe Form mit konkav einziehender Mitte entsteht, der
größte Durchmesser ist im unteren Drittel. Die Form erinnert an Kürbisse. Unterhalb der Lippe, die ein Band von
Rechteckfeldern mit rechtsläufigen Treppenmotiven umzieht, schließt ein breiter Fries an mit zwei gleichgerichte-
ten, hintereinander angeordneten, verkürzten Darstellungen des „anthropomorphen mythischen Wesens" im üppigen Stil. Zwischen den nach vorne gestemmten Vorder-
füßen hängt die Zackenstabzunge herunter, sie tritt aus
dem Mund hervor, den eine Volutenmaske umgibt. Ober-

4.5

halb der Augen setzt sich deutlich die helle Stirnmaske ab, deren Mittelvolute aus einer weiteren dunklen Voluten- maske hervorwächst. Drei Blütenvoluten über der Stirn der letzten dunklen Maske schließen die Komposition ab. Un- ter diesem breiten Fries gibt es einen weiteren Streifen mit Treppenmotiv-Feldern, die derselben Richtung folgen wie auf den oberen Friesen. Darunter befinden sich Tiere, die von Sawyer überzeugend als „rennende Füchse" gedeutet wurden (Sawyer 1961).

Diese durchaus nicht häufige Gefäßform ist in verwandter, wesentlich schlankerer Ausführung in einem späten Grab von Cahuachi vertreten (Strong 1957 Fig. 13, E). Unserer Form am nächsten kommt ein Exemplar in Stuttgart, das dem Dekor nach ebenfalls in die späte Nasca-Zeit gehört (Phase 6, Lindenmuseum Stuttgart, Slg. Sutorius: Schlesier 1959, 200 Abb. 166 a–b). Eine mögliche Vorgängerform aus der Spätzeit des „monumentalen Stils" ist der Becher mit eingeschnürtem Mittelteil aus dem Grab 2 Uhles von Paredones (Roark 1965 Pl. XIII fig. 60).

Die Maske des „anthropomorphen mythischen Wesens" und auch die Stufenmäanderbänder sind charakteristisch für den voll entwickelten üppigen Stil, während die Fuchs- darstellung bereits aus älterem Zusammenhang belegt ist. Verwandte Maskendarstellungen ordnet Roark in die 6., Farkass in die 7. Phase ein. Roark führt unter den von ihm untersuchten Gefäßen der Phase 6 ein weibliches Figuralgefäß an (Roark 1965, 63) mit einer solchen Darstellung auf dem Rücken (Seler 1923, 265 Abb. 212). Eine weitere vergleichbare Darstellung ist von Farkass in die Phase 7 datiert (Farkass 1981, 40 fig. 211), sie befindet sich auf einem Napf mit engem Boden und weit ausladender Wandung (Blasco/Ramos 1980, 227 Lam. LXIX, 5), einer Form, die Roark auch in die Phase 6 setzt, allerdings ohne entsprechende Vergesellschaftungen anzuführen (Roark 1965 Pl. I fig. 9). In Chaviña, der einzigen publizierten Grabgruppe der Phase 7 (Rowe 1960, 42), sind verwandte Formen nicht belegt, dort finden sich jedoch Figuralgefäße, die sich deutlich unterscheiden von dem erwähnten Exemplar mit der „Masken-Sequenz"-Darstellung (Lothrop/Mahler 1957 Pl. II). Einzig das Darstellungselement „rennender Fuchs" ist bereits in den vorangehenden Phasen da und soll unverändert in der Phase 6 benutzt worden sein (Eisleb 1977 Abb. 6; 7; Roark 1965, 29 und 46).

Nach Form und Dekor ist das Gefäß offensichtlich der Phase 6 zuzuweisen, der Zeit, in dem der üppige Stil seinen Höhepunkt erreichte. Erst die zeitliche Einordnung und die Einsicht, daß die Darstellung in einer Entwicklungsreihe steht, lässt eine Deutung des Bildes zu. Es ist eine verkürzte Version des „anthropomorphen mythischen Wesens", das – wie auf den Darstellungen im monumentalen Stil deutlich sichtbar – in engem Zusammenhang mit dem Wachstum der Pflanzen, der Feuchtigkeit und ähnlichem steht; es könnte durchaus sein, daß die zahlreichen Voluten hier an Wasser erinnern sollen. Die schematische Darstellung dieses Wesens steht in deutlichem Kontrast zu der naturalistischen des Fuchses. Es ist, als seien die Füchse hier mit der Gottheit dargestellt, die sie zur Bekämpfung der Mäuseplagen aussandte, die immer wieder, zum Beispiel nach Überschwemmungen im Gefolge des Niño-Phänomen, die Ernte bedrohten. Von solchen Plagen berichteten auch spanische Chronisten des sechzehnten Jahrhunderts wie B. Cobo [1964] IX. Buch Kap. 18 Bd. I.

4.6 Tierfries-Becher mit zwei Gesichterkränzen

Nascakultur, Phase 7, H 18,6 cm, Dm 9,6 cm
Martin von Wagner-Museum der Universität Würzburg,
Inv. Nr. Wü 5862 Slg. Gütte

Den hohen, schmalen Becher mit leicht ausladendem Rand umziehen an der Basis und in der Gefäßmitte Kränze von aus der Wandung modellierten, weiblichen Gesichtern. Sie haben hängenden Kammdekor unter den Augen und sind durch weiße Schlangenlinien voneinander getrennt. Darüber sind jeweils als umlaufende Friese nach rechts laufende Füchse auf einem getupften, hellen Hintergrund gemalt. Unterhalb des Randes befindet sich ein nach links gerichteter Stufenmäander aus abwechselnd stehen-

4.6

den und hängenden Elementen zu beiden Seiten eines hellen Bandes.

„Hohe, schmale Vasen wie die hier abgebildete sind nur
für die Phase 7 des Nasca-Stils nachgewiesen" schreibt
Rowe (Rowe 1985, 327 (Erläuterungen zu Taf. 373)) und
bezieht sich auf einen Becher, der ebenfalls ungefähr die
doppelte Höhe seines Duchmessers hat. In den publizierten
Grabzusammenhängen sind sie nicht belegt, wo man sie jedoch abgebildet findet, entspricht der Dekor der Endphase
des üppigen Stils. Dies gilt vor allem für Stücke wie das unsere, die durchweg zwei modellierte Zonen mit weiblichen
Gesichtern aufweisen (Gayton/Kroeber 1927 Pl. 11, B-D;
Putnam 1914 Pl. II, 2 = ebd. Pl. VIII, 3; ebd. Pl. VIII, 5; Seler
1923, 266 Abb. 216). Auch Blasco und Ramos ordnen
diese modellierten, tiefen Becher innerhalb der Nascaent-
wicklung spät ein (Blasco/Ramos 1980, 252 f).

Die unterschiedlichen Dekorbänder des Bechers sind
keineswegs alle für die Datierung aussagekräftig. Am läng-
sten gibt es die Darstellung des rennenden Fuchses, die

schon im fortgeschrittenen monumentalen Stil (Eisleb 1977 Abb. 7) und auch noch in der Phase 7 belegt ist (Blasco/Ramos 1980, 103 Lam. XXVII, 3). Roark bildet zwar die umgebenden Punktmalereien als typisch für die Übergangsphase 5 ab (Roark 1965 Pl. XIII fig. 58), einer Festlegung auf diese Phase widerspricht jedoch die Darstellungs- und Form-Kombination eines der Stücke im Museum Madrid: dort ist der rennende Fuchs neben einem Profilkopf-Fries abgebildet, der zweifellos jünger ist als die Übergangsphase vom monumentalen zum üppigen Stil, Nasca 5 (Blasco/Ramos Lam. XXVII, 3).

Auf einem tiefen Becher im Museum der Akademie der Wissenschaften Davenport ist der laufende Stufenmäander kombiniert mit zwei Friesen modellierter weiblicher Gesichter, die unter den Augen ebenfalls hängenden Kammdekor haben, ein weiterer Fries besteht aus dem charakteristischen Killerwaldekor der Phase 7 (Putnam 1914 Pl. VIII, 5). Auch auf den drei tiefen Bechern unter den Uhle-Gefäßen aus dem Nazca-Tal in Berkeley, die umlaufende, modellierte, weibliche Gesichter tragen, sind typische Darstellungen der Phase 7 und das hängende Kamm-Muster unter den Augen zu erkennen (Gayton/Kroeber 1927 Pl. 11 B-D). Letzteres findet sich auch auf den weiblichen Gesichtern eines tiefen Bechers im Völkerkunde Museum München, dessen begleitende Friesdarstellungen höchstwahrscheinlich auch nur in die Phase 7 belegt sind (Seler 1923, 266 Abb. 216). Gleiches gilt für einen ähnlichen tiefen Becher im Museo de las Americas in Madrid (Blasco/Ramos 1980 Pl. II links unten). Ein weiterer Hinweis darauf, dass der Kamm-Dekor unter den Augen weiblicher Gesichter typisch ist für die Phase 7, ergibt sich aus seinem mehrfachen Auftauchen im Inventar der Chaviña-Gräber (Lothrop/Mahler 1957 Pl. II. a. b).

Der Tierfriesbecher mit den beiden modellierten, weiblichen Gesichtskränzen gehört also zu einer Gefäßgruppe, die aufgrund ihres Dekors aus modellierten Gesichtern mit Kammdekor und Stufenmäander in die Phase 7 eingeordnet werden kann. Die Friese mit den rennenden Füchsen dagegen gab es schon vorher.

Die Interpretation von Proulx, die Punkte rings um die rennenden Füchse seien als ein Schauer von Schleudersteinen zu interpretieren, ist problematisch (Roark 1965, 29). Es wäre der einzige publizierte Bildtypus, der die Jagd mit Schleudersteinen darstellt, denn üblich ist bei den Nasca die Jagd mit der Speerschleuder (beispielsweise Gayton/Kroeber 1927 Pl. 10, F; 11, B. C). Außerdem mussten Füchse nicht verjagt werden, denn sie waren hilfreich für die Bekämpfung von Mäuseplagen. Es ist daher durchaus gerechtfertigt, in der Bildkomposition des Bechers mit den Gesichtskränzen eine Beschwörung von Fruchtbarkeit zu vermuten, man kann in den Köpfen Samen oder Stecklinge als Symbol für die Wachstumsmächte und in den Füchsen die Schützer der Ernte sehen.

4.7

Affen

4.7 Affenfiguralgefäß

Frühe Nascakultur, H 18 cm, Dm 13 cm
Leihgabe aus Privatbesitz

Das hochpolierte weiße Gefäß ist eines der qualitätvollsten
Skulpturgefäße der Nascakultur überhaupt. Es zeigt die
große Vertrautheit der Bewohner der Oasen der südlichen
Küstenwüste mit der Tierwelt des östlichen Tieflanddschun-
gels jenseits der Anden, eine Vertrautheit, die überrascht,
weil Affendarstellungen in den Kulturen des Andenraumes
überhaupt erst in der Spätzeit, in den letzten Jahrhunderten
vor den Inka, weit verbreitet waren. Sie zieren als Figu-
ralappliken in überwältigender Zahl die Keramik der Chimúkultur. Was Affen jedoch für die Nasca-Indianer bedeuteten,
ist angesichts der seltenen Darstellungen nicht festzustellen.

Fische

Abgesehen vom Killerwal (Orca gladiator lac.) sind die
Fische der Nasca-Vasenmalerei bislang nicht eindeutig
nach Arten identifiziert worden. Die breiten Fische, wie sie
auf dem tiefen Teller wiedergegeben sind, deutet beispielsweise Seler als Delphine (Seler 1923, 320), Blasco und Ramos halten eine Identifizierung mit den „bogos" genannten, an der peruanischen Küste häufigen schmackhaften
Acantopterigien (Blasco/Ramos 1980, 88) für möglich,
während Proulx nicht ausschließen möchte, dass die Art
der Fischdarstellungen von der Form des Gefässes abhängt,
auf das sie gemalt sind. Es ist auch nicht sicher, ob sich die Bilder auf den Fischfang beziehen, oder ob, wie bei der Dar-

stellung des Orca, große und erstaunliche oder gar bedrohliche Meereswesen gemeint sind.

4.8 Fischtextil mit Figuralbordüre

Frühe Nascakultur, L 142 cm, B 135 cm
Staatliches Museum für Völkerkunde München, Inv. Nr. D 1006

Das einfarbige, fast rechteckige Tuch hat zwei leuchtend
farbige dreidimensionale Bordüren, die an seinen Rändern
angenäht sind. Beide Seiten des Textils sind in gleicher

4.8

Weise angefertigt, so dass es beidseitig verwendbar ist. Ungefaltet wäre dieses Gewand zu groß, um als Kopfbedeckung getragen zu werden und es wäre auch schwierig,
es um die Schultern zu legen. Wenn man es allerdings in
der Mitte faltet, kann es auf beide Weisen getragen werden. Wenn es doppelt gelegt wird, sind beide Seiten sichtbar, was der Anlass für diese Gewebestruktur gewesen sein
könnte. Auf dem Tuch sind Fisch-Motive in einem rechteckigen Gitterwerk angeordnet. Fein in Verschlingtechnik

4.8 Detail

ausgeführte Bordüren mit dreidimensionalen Kolibris, die Nektar aus Blüten saugen, sind an die Ränder genäht. Die Vogelköpfe weisen auf beiden Bordüren in dieselbe Richtung. Bei den Motiven ist keine regelmäßige Farbwiederholung festzustellen.

4.9   Steilwand-Schale mit Killerwal-Fries

Frühe Nascakultur, Phase 3, H 9 cm, Dm 18,5 cm
Staatliches Museum für Völkerkunde München, Inv. Nr. G 3802

Die Wand der leicht kugelbodigen Schale umzieht ein mit feinen weißen Linien eingefasster, schwarzgrundiger Fries: vier große Fische bewegen sich nach links, zwischen ihnen ist ein kleiner eingerollter Fisch. Die Meerestiere sind farblich zweigeteilt, der Rücken ist meist dunkler als der Bauch, die Körpermitte markiert eine weiße Trennlinie.

Seler hat diese Tiere als Seehunde gedeutet (Seeler 1923, 316f), Yacovleff hingegen hat den Nachweis erbracht, dass es sich hier um Killerwale (Orcas) handelt (Yacovleff 1932, 116ff). Denn die flügelförmigen Flossen, die zweigeteilte Schwanzflosse, die Lage des Auges, die gebogene Haltung des ganzen Geschöpfes sind typisch für alle delphinartigen Tiere, der deutliche Farbunterschied von Rücken und Bauch sowie der weiße Fleck über dem Auge sind zwei der spezifischen Merkmale der Killerwale. Sie sind gefürchtete Raubtiere und gelten als gefährlicher als Haie. Auffällig ist auch, dass sie weit mehr Beute töteten als verzehrten. Manchmal greifen sie sogar noch größere Wale an und sind von den Fischern gefürchtet.

Bereits in frühen Chroniken der Kolonialzeit finden sich Schreckensberichte über den Killerwal und seine legendären Kämpfe mit den Seelöwen, es wurde berichtet, wie die Orcas die zum Teil ochsengroßen Tiere in die Luft werfen, sie zerreißen und sich in der sich im Wasser ausbreitenden Blutwolke wälzen und suhlen.

4.9

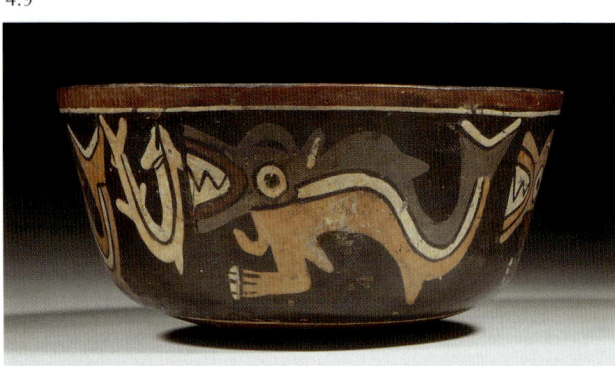

Bei genauerem Betrachten unseres Gefäßes erkennen wir, dass aus den Körpern der Orcas jeweils in Brusthöhe ein angewinkelter Arm hervortritt, der scharfe Krallen nach vorne streckt. Offenbar ist hier dasselbe Wesen wie auch auf einem der Scharrbilder von Nazca dargestellt, dort allerdings trägt es einen Menschenkopf in der Hand.

Der Killerwal gilt als Beherrscher und schrecklicher Tyrann des Meeres, in den Bildern der Nasca steht er für die mächtigen, numinösen Kräfte des Ozeans vor Peru. In mythischer Verwandlung wird dieses gewaltige Raubtier in den Bildern der anthropomorphen und zoomorphen Mischwesen wieder auftauchen.

Die Schale fügt sich in den Formenkanon der Frühen Nascakultur ein. Tiefe Schalen mit gerader, nicht ausladender Wandung ähnlich dem vorliegenden Stück sind nach der Mitte der Phase 3 nicht mehr belegt, an ihre Stelle treten flachere Schalen.

4.10 Schale mit Zickzack-Doppelfisch

Nascakultur, Phase 5, H 7,3 cm, Dm 18,5 cm
Martin von Wagner-Museum der Universität Würzburg,
Inv. Nr. Wü 4548 Slg. Weizinger

Um die konkav ausschwingende Wandung der kugelbodigen Schale läuft ein hellgrundiger Fries von Fisch-Wesen, die dicht hintereinander nach links schwimmen. Sie sind gekennzeichnet durch eine weiß gebänderte Mittellinie, die hinter dem Kopf ansetzt, sich in die beiden Schwanzflossen hinein spaltet und sich bis an den Bildrand zieht. Sie setzt sich in gleicher Höhe in der Mittellinie des geschlossenen Maules fort. Der Fischkopf ist spiegelsymmetrisch zu dieser so betonten Mittelachse: so das rechteckige Vorderteil der Schnauze und das vorgewölbte kreisrunde Auge Der Bauch weist freilich einen Zacken weniger auf als der vierfach gezackte Rücken, was allerdings auch mit der Anpassung der Zeichnung an die Gefäßform in Zusammenhang stehen mag. Die Darstellung kombiniert gleichsam Profilansicht und Aufsicht.

Proulx bildet die Gefäßform unter der Bezeichnung „flaring bowl" in seiner typologischen Übersicht über die Formen der Phase Nasca 5 ab (Proulx 1965 Pl. I fig. 3). Nach seiner Typologie sind die Formen der nachfolgenden Phase 6 eher geradwandig oder haben eine sehr viel kleinere Bodenfläche (ebd. fig. 7; 8). In den frühen Nasca-Phasen sind nach Ausweis der Grabinventare Uhles im Ica-Tal Schalen mit ausladendem Rand nur am Anfang der Phase 3 so flach (In den Grabinventaren CB und F 19, s. Proulx 1970 Pl. 11, D; 12, C; 30, E), werden dann im Laufe der Zeit immer tiefer und gleichen in der Phase 4 meist breiten Näpfen (Die flachsten konkavwandigen Exemplare der Phase 4 stammen aus den Inventaren F12, F18 und F21; ebd. Pl. 27, B;

4.10

30, B; 31, F). Roark leitet die Form dementsprechend auch
von einer Schalenform der Phase 4 her, die freilich kon-
vexwandig ist und keinen Bodenumbruch hat, die also
Ähnlichkeiten nur auf der Gefäß-Gattungs-Ebene aufweist
(ebd. Pl. I fig. 1). Die unmittelbaren Vorläufer der „flaring
bowl"-Form sind demnach unbekannt, die Datierung der
Form beruht offenbar auf unpublizierten Vergesellschaftungen oder auf Datierungen durch den Dekor, wobei eines
der nach Proulx repräsentativen Exemplare dieser Form,
das er der Phase 5 zuordnet (Kroeber 1956 Pl. 37, d), einen
Vogeldekor trägt ähnlich Chaviña (Lothrop/Mahler 1957
Pl. VII, c), einem Fundkomplex der Phase 7.

Im Grab II von Huayurí, das Ubbelohde-Doering ausgegraben hat, findet sich ein Napf mit konvexem, leicht ausladendem Rand, auf dessen hellgrundigem, breiten, umlaufenden Fries dem Dekor unserer Schale nah verwandte
Darstellungen sind (Neudecker 1977, 148 Grab II Nr. 7).
Sie unterscheiden sich von jenen auf unserer Schale nur
dadurch, dass die Augen sich nicht aus dem Kopf wölben
und die Schwanzflossen jeweils zugleich anderen, schräg
nach oben und unten versetzten, entgegengerichteten
Zackenfischen zuzuordnen sind, die Zickzack-Fische bilden so ein Netz. Die Datierung von Huayurí Grab II ist insofern unproblematisch, als es in der Tradition der Phase 4
steht, jedoch dort keine genauen Parallelen findet und unter anderem im Dekor eines Napfes Ähnlichkeiten mit De-
korelementen der Phase 5 aufweist (Gemeint ist der Napf
ebd. Nr. 3, dessen Dekor auf Gefäßen aus den Paredones-
Gräbern Uhles, die die Phase 5 definieren (Proulx 1965,
92) Entsprechungen findet). Dies ist der entscheidende da-
tierende Hinweis für unser Gefäß, das unter den nachweislich aus dem Nazca-Tal stammenden Gefäßen, jenen die
Uhle nach Berkeley schickte, eine in Form und Dekor nahezu exakte Entsprechung findet (Kroeber 1956 Pl. 37, c).
Unsere Zackenfisch-Schale stammt demnach aus dem
Nazca-Tal und gehört in die Übergangsphase Nasca 5.

Der Dekor wird seit Uhles Bericht über seine Arbeiten über die Zentralküste in Zusammenhang gebracht mit dem Chancay-Tal, da er in dieser Arbeit eine Reihe Nasca-Gefäßen mit gleichartigem Dekor abbildet, versehen mit der Beischrift: „Alte Gefäße, mit dem konventionellen Fischmuster bemalt. Chancay." (Uhle 1910, 358 Fig. 7). Der Dekor auf diesen Gefäßen ist jedoch keineswegs einheitlich. Auf vier Gefäßen, drei Bechern und einer Schale sind „interlocking-Fisch"-Muster, ineinandergreifende Bilder verschiedener Individuen mit gemeinsamen Umrisslinien, die gewisse Entsprechungen in der von Uhle unmittelbar darüber wiedergegebenen Umzeichnung von Großarchitekturbemalung im Chancay-Tal finden (ebd. Fig. 6). Ein Kragenrand-Topf unterscheidet sich davon (Seler bildet eine Umzeichnung dieses sowie eines anderen von Uhle abgebildeten Gefäßes ab: Seler 1923, 232 Abb. 357 = Uhle 1910, 358 Fig. 7, Mitte; Seler 1923, 232 Abb. 358 = Uhle 1910, 358 Fig. 7, links außen). Er hat dieselben „Zackenfische", die auf dem erwähnten Exemplar aus Grab II von Locarí zu finden sind. Es ist durchaus fraglich, ob die von Uhle abgebildeten Gefäße wirklich aus dem Chancay-Tal stammen, denn die monumentalen Malereien finden sehr viel exaktere Parallelen in der Gefäßbemalung der lokalen Lima- oder Maranga-Keramiktradition (siehe beispielsweise Uhle 1910, 361 Fig. 10; Kroeber 1926, 279 Fig. 11). Außerdem sind sowohl die Formen als auch die Bilder der Friese auf den Bechern in den publizierten Funden von Chancay nicht belegt, jedoch im Nasca-Bereich durchaus geläufig. Seler, Eisleb sowie Blasco und Ramos bilden einige Nasca-Becher ab, die alleine oder kombiniert mit anderen, für Nasca typischen Friesen Zackenschlangen in der von Uhle wiedergegebenen „interlocking"-Manier aufweisen (Seler 1923, 323 Abb. 252–256; Eisleb 1977 Abb. 116; 117; Blasco/Ramos 1980, 91 Lam. XXIII, 2.3. 5–7). Bei diesen Gefäßen ist mit einer Ausnahme, einem mit der Würzburger Schale nahezu formgleichen Stück (Eisleb 1977 Abb. 117), aufgrund der Form eine Datierung in die Phasen 6 und 7 wahrscheinlich. Das einzige Exemplar mit derartigem Dekor, das sicher aus dem Nazca-Tal stammt (Gayton/Kroeber 1927 Pl. 11, A), ist aufgrund der langschmalen Form und des Dekors – doppelter Gesichter-Fries, jüngere, verkürzte Darstellung des Killerwalwesens – wahrscheinlich in die Phase 7 zu datieren. Der „interlocking"-Darstellung scheint demnach bei den Nasca die verwandte, doch einfachere Zackenschlange voraus zu gehen, was auch die Nasca 5-Form eines Kugeltopfes in der Akademie der Wissenschaften von Davenport, Iowa, mit netzförmig angeordnetem, einfachen Zackenschlangen-Dekor zu bestätigen scheint (Putnam 1914 Pl. X, 4). Es fragt sich, wo letztere herstammt, ob das einfache „Zackenfisch"-Muster die „interlocking"-Darstellungen benachbarter Gebiete zuerst vereinfachend nachahmte und dann erst entwickelte, oder ob „interlocking"-Darstellungen in den

Tälern um Nazca selbst ihre Ursprünge haben. Erhellend
sind in diesem Zusammenhang zwei Töpfchen mit S-förmi-
gem Rand in Madrid und Berlin, sowie ein Kugeltopf mit
schrägem Kragenrand in Madrid, beides Formen der Phase 4.
Die Töpfchen tragen Netzdekor aus Schlangen ohne
Zackenränder, die fraglos Vorformen der Zackenschlangen-
Netzdarstellung bilden (Eisleb 1977 Abb. 115, siehe auch
Farbtafel IV; Blasco/Ramos 1980, 91 Lam. XXIII, 4: die
Form findet sich am Ende der Phase 3 und in der Phase 4 in
den Uhle-Grabinventaren B4, F1, F20 aus dem Ica-Tal,
s. Proulx 1970 Pl. 9, C; 13, A; 31, A). Auf dem Kugeltopf
sind jene Zackenfische, die sich zu Teilen in der netzarti-
gen Darstellung entwickeln und später in „interlocking"-
Manier verbunden werden zu gereihten Einzeldarstellun-
gen (Blasco/Ramos 1980, 91 Lam. XXIII, 1).

Offenbar hat die einfache Zackenfisch-Darstellung Vorformen in der Phase 4 und ist bereits in der Phase 5 vorhanden, während die „interlocking"-Darstellung erst in
den beiden jüngeren Phasen üblich wird, jenen Phasen, in
denen sich die Ähnlichkeit mit der Bildwelt der peruanischen Zentralküste am deutlichsten abzeichnet und einen
historischen Zusammenhang vermuten lässt. Die Würzburger Zackenfisch-Schale entstand im unmittelbaren Vorfeld
dieses Ereignisses.

4.11 Teller mit dicken Fischen

H 7,4 cm, Dm 20 cm
Martin von Wagner-Museum der Universität Würzburg,
Inv. Nr. Wü 5875 Slg. Gütte

Der tiefe Teller mit kugeligem Boden und steiler, leicht
konvexer Wandung trägt auf dem Innenboden auf hellem
Grund zwei große, flache Fische. Ihr Mittelstreifen, das
Maul und die untere Körperhälfte sind in kontrastierenden
Farben wiedergegeben.

Die ziemlich flache Ausprägung der Gattung „tiefe Teller" findet nur in drei Grabinventaren Uhles aus dem Ica-
Tal, die der älteren Entwicklung dort zugehören, Entsprechungen (In den folgenden Gräbern: B3 (Proulx 1970, Pl.
7, D), F7 (ebd. Pl. 21, B), F19 (ebd. Pl. 30, F)). Auch Proulx
rechnet diese Inventare den frühen Abschnitten A, B und C seiner Phase 3 zu. Seine Analyse dieser und anderer Grabinventare aus dem Ica- und Nazca-Tal führte zu gleichartigen
Ergebnissen (Proulx 1968, 130 Fig. 5; 131 Fig. 6). Die Ver-
gleichsstücke aus den Uhle-Inventaren tragen außen eine
hellgrundige, umlaufende Friesfläche, unterteilt in Rechteckfelder mit Feldfrüchten. Diese Eigenheit unterscheidet
sie deutlich von all den anderen, zumeist jüngeren Ausprägungen jener Tellerform (Proulx nennt diese Tellerform „round
bottom and conical bottom bowls" (Proulx 1968, 12 f.).
Letztere weisen zumeist eine Friesfläche mit dunklem

4.11

Grund auf und sind tiefer, bei gleicher oder größerer Tiefe haben sie durchweg einen geringeren Durchmesser.

Kein einziger der von Proulx aus dem Ica- oder Nazca-Tal publizierten „tiefen Teller" trägt freilich Innendekor: Dies ist ein Merkmal der „flachen" Teller, dafür fehlt ihnen die Bemalung außen (Proulx 1968, 13). Fische im Innern von flachen Tellern aus dem Ica-Tal sind fast durchgehend schlank und eingerollt gezeichnet – Proulx benennt den Typ danach „curled fish" (ebd. 21; 37) –, während in Tellern aus dem Nazca-Tal zumeist der breite, „flache" Typ auftaucht, vor allem in den frühen Phasen (ebd. 38; 47). Proulx bildet zwar kein Doppelbild des breiten Fischs ab, paarige Wiedergaben sind jedoch durchaus üblich (Verwandte Darstellungen sind des öfteren abgebildet: siehe beispielsweise Seler 1923, 319 Abb. 344; 343 = Eisleb 1977 Abb. 24 und S. 33 Farbtafel II).

Der Teller gehört – der Form nach – zu jener Variante der „tiefen Teller", die den „flachen Tellern" am nächsten stehen. Die Malereien kombinieren den Dekor beider Gattungen, den Außenwandfries der tiefen mit dem Innenbodendekor der flachen Teller. Der Formvergleich verweist auf eine zeitliche Einordnung in die erste Hälfte des monumentalen Stils (innerhalb der Abschnitte A bis C der Phase 3 in der Terminologie der Rowe-Schule). Aufgrund der Art der Fischdarstellung ist eine Herkunft aus dem Nazca-Tal eher zu vermuten als aus dem Ica-Tal. Die Bedeutung der Fischbilder bleibt uns jedoch verschlossen.

Katzenwesen (Feliden)

Das gefleckte Katzenwesen

Im Themenrepertoir fast aller präspanischer Kulturen nimmt die Wildkatze einen bedeutenden Platz ein. Das mag damit zusammenhängen, daß zu den Feliden die größten und eindrucksvollsten Raubtiere der Neuen Welt zählen. P. Lyon hat sich sogar mit der Annahme auseinandergesetzt, es habe in Altamerika einen weit verbreiteten Felidenkult gegeben (s. zum Beispiel Tello 1923; Benson 1972 etc.), kommt jedoch zu einem gegenteiligen Ergebnis (Lyon 1983, 162–168).

Auch in der Nasca-Bildwelt nehmen die Katzen-Darstellungen einen hervorragenden Platz ein. Die auf Nasca-Gefäßen und auf Zeugnissen der vorangegangenen Paracaskultur wiedergegebenen Feliden stellen eine kleinere Katze dar, felis colocolo, wie die charakteristische Form der Fellflecken sowie die Streifen auf Beinen und Schwanz belegen (Lyon ebd. 164; Paul 1980, 165. 167. 366 nota 51).

Offenbar spielt bei der Abbildung der Katzenwesen nicht ihr Raubtiercharakter die Hauptrolle, worauf nicht nur die geringe Größe der Katzen hinweist, sondern auch ihre überaus häufige Verbindung mit Pflanzen, die sie in den Pranken oder im Maul tragen. Eine umfangreiche Zusammenstellung von bislang bekannten Darstellungen der gefleckten Katze verdanken wir E. Farkass Wolfe, die eine stilistische Seriation durchgeführt hat. In dieser Studie sind 71% der abgebildeten gefleckten Katzen mit Pflanzen bzw. Früchten wiedergegeben (Wolfe 1981). Aus dieser häufigen Kombination hatte schon Seler geschlossen, dass die gefleckte Katze im Nasca-Kontext „Bringerin der Lebensmittel" sei (Seler 1923, 174 ff.).

Chile-Katze
(Präparat: Reiss-Engelhorn-Museen, Matthias Feuersenger
Photo: Reiss-Engelhorn-Museen, Gerhard Rietschel)

4.12

Der Körper der gefleckten Katze ist in Seitenansicht wiedergegeben, der Kopf und die Vorderpfoten von vorne. Typisch sind die halbkreisförmigen Ohren, die von Anfang an häufig durch einen zusätzlichen Halbkreis in der Mitte des Kopfes ergänzt werden, die großen Augen mit zumeist kreisförmiger Pupille und der Schnurrbart mit abstehenden Haaren, der den Mund mit der heraushängenden Zunge umgibt.

4.12 Schale mit geflecktem Katzenwesen

Frühe Nascakultur, Phase 2/3, H 8,2 cm, Dm 18,7 cm
Martin von Wagner-Museum der Universität Würzburg,
Inv. Nr. Wü 4550 Slg. Weizinger

Die Außenseite der Schale mit kugeligem Boden und steiler, ausladender Wand umzieht ein beidseitig durch weiße Linien begrenzter, umlaufender Fries, der in fünf Felder unterteilt ist. Auf jedem dieser Felder läuft ein schwarzer Felide nach links, er hat weiße Tatzen und Kreisaugen, auch der Mundumriß und die Schnurrhaare sind weiß. Der Schwanz ist eingerollt, der Körper hat keine Innenzeichnung, die Zunge ist nicht herausgestreckt, was belegt, daß diese Bild untypisch ist für die Wiedergabe einer „gefleckten Katze".

Die Gefäßform ist in den Inventaren der ältesten von Uhle im Ica-Tal ausgegrabenen Gräber belegt, in CB (Proulx 1970 Pl. 11, D; 12, C); F4 (ebd. Pl. 17, B; 18, B); F5 (ebd. Pl. 19, A) und F19 (ebd. Pl. 30, E), also nur bis in die Zeit von Abschnitt B der Phase 3 nach Proulx (Proulx 1968). Sie existierte freilich bereits schon vorher: nach Menzel, Rowe und Dawson ist der Basisknick bei Schalen einer der Indikatoren für den Beginn von Nasca-Keramik überhaupt (Menzel/Rowe/Dawson 1964, 253). Auf Grund der Bemalungstechnik kann das Gefäß jedoch nicht so alt sein, denn die Phase 1 kennt ausschließlich ritzbegrenzte Überzugbemalung (ebd. 252 u. 256). Das Fehlen der herausgestreckten Zunge ist ein altertümliches Merkmal, auf den Paracas-zeitlichen Stücken fehlt sie ebenso, wie in der ersten Nasca-Phase (Farkass 1981, 43 Fig. 1–6). Die gespreizten Tatzen sind typisch für Felidendarstellungen ab der Phase 1, sind noch in der Phase 2 häufig und verlieren sich in den jüngeren Phasen (ebd. 2 f). Demnach kann diese Schale mit kugeligem Boden, steil ausladender Wandung und den atypischen fünffachen Katzenbildern auf dem Fries nur aus der zweiten oder dritten Nasca-Phase stammen, sie gehört nicht in die erste Phase, den Übergang von Paracas zu Nasca.

4.13 Doppelausgusskanne mit dem nahrungbringenden Katzenwesen

Frühe Nascakultur, Beginn der Phase 3, Dm 15 cm
Leihgabe aus Privatbesitz

Das Bild zweier katzenartiger Tiere bedeckt fast ganz den kugeligen Gefäßkörper, nur die durch eine schwarze Linie über einem ockerfarbenen Band abgetrennte Bodenfläche ist unbemalt. Die Felidendarstellung bildet den typologischen Vorläufer des Mischwesens, das im übernächsten Kapitel vorgestellt wird.

Das Katzentier starrt uns aus geweiteten Augen an. Über den Augenbögen sitzt ein schmales, helles Stirnband, dahinter zeichnet sich die Kopfwölbung mit den aufgestellten Ohren ab. Den roten Mund umgibt der helle „Katzenbart", der zottig herabhängt. Die seitlichen aufgestellten Barthaare bilden gleichsam Chileschoten, aus dem geschlossenen Maul hängen zwei Bohnenschoten an einem Stiel, eingerahmt von den rechteckig schematisierten Vorderbeinen des Tieres. Vor ihm wächst aus seiner Pranke der Stiel einer gewaltigen Bohnenschote hervor, die sich bis in Augenhöhe nach oben zieht. Der buckelnde Katzenkörper, die hintereinander angeordneten, kurzen, dreieckig wiedergegebenen Hinterbeine und der hochgebogene, quer gestreifte Schwanz sind in Seitenansicht wiedergegeben. Zwischen den Beinen hängen ebenfalls Bohnenschoten herunter, zwischen Körper und Schwanz biegt sich eine große Schote nach oben. Die große gesprenkelte Oberseite des Körpers mit einer eingezeichneten, auch gesprenkelten Palmfrucht ist vom hellen Bauch mit den Beinansätzen durch einen schmalen, hellen Streifen getrennt.

Seler sprach von der gefleckten Katze, der Bringerin der Lebensmittel (Seler 1961, 174–183); auch hier ist das Katzentier mit Nahrung behängt, wachsen aus Körper und Gliedern Nahrungspflanzen hervor, und zugleich verwandelt sich das Tier selbst in Nahrung, wie die Chileschoten anstelle der Barthaare zeigen, es wird zum Inbegriff der Nährpflanzen.

Die kurvolineare Zeichnung, die vollständige Bedeckung des Gefäßes und seine Form selbst, nicht zuletzt die nah

4.13

beieinanderstehenden, durch einen kurzen Bandhenkel verbundenen Ausgusstüllen zeigen, dass es in die frühe Zeit des monumentalen Stils, wohl an den Anfang der Phase 3 datiert. Die Vasenmalerei steht hier am Beginn einer Entwicklung, in der Felide menschenartige Züge annimmt. Die enge Verbindung von Katze und Nahrungspflanze wird für die Interpretation der Felidenmischwesen von entscheidender Bedeutung sein. Der starre, durchdringende Blick des Tieres, der auf den Betrachter stets bedrohlich wirkt, sollte nicht davon ablenken, dass dieses Wesen für die Nasca-Indianer offensichtlich mit Erntesegen verbunden war.

4.14 Doppelausgusskanne mit fischfressendem Katzenwesen

Frühe Nascakultur, Phase 3, H 14,3 cm, Dm 11,5 cm
Reiss-Engelhorn-Museen Mannheim, Inv.Nr. V Am 4105

Für die Nasca ist der Felide auch ein Wesen, das die Fische verschlingt. Dies jedenfalls zeigt das Bild auf einer Doppelausgusskanne mit leicht hängenden Schultern, die der Form nach wenige Jahrhunderte nach jener mit dem Nahrungsbringer entstanden ist. Körper und Glieder des Katzentiers sind ganz schematisch in Aufsicht dargestellt,

4.14

gerade deutlich genug, um zu erkennen, dass das Tier
schwimmt. Nur die großen aufgerissenen Augen und das
Maul sind in kräftiger, breiter, schwarz eingefasster Zeichnung hervorgehoben. Während die Früchte in den Nasca-
Bildern aus dem Maul des Feliden hervortreten, also mit
Sicherheit nicht verschlungen werden, sieht man hier nur
noch den rückwärtigen Teil eines Fischs aus dem Rachen ragen, der Kopf ist darin verschwunden. Auf beiden Seiten
und vor und hinter der Katze schwimmen Fische. Hier wie
bei den anderen Fischdarstellungen ist ihr Körper in Seitenansicht zweigeteilt dargestellt. Die Oberseite mit dem Auge
und die Schwanzflosse sind dunkel, die Unterseite mit den
deutlich erkennbaren Kiemen, als Strichpaar dargestellt, ist
hell, die Grenzlinie ist weiß. Diese deutliche Unterschei-
dung sowie die zweigeteilte Schwanzflosse deuten darauf
hin, dass hier nicht die essbaren Thunfische oder die tollo-
Fische wiedergegeben sind, die einheimische Fischer auch
heute noch bevorzugt fangen, die Merkmale treffen vielmehr auf den Wal-Hai (Rhincodon typus) zu.

Möglicherweise spielt die Darstellung auf eine Mythe
vom Feliden als Vernichter des Hais an und betont eine
Schutzeigenschaft des Katzenwesens. Offensichtlich geht
es hier um eine in Malerei festgehaltene Aussage über die
Katzenwesen; denn eine in der Natur beobachtete Situation ist das Bild des schwimmenden Feliden jedenfalls
nicht.

Die Feldfrüchte

Bei der Betrachtung der Tierdarstellungen zeigt sich, dass die verschiedenen Vögel, die Fische und die Haustiere stets in einem Zusammenhang mit der Lebenswelt der Nasca stehen. Ihr Verhalten und ihre Gewohnheiten sind Wegweiser für die notwendige Anpassung des Menschen an die natürlichen Gegebenheiten und Entwicklungen, sie sind modern gesprochen Bioindikatoren der Nascakultur, denn sie kündigen Regen und Trockenheit, Nahrungsreichtum oder auch Verödung der Küstengewässer und vieles andere an. In den Bildern sind so Hoffnungen und Ängste festgehalten. Besonders bei den Bildern des Katzenwesens wird deutlich, dass sie Dankbarkeit gegenüber den Mächten der Natur zum Ausdruck bringen.

Es ist sicher kein Zufall, dass die Pflanzen, die die Katzentiere gleichsam herbeitragen und mit denen sie manchmal eins werden, stets Nahrungspflanzen sind. Nun werden die Pflanzen in der Nasca-Vasenmalerei vorgestellt. Es sind offenbar immer die samentragenden Früchte jener Pflanzen, aus denen Nahrungsmittel gewonnen werden: ein bedeutsamer Hinweis auf die Absichten der frühen Nasca-Kunst. Uns geben sie eine Vorstellung von einigen der wichtigsten Kulturpflanzen Altperus, zugleich ist eine sanfte Annäherung an die Sicht der Nasca-Indianer auf die Kulturpflanzen möglich.

5.1 Teller mit sprießenden Bohnen

Nascakultur, Phase 4, H 6,4 cm, Dm 18 cm
Martin von Wagner-Museum der Universität Würzburg,
Inv. Nr. 5876 Slg. Gütte

Mais und Bohnen (Photo: Henning Bischof)

5.1

Der kugeligflache Teller ist auf der Innen- und einem großen Teil der Außenseite rotbraun überzogen. Das hellgrundige, dunkel eingefasste Feld auf dem Innenboden wird von zwei Pflanzensamen und deren fächerförmig sich ausbreitenden Trieben nahezu vollständig ausgefüllt.

Die Form ist eine tiefe Variante der Gattung der flachen Teller und typisch für die jüngste Gruppe der Nasca-Grabinventare Uhles aus dem Ica-Tal, bei diesen Stücken geht der Boden ohne Absatz in die gerade ausladende Wand über (Grabinventare F3; Proulx 1970 Pl. 15, D. E; 16, A. B; F18, ebd. Pl. 30, C). Für Proulx sind diese Formen charakteristisch für die Phase 4 im Ica-Tal, während die entsprechenden Gefäße im Nazca-Tal flacher sind (Proulx 1968, 132 Fig. 7, L. M; 133 Fig. 8, N. O).

In einem der gleichartig geformten Teller aus dem Ica-Tal sind auch jene keimenden Pflanzen in ähnlicher Weise gemalt (Proulx 1970 Pl. 16, A). Soweit aufgrund des Publikationsstandes ersichtlich, gehört dieses Thema zu den häufigsten auf Innenböden von flachen Tellern aus den Uhle-Inventaren, es kommt gleich nach den Fischen, die fast die Hälfte der Gefäße schmücken. Während auf den älteren Stücken drei oder vier Pflanzensamen dargestellt sind (ebd. Pl. 17, E; 18, A; 11, A), finden sie sich als Paar nur in der jüngsten Gruppe, offenbar unabhängig von der Gefäßform und der Größe des Bildfeldes. Nach Proulx ist die Einfügung von gekreuzten Strichen in die Zeichnung der Pflanzensamen ebenfalls typisch für die Wiedergaben des Themas in Phase 4 (Proulx 1968, 74 f.).

5.2

Aufgrund von Form- und Dekor-Kriterien kann man die
Schale dem jüngsten Abschnitt des monumentalen Stils zu-
ordnen, der Phase 4. Die Tiefe dieses „flachen Tellers" weist auf
eine Herkunft aus dem Ica-Tal hin, was auch das Fehlen von
Innenwand-Dekor nahe legt. Nach Proulx haben in dieser
Phase nur die flachen Teller aus dem Nazca-Tal senkrechten
Strichdekor auf den Innenwänden (ebd. 75).

Seler spricht die dargestellten keimenden Elemente als
tomatenähnliche Früchte an (Seler 1923, 334; siehe auch
332 Abb. 406–409), Proulx benennt sie zurückhaltend
„heart-shaped fruits" (Proulx 1968, 21), während Blasco
und Ramos mit Verweis auf ethnobotanische Untersuchungen
und die Identifizierung vergleichbarer Darstellungen in
der Moche-Kunst durch R. Larco H. diese herzförmigen
Früchte als eine bestimmte Bohnenart, den „pallares" (Pha-
seolus lunatus), identifizieren. Mit kaum einer Nutzpflanze
war man in Altperu so vertraut wie mit dem „pallar", er ist
die offenbar älteste domestizierte Pflanze dort (Towle
1961; Parsons 1970; Blasco/Ramos 1980, 51 f).

5.2 Bohnen-Miniaturgefäß

Frühe Nascakultur, L 6 cm, B 4,5 cm, Dm 3,5 cm
Leihgabe aus Privatbesitz

Das Gefäß selbst hat die Form einer überdimensionalen
Bohne. An der Wölbung der Oberseite sitzt seitlich ein

schräger Tüllenausguss, der mit der Oberseite selbst durch eine Öse verbunden ist. Eine weiße, leicht gezackt verlaufende Linie grenzt rotbraune und schwarzbraune Felder voneinander ab und kennzeichnet die Keimstelle des Samens an der Basis des Miniaturgefäßes.

Es handelt sich um ein Einzelstück, zu dem sich Vergleichsexemplare aus datiertem Kontext oder mit einer Darstellung, die eine Datierung in eine bestimmte Phase erlauben würde, nicht finden. Die einfache Gestaltung und die sorgfältige Ausführung legen jedoch nahe, dass dies Stück in der frühen Nascazeit gefertigt wurde.

5.3 Chile-Schoten-Schale

Ende der frühen Nascakultur, Phase 4, H 4,4 cm, Dm 10,8 cm
Martin von Wagner-Museum der Universität Würzburg,
Inv. Nr. 5880 Slg. Gütte

Die kugelbodige Schale trägt auf der steilen, leicht konvexen Wand einen hellgrundigen, Fries, auf dem gereihte, liegende Rechtecke mit waagrechten Streifen innen und jeweils einem seitlich ansetzenden, langen, gebogenen Stiel zu sehen sind.

Die Form ist im Material aus den Ica-Tal-Grabinventaren Uhles nicht belegt. Proulx bildet sie jedoch in nah verwandter Form aus dem Nazca-Tal als Typus seiner Phase 4 ab, überraschender Weise innerhalb der Gattung der Schalen, die er unter dem Begriff „flaring bowls" führt (Proulx 1968, 127 Fig. 2, X), obwohl der Rand hier nicht ausschwingt, sondern leicht einbiegt. Soweit aus dem publizierten Material ersichtlich, besteht offenbar auch in der Kombination von Form und Bildthema ein Unterschied zwischen Ica- und Nazca-Tal: Im Ica-Tal sind ähnliche Darstellungen immer auf „tiefen Tellern" (Proulx 1970 Pl. 7, D; 19, B; 21, B; 30, F), im Nazca-Tal bilden sie offenbar nicht nur den Dekor jener Teller-Gattung (Neudecker 1979, 158 Gefäß Nr. 29), sondern auch für Schalen, wie beispielsweise die Oberflächen-Funde Ubbelohde-Doerings vom Gräberfeld Huayurí in jenem Tal belegen (ebd. 158 Gefäße Nr. 4 und 5). Die Verbindung dieses Dekors mit den Schalen ist jedoch eher selten, wie ein Überblick auf die publizierten Exemplare verrät, so gibt es in Berlin ausschließlich tiefe Teller damit und in Madrid neben mehreren tiefen Tellern nur eine Schale (Blasco/Ramos 1980, 55 Lam. VII fig. 5a), die der Form nach in den Übergang nach oder an den Beginn des üppigen Stils einzuordnen ist. Offenbar beginnen diese Bilder auf Schalen am Ende des monumentalen Stils.

Für eine solche Einordnung spricht auch die Art der Darstellung selbst. Bereits Seler hat mit einem Übersichtsbild über den Reichtum der Variationen gezeigt, daß die verschiedensten Zeichnungen denselben Gegenstand, „Capsicum-Pfefferschoten", meinen, was uns auch die Identi-

5.3

fikation erleichtert. Eine Ordnung der Darstellungen nach ihrer relativen Zeitstellung lässt tatsächlich eine fortschreitende Abstrahierung und Schematisierung der Chile-Schoten vermuten. So sind beispielsweise die ältesten Bilder auf den Gefäßen der Grabinventare Uhles aus dem Ica-Tal sehr gegenständlich (Grab F19; Proulx 1970 Pl.30, F), während die nächstjüngeren stärker schematisiert (Grab F7; ebd. Pl. 21, B) und jene aus dem nachfolgenden Abschnitt (Grab F6; ebd. Pl. 19, B = ders. 1968 Pl. 22, b) so stark abstrahiert sind, dass eine Identifizierung ohne Kenntnis der anderen Abbildungen nicht sicher wäre.

Form- und Dekorkriterien legen nahe, die Würzburger Chile-Schoten Schale an das Ende des monumentalen Stils zu datieren und anzunehmen, dass das Gefäß aus dem Nazca-Tal stammt. Bemerkenswert ist die im Laufe der Entwicklung zunehmende Abstrahierung bei der Abbildung dieses, wohl auch angesichts seines Vitamingehaltes, wichtigen Nahrungsmittels Altamerikas.

Bei den Pflanzen- und Früchte-Darstellungen der Nasca-Vasenmalerei des monumentalen Stils ist der „agrarische Bezug" unübersehbar: Thema sind Nahrungsmittel, samentragende Früchte, Saatgut. Es überrascht nicht, dass das „gefleckte Katzenwesen" und das „menschengestaltige mythische Wesen", wohl Gottheiten der Nasca, wie noch erläutert wird, auf vielen Gefäßen mit solchen Früchten in Mund und Händen dargestellt werden.

5.4 Chile-Schoten-Schale

Frühe Nascakultur, Phase 3, H 11 cm, Dm 23,5 cm
Reiss-Engelhorn-Museen Mannheim, Inv. Nr. Am 5416

Die gerade, leicht auswärts geneigte Wandung der Schale umzieht außen ein Fries mit Feldern, in die auf dunklem Grund senkrecht gestellte Chile-Schoten eingezeichnet sind. Jeweils zwei Felder tragen gleich gefärbte Darstellungen, die Farben sind ocker, dunkelbraun, weiß und rot-

5.4

braun, jeweils oben am Stiel ist die Frucht weiß eingefasst. Die Innenseite der Schale weist einen rotbraunen geglätteten Überzug auf.

Der Chilepfeffer ist die am häufigsten dargestellte Nahrungspflanze der Nascakultur. Abgesehen von seinem hohen Vitamingehalt wird die Bedeutung dieses Nahrungsmittels erst verständlich, wenn man weiß, dass es für die Zubereitung von Fisch und Meerestieren bis heute geradezu unverzichtbar ist: diese wichtigsten proteinhaltigen Nahrungsmittel Altperus werden nämlich traditionell nicht gekocht, sondern nur für einige Stunden in Chilegewürz gelegt.

Die Gefäßform ist charakteristisch für die frühe Nascakultur. Eine Schale aus dem Inventar des von Max-Uhle geborgenen Grab Ocucaje F 7, das nach Proulx für die Phase 3 B charakteristisch ist (Proulx 1970 PL. 21, B), weist eine ähnliche Wandung und einen ebenfalls kugeligen Boden auf. Auf den Feldern jenes Gefäßes sind die Chileschoten allerdings in Seitenansicht wiedergegeben.

5.5 Maniokwurzel-Becher

Frühe Nascakultur, Phase 4, H 13,6 cm, Dm 13,5 cm
Reiss-Engelhorn-Museen Mannheim, Inv. Nr. Am 5384

Ein Fries mit sieben Feldern, die durch schmale, dunkle Striche voneinander getrennt sind, läuft außen um den mächtigen bauchigen Becher, er sitzt oberhalb des breiten rötlichen Streifens, der den Boden von der Wand abgrenzt. In die Felder sind jeweils in graubrauner, ockergetönter, weißlicher und dreimal in rotbrauner Farbe Wurzeln mit dem Ansatz der obertägigen Pflanze eingezeichnet. Zweifellos handelt es sich um Darstellungen der Maniokwurzel mit ihrer charakteristischen Endung in drei spitz zulaufende Enden.

5.5

Diese Pflanze enthält wirksame Giftstoffe, die durch Rösten, Kochen oder Dämpfen jedoch zerstört werden. Sie ist mit ihrem hohen Stärkegehalt bis heute eine der wichtigsten präspanischen Nahrungsmittel Altamerikas. Da von Wurzeln und Knollen wegen ihres hohen Feuchtigkeitsgehaltes archäologisch kaum Spuren zu fassen sind, bilden die Darstellungen der Pflanzen einen wichtigen Beleg für ihre Nutzung in den Kulturen Altamerikas.

Vergleichbare Bilder sind außerordentlich selten. Aufgrund der charakteristischen frühnascazeitlichen Form ist das Mannheimer Exemplar einer der wenigen Nachweise, dass dieses Nahrungsmittel bereits in früher Zeit eine beträchtliche Bedeutung hatte.

5.6 Bohnenschoten-Napf

Frühe Nascakultur, Phase 3, H 8,9 cm, Dm 16 cm
Reiss-Engelhorn-Museen Mannheim, Inv. Nr. Am 5418

Die leicht konkav ausladende Wand umzieht außen ein Fries, der an der Lippe und am Bodenknick von roten Bändern begrenzt wird. Auf hellem Grund sind senkrecht angeordnete, dunkle Bohnenhülsen gereiht. Rötlich braune, kurze Stiele biegen nahe der Lippe nach unten um, rotbraune, senkrechte Striche begrenzen die Bildfelder.

Die proteinreiche Bohne ist in der Nasca-Vasenmalerei nahezu so häufig dargestellt wie der Chile. Sie ist auch

5.6

heute das weitverbreiteste traditionelle Grundnahrungsmittel des Zentralandenraumes.

Meist sind auf den Nasca-Gefäßen die Bohnenhülsen so
dargestellt, dass sich die Bohnen im Inneren der Schoten
abzeichnen. Der einheitlich ausgefüllte Umriss findet sich
meist auf Gefäßen der Mittleren Nascakultur, so zum Beispiel auf dem Berliner Becher aus der Sammlung Gretzer
(Eisleb 1977, 112), dessen tiefe Form in der frühen Nascakultur undenkbar ist. Die Napfform des Mannheimer Exemplars dürfte jedoch zweifelsfrei in die Phase 3 der
Nasca-Entwicklung datieren. Der Fall belegt, dass die Darstellungen von Pflanzen in der Nasca-Ikonographie für
chronologische Zuordnungen offensichtlich wenig geeignet sind.

Überschwemmungskatastrophe in Folge des
Niño-Effekts
(Photo: Henning Bischof)   ▷

Gottheiten

Menschengestaltige und tiergestaltige mythische Wesen

Die Fruchtbarkeit der peruanischen Taloasen hat etwas Überwältigendes. Die vielfältigen Grüntöne, das überquellende Leben fallen besonders demjenigen auf, der aus der kargen Küstenwüste kommt und plötzlich über eine Hügelkette hinweg in das Fruchtland blickt.

Den Bewohnern Altperus freilich war bei diesem Anblick stets gegenwärtig, wie gefährdet dies Paradies ist, von Niño-Katastrophen, von reißenden Flüssen, von Überschwemmungen verwüstet zu werden, in deren Folge zudem Plagen hereinbrachen, die alles vernichten konnten. Dieser Ungewissheit stand ihre genaue Kenntnis des Naturraums gegenüber: das Verhalten der Tiere und Pflanzen gab ihnen Kunde von bevorstehenden Ereignissen.

Tritt die Niño-Katastrophe ein, so verschwinden Oasen und Wüsten unter dem gurgelnden braunen Wasser, ein Ereignis von existenzieller Bedrohung.

Die Nasca-Indianer aber fanden eine Beziehung zu diesen Geschehnissen, sie gingen in der bedrohlichen Übermacht der Natur nicht unter. So legten die Siedlungsgemeinschaften ihre Gräber auf Kuppen und Anhöhen an und schützten sie so vor dem Untergang in den Fluten. Viel bedeutsamer ist aber, dass die Nascakultur sich auch mit den zerstörenden Kräften der Natur auseinander setzte und sie mit den Mächten der Fruchtbarkeit in Verbindung brachte. Sie fasste beide in Bilder wie die des „menschengestaltigen mythischen Wesens".

Das „menschengestaltige mythische Wesen" – der Begriff soll von L. Dawson stammen (Proulx 1968) – bildet eines der Hauptthemen der frühen Nasca-Vasenmalerei. Seler, der in seiner Untersuchung bereits darauf hingewiesen hat, daß die Bilderfindungen in den, wie man heute weiß, älteren Darstellung auf Paracas-Textilien Entsprechungen finden (Seler 1923, 285 ff.), hat es als „Katzendämon" (ebd. 183 ff.) bezeichnet, weil die Nasca-Darstellungen von Feliden-Köpfen den en-face-Köpfen der anthropomorphen Mischwesen gleichen (ebd. 174 ff. Abb. 1–25); eine Ansicht, die vor allem auch deshalb überzeugt, weil die Mundmaske einen „Katzen-Schnurrbart" andeutet. Denn in der Vorstellungswelt der bartlosen altindianischen Bevölkerung des Andenraumes waren Barthaare ein tierhaftes Attribut, vermutlich ein Kennzeichen der Wildkatzen wie Jaguar oder Puma. Über der Stirn des Wesens ist ein Federkranz angedeutet, er ist zuweilen Teil der Stirnmaske. An den Gelenkstellen beider Masken sind mit ein paar Strichen Gesichter wiedergegeben. Unbedeckt sind fast immer die zumeist großen Augen mit Knopfpupille und – soweit

Paracas-Textil mit Mischwesen

vorhanden – die Nasen. Auf den Darstellungen von einigen der vorliegenden Gefäße ist die Zunge herausgestreckt und überquert die Mundmaske. Das Gesicht schließt nach unten mit einer Halskette ab und wird seitlich eingerahmt von Rondellen mit Zentralpunkt, die vermutlich Lockenringe darstellen. Die Hände halten zumeist einen Stab und einen menschlichen Kopf am Haarschopf.

Im Verhältnis zum Kopf ist der seitlich anschließende, ausgestreckte Körper sehr klein. Er ist in Aufsicht dargestellt und wird bedeckt von einem längs gestreiften Umhang, auf dem augenförmig ein Nabel angedeutet ist. An den Saum des Umhangs schließt ein Lendenschurz an, häufig verziert mit einer Gesichtsdarstellung. In den vorliegenden Fällen ist an der Ausrichtung der Füße nach unten zu erkennen, dass die Beine in Seitenansicht wiedergegeben sind.

Seitlich an den Kopf schließt sich oberhalb des Körpers ein bandförmiger Annex an, der den Darstellungen dieses Wesens eigene, sogenannte „Bedeutungsträger" („signifer"), von Seler „Zackenschlange" genannt. Er gleicht einem Mantel oder Umhang, schwingt sich jedoch jenseits von Körperende und Füßen nach oben, und endet in einem Menschengesicht, wobei zuweilen aus dem Mund die Zunge zwischen vorgestreckten Pranken heraushängt. Er hat ein bändergefasstes, breites Mittelfeld mit sich wiederholenden Einzelelementen. An den Rändern sitzen senkrecht zum Mittelfeld regelmäßig gereihte Stacheln, zwischen die schematische Kopf- bzw. Gesichtsdarstellungen eingefügt sind.

7.1

7.1 Napf mit dem menschengestaltigen mythischen Wesen

Frühe Nascakultur, H 10,2 cm, Dm 15,8 cm
Leihgabe aus Privatbesitz

Der steilwandige Napf mit ausladendem Rand zeigt die früheste Darstellung vom menschengestaltigen mythischen Wesen in dieser Ausstellung. Das Wesen läuft nach links. Die Augenbögen sind deutlich hervorgehoben, die weiße Stirnmaske ist noch nicht zu einem horizontalen Band geformt. Gleiches gilt für die spitzen, braunroten, innen weiß gezeichneten Ohren, die schräg nach oben stehen. Auch die Mundmaske mit Bartflocken und Schnurrhaaren ist frei geformt, die ganze Darstellung ist noch nicht in so starkem Maße in das Rechteckschema gefügt wie in den jüngeren Darstellungen der frühen Nascakultur.

Die Zeichnung zieht sich bis auf den Boden des Napfes, der waagrecht unter dem Gesicht eingezeichnete, linke Arm ist nur zu erkennen, wenn man die Unterseite ansieht,

zu 7.1

gleiches gilt für Teile des Körpers und des rechten Beines. Der über den Körper geschwungene Zackenschlangenumhang endet in einem weißlichen menschlichen Gesicht mit geschlossenen Augen. Diesem Gesicht gleichen die enface dargestellten Köpfe oben zwischen den Zacken des Umhangs. Auch die weißlichen Masken unterhalb der beiden Reihen von Lockenringen nebem dem Gesicht des Wesens sind von gleichem Typus.

Der weißliche Stock in der rechten Hand des mythischen Wesens ist oben trichterförmig, rotbraune Flecken sind auf einem Band nahe dem oberen Ende. Ob hier Blutflecken gemeint sind? Die Form des Stocks spricht allerdings gegen seine Verwendung als Knüppel.

Die Bilder auf den weiteren Gefäßen werden verdeutlichen, dass die seit Seler weitverbreitete Interpretation des menschengestaltigen mythischen Wesens als „Katzendämon", als kriegerisches Wesen (Seler 1923, 183 ff.), keineswegs zwingend ist.

7.2 Kragenrandtopf mit menschengestaltigem mythischen Wesen

Übergang von der frühen zur mittleren Nascakultur, Phase 4,
H 13 cm, Dm 13,4 cm
Martin von Wagner-Museum der Universität Würzburg,
Inv. Nr. 5856 Slg. Gütte

Auf dem gedrungen bauchigen Topf mit steilem, leicht ausladendem Kragenrand bewegt sich das menschengestaltige

7.2

7.2

mythische Wesen nach links. Die Darstellung umzieht das
Gefäß, eingefügt in einen umlaufenden Fries auf der Schulter. Die breite, dunkle Kopfdarstellung wird unterhalb des
Halskragens von einer weiteren Kette mit Schlaufengliedern
abgeschlossen. Die Zunge, durch einen Strich angedeutet,
hängt aus dem Mund heraus. Zwei katzenartig (?) vierfingerige
Fäuste halten, links vom Kopf, einen Stab und einen Menschenkopf; rechts vom Kopf schwingt sich der „Zackenschlangen-Umhang" („signifer") S-förmig über den Körper.
Im relativ breitbandig eingefassten Mittelfeld reihen sich
geometrische, längliche Elemente, wie Seler sie als Menschenköpfe mit Haarsträhnen deutet (Seler 1923, 195), sie
tragen an einem Ende Punktdreiecke, der restliche Teil ist
längs geschlitzt. Nur an der Oberseite fügen sich zwischen
langen Zacken en-face-Darstellungen menschlicher Köpfe
mit geöffneten Augen und herausgestreckter Zunge ein. Der
Appendix endet in einem Gesicht mit geschlossenen Augen, die strichförmig angedeutete Zunge schiebt sich zwischen vierfingerigen Katzen(?)- Pranken nach vorne.
    Die Form des Kugeltopfs mit Kragenrand ist erst gegen
Ende der dritten Nasca-Phase belegt. Offenbar nimmt die
Höhe und Neigung des Randes im Laufe der Zeit zu. Die
Form mit relativ engem, hohen Kragenrand ist jedoch aus
keinem der publizierten Grabinventare bekannt. In seiner
Arbeit über regionale und chronologische Merkmale in der
Nasca-Keramik bildet Proulx ein verwandtes, freilich etwas
bauchigeres Exemplar aus dem Nazca-Tal ab (Proulx 1968,
139 fig. 14, H), wo die Kragenrandtöpfe häufiger seien und
früher einsetzen sollen (ebd. 78). Proulx weist dieses Exemplar
seiner Phase 4 zu.

Aufgrund des Vergleichs mit der Formentwicklung nach Proulx wäre unser Exemplar demnach dem Endabschnitt des monumentalen Stils zuzuweisen, der die frühe Nasca-Zeit charakterisiert und läge genau vor dem Übergang zum üppigen Stil der jüngeren Nasca-Zeit. Betrachtet man die Formentwicklung der Kragenrandtöpfe nach Roark (Roark 1965 Pl. III, 22. 26. 31), so fällt auf, dass im Unterschied zur kugeligen Form der Phase 4 die Kragenrandtöpfe der nachfolgenden Phase 5 gedrungener sind, ähnlich unserem Exemplar, so dass eine eher jüngere Datierung unseres Gefäßes aufgrund der Form nahe liegt. Dazu passt jedoch keineswegs der Dekorvergleich: der S-förmig geschwungene „Zackenschlangen"-Umhang läßt eher eine Datierung vor dem Ende des monumentalen Stils als in die Übergangsphase zum üppigen Stil vermuten. Auch ergibt sich aus der Dekorbetrachtung ein Hinweis darauf, dass das Gefäß aus dem Nazca-Tal stammt. Denn auf Gefäßen aus dem Ica-Tal hält nach Proulx das anthropomorphe mythische Wesen nie den Stab in beiden Händen, während dies in der Vasenmalerei aus dem Nazca-Tal durchaus üblich ist (Proulx 1968, 55).

Der Kragenrandtopf mit der Darstellung des anthropomorphen mythischen Wesens weist eine fortschrittliche Form und einen etwas altertümlichen Dekor auf, aller Wahrscheinlichkeit nach datiert er an das Ende des monumentalen Stils, in Phase 4. Er dürfte eher aus dem Nazca- als dem Ica-Tal stammen.

7.3 Glockenförmiger Napf mit menschengestaltigem mythischen Wesen

Nascakultur, Phase 3/4, H 10,6 cm, Dm 13 cm
Martin von Wagner-Museum der Universität Würzburg,
Inv. Nr. 5869 Slg. Gütte

Auf dem kugelbodigen Napf mit S-förmiger Wandung ist innerhalb eines umlaufenden hellgrundigen Frieses das menschengestaltige mythische Wesen rechtsläufig dargestellt. Die herausgestreckte Zunge überquert die Mundmaske, sie endet in einer abgesetzten Spitze. Die Lockenring-Rondelle sind radial strichverziert.

Beide Arme strecken sich nach rechts. Sie sind in Aufsicht wiedergegeben, ebenso wie der Menschenkopf, den die beiden vierfingerigen Katzen(?)-Fäuste an zweien der Schöpfe halten, die den Kopf halbkreisförmig umgeben. Seine Augen sind geöffnet, die Pupillen exzentrisch, aus dem geöffneten Mund tritt die auch hier in einer abgesetzten Spitze endende Zunge. Der Saum des Umhangs, der den Körper bedeckt, besteht aus Gesichtern en face mit Haarschopf-Fransen. Der Lendenschurz trägt ähnlich wie der Halskragen und das Unterschlagtuch ein Gesicht.

Der „Bedeutungsträger" (signifer) oder Zackenschlan-

7.3

7.3

7.3

gen-Umhang endet in einem Gesicht mit geschlossenen Augen, die als Strich gemalte Zunge hängt zwischen vorgestreckten Pranken heraus. Er besteht aus einem bändergefassten, breiten Mittelfeld, in dem auf hellem Grund vier stockartige Gegenstände mit abgesetzter Spitze aufgereiht sind. Die Zacken parallel zum Körper finden sich nur oben, jenseits davon beidseitig, sie enden ebenfalls in abgesetzten Spitzen; die dazwischen eingefügten Gesichter sind schematisch en face dargestellt.

Im Zusammenhang mit dem gleichartig geformten Napf, der die Darstellung der gefleckten Katze im Schlangenformat trägt, wurde bereits auf Kriterien und Vergleiche für die Einordnung der glockenförmigen Näpfe eingegangen: Sie sind typisch für den jüngeren Teil der Grabinventare, die Uhle im Ica-Tal ausgegraben hat (Kroeber/Strong 1924), in der Terminologie von Proulx in den Phasen 3 C bis 4 (Proulx 1970 Pl. 5, B; 9, D; 10, F; 15, B; 22, C. D; 26, B; 29, A).

Diese Darstellung des menschengestaltigen mythischen Wesens steht indes jenen aus den Paredones-Gräbern (Roark 1965, VII, 39. 40) näher, die für Roark die Phase 5, die nachfolgende Übergangsphase zum üppigen Stil, definieren, als den Darstellungen auf den Grabfunden Uhles aus dem Ica-Tal (Proulx 1970 Pl. 6, A. B; 14, A. B; 22, C. D; 31, D. F). Denn sie ist, ähnlich jenen, sehr viel stärker in das Breitenmaß des umlaufenden Friesbandes eingepasst, während sich auf den letzteren die Darstellungen von Körper und „Bedeutungsträger" frei über den Gefäßkörper ziehen. Im Unterschied zu den Paredones-Gefäßen fehlen jedoch auf dem Würzburger Napf die an den verschiedensten Stellen angefügten Voluten: ein entscheidender Unterschied, denn diese Elemente charakterisieren den mit der Phase 5 einsetzenden üppigen Stil.

Fast alle menschengestaltigen mythischen Wesen tragen Stab und Schlinge in einer Hand seitlich vom Kopf und in der anderen einen Menschenkopf unterhalb des Kopfes. Unter den zahlreichen Abbildungen von Nasca-Gefäßen in den Museen und Sammlungen aus aller Welt ist mir nur eine Wiedergabe begegnet, die ebenso wie die beiden Würzburger Darstellungen den Menschenkopf seitlich des Gesichts in beiden Händen hält. Sie befindet sich auf einem Gefäß unbekannter Form aus der Sammlung Gaffron (Seler 1923, 203 Abb. 51). Die Ähnlichkeiten sind überraschend vor allem im Hinblick auf die Darstellungsweise des Gesichts, des Haarkranzes, der Stirn- und Mundmaske, der Haarlocken etc. Auch die Verbindung des Bildes mit den Stöcken mit abgesetzter Spitze ist vorhanden, sie treten bei dem Gaffron-Exemplar jedoch direkt aus dem Körper, dem Rumpf, den Beinen, den Füßen und dem Schamtuch hervor, der Zackenschlangen-Umhang fehlt.

Von Seler stammt die Identifikation der Stäbe mit abgesetzter Spitze als Pfeile (ebd. 201 ff.), die von der Forschung übernommen worden ist, andere Interpretationsmöglichkeiten sind bislang nicht in Betracht gezogen worden.

7.4

7.4 Kugeltöpfchen mit Tüllenausguss mit menschen-
gestaltigen mythischen Wesen

Mittlere Nascakultur, Phase 5, H 11 cm, Dm 12,5 cm
Reiss-Engelhorn-Museen Mannheim, Inv. Nr. Am 4838

Der schräge Kragenrand auf dem abgeflacht kugeligen Körper trägt – ebenso wie die Tülle auf der Schulter – außen einen geradezu metallisch wirkenden schwarzgrauen, firnis-
artigen Überzug. Bemalt sind die weißgrundige obere Gefäßhälfte und die rotgrundige Krageninnenwand. Hier laufen sechs Seevogelküken reihum. Ihre weißen Körper mit
langem Hals sind in Barbotinmalerei mit schwarzen Pünkt-
chen gezeichnet. Schwarz sind auch die Stelzbeine und
die vorgereckten langen Schnäbel. Die große Bildfläche
auf dem Gefäßkörper nehmen die Darstellungen zweier
schematisierter Köpfe bei der Ausgusstülle und zweier an-
thropomorpher mythischer Wesen ein.
    Die Gesichter dieser Wesen weisen alle Merkmale des
Typs in deutlicher Ausprägung auf. Ein Geschöpf hält offenbar sogar zwei Köpfe in seiner linken Hand unter dem
Gesicht, die rechte Hand eines der beiden Wesen hält
außer dem Grabstock einen weiteren menschlichen Kopf
am Schopf. Nur beiderseits der lang gestreckten Körperdar-
stellung mit Poncho und Schambinde zeigt sich, dass das
Wesen in einer besonderen Ausprägung dargestellt ist.
    In beiden Fällen ist der Zackenschlangenumhang flügel-
artig. Die Zacken des oberen Randes sind nur wenig aus-
geprägt, die sonst üblichen Köpfe dazwischen fehlen. Der
Zackenrand säumt ein Band von Kopfdarstellungen en face

mit geöffneten Augen, das in einer Feder endet. Unterhalb des Körpers sind zwei Gesichter mit geöffneten Augen, aus deren Mund Stengel mit Chile(?)-Früchten hervortreten.

Die Darstellung findet ein freilich weit schlichter ausgeführtes Gegenstück in der Malerei auf einer Doppelausgussflasche aus Grab 2 von Paredones, das Uhle im Nazca-Tal dokumentiert hat (Roark 1965, Pl. VII fig. 38). Dieses Grabinventar definiert den Formen- und Bildbestand der Phase 5 nach Roark. Die Doppelausgusskanne mit der Malerei hat eine gleichfalls stark abgeflachte Kugelform, hier kündigt sich schon die Kanne mit Knickwand der Phasen 6 und 7 an.

Das Bild auf dem Kugeltöpfchen stellt mit den Pflanzen, die aus den Köpfen seitlich unterhalb des Körpers hervortreten, eine unmittelbare Verbindung zwischen dem anthropomorphen mythischen Wesen und den fruchtbringenden Pflanzen her. Im Gegensatz zu Roark, der diesen Darstellungstypus den Vogelaspekt des anthropomorphen mythischen Wesens nennt (Roark 1965, 22 f.), gehört er für Wolfe zur Gruppe der sogenannten „Format"-Darstellungen, jenen Darstellungen, bei denen ein menschliches Wesen ein Tierattribut überstülpt – ein klassisches Beispiel ist das Fuchsfell auf dem Kopf eines frühnaszeitlichen menschenförmigen Gefäßes. Für Wolfe gehören Vasenmalereien wie die unsere zu den anthropomorphen Gestalten im Vogelformat und sind somit ikonologisch vom anthropomorphen mythischen Wesen unterschieden (Wolfe 1981, 19 f.).

Vermutlich unterscheidet Wolfe die Darstellungstypen zu recht. Nur gewinnen wir im vorliegenden Fall durch die Zuweisung zu einem Tierformat keine zusätzlichen Einsichten. Das Wesen mit der Maske ist mit der Fruchtbarkeit und dem Wachsen der Nahrungsmittel verbunden.

7.5 Tiefer, kugelbodiger Becher mit menschengestaltigem mythischen Wesen

Mittlere Nascakultur, Phase 5, H 24 cm, Dm 16 cm
Martin von Wagner-Museum der Universität Würzburg,
Inv. Nr. 4549 Slg. Weizinger

Auf der hellgrundigen Fläche des Frieses, der den tiefen Becher mit sich verjüngender Wandung, vertikalem Rand und Rundboden umzieht, ist das menschengestaltige mythische Wesen linksgerichtet wiedergegeben. Die Augen sind groß und rautenförmig, aus dem Mund tritt die schmale Zunge hervor und hängt vor der breiten Mundmaske herunter. Seitlich oberhalb davon ist anstelle des Lockenring-Rondells je eine menschliche en-face-Gesichtsdarstellung unterhalb von Ohren und Stirnmaske eingezeichnet. Unterhalb des Halskragens ragt der linke Arm hervor, die Hand hält einen menschlichen Kopf bei den

7.5

Haaren, aus dem drei Voluten am Gesicht hervortreten, die rechte Hand hält den Stock. Die Strichelungen zwischen den Dornen am Rand des Zackenschlangen-Umhangs leiten sich offenbar von schematisch dargestellten Köpfen im Profil her; sein breites, bändergefasstes Mittelteil durchzieht ein helles Zickzackband, in den Zwickeln deuten sich gestrichelt die Frontaldarstellungen von Gesichtern an.

zu 7.5

Die Form und die Darstellung findet in den Gräbern mit Beigaben im frühen, monumentalen Stil, wie Uhle sie im Ica-Tal ausgegraben hat, keinerlei Vergleich, jedoch sind sie in ähnlicher Form und mit nah verwandtem Dekor in den ebenfalls von ihm geborgenen beiden Paredones-Grabinventaren aus dem Nazca-Tal belegt, die Roark vorgelegt hat (Roark 1965 Pl. VII, 39; VIII, 40). Sie definieren die Phase 5, den Beginn des üppigen Stils. Charakteristisch für diese Übergangsphase sind volutenartige Haarsträhnen, die ohne konkreten Bezug irgendwo an die Darstellung angefügt werden. Insofern ist die Zuordnung dieses Exemplars in die Phase 5 gesichert.

7.6 Napf mit menschengestaltigem mythischen Wesen

Übergang von der frühen zur mittleren Nascakultur, H 9 cm, Dm 14 cm
Reiss-Engelhorn-Museen Mannheim, Inv. Nr. Am 2381

Die weißgrundige Malerei zeigt das Antlitz des „Katzendämons", eingepasst in ein Rechteckfeld. Stirn- und Mundmasken sind ebenfalls stark schematisiert wiedergegeben. Auf die Darstellung der Arme ist verzichtet, statt dessen sind in die Fläche zwischen den in Lockenscheiben gefassten Haarbüscheln unterhalb des Gesichts drei Voluten eingezeichnet. Roark hat sie in seiner Studie zum üppigen Stil „volute rays" genannt, und sie als Stilelemente des Übergangs vom monumentalen zum üppigen Stil identifiziert (Roark 1965, 38 und Plate IV).

Der Körper ist rechts vom Gesicht, zwischen den Beinen tritt ein weiteres Element des üppigen Stils hervor, eine sogenannte „hair-hank"-Volute, ein schwarzer Strich, der im späten üppigen Stil einige Bilder so dicht überzeiht, als würden Triebe von Schmarotzer-Pflanzen dargestellt.

Über dem Körper fehlt jedoch der „Zackenschlangen"-Umhang, statt seiner ragen aus dem Körper schräg nach oben fünfzehn Stäbe mit abgesetzter Spitze hervor, die Seler meinte, als Pfeile identifizieren zu können.

Auf der anderen Seite des Gesichtes treten die Hände hervor, sie packen beiderseits einen Kopf am Schopf. Eigentümlicherweise sind dessen Augen geöffnet, während quer über seinen geschlossenen Mund zwei senkrechte Striche laufen. Diese Striche werden als Dornen interpretiert, der Mund des Toten sei damit verschlossen worden. Bereits Seler hat derartige Darstellungen auf Nasca-Vasen gesehen und bemerkt, dass die Augen eines Toten, dessen Mund mit Dornen verschlossen ist, eigentlich nicht geöffnet sein können (Seler 1923, 252). Er hat aber nicht versucht, diesen Widerspruch aufzulösen. Die Stirn des Kopfes bedeckt ein Rechteck in weißlicher Farbe, von dem sich ein breites kreuzschraffiertes Band zum Gesicht des menschengestaltigen mythischen Wesens zieht. Vergleich-

7.6

bare Bänder kennen wir von Darstellungen stabtragender
Gestalten, von deren Hinterkopf jeweils ein gleichartig ver-
ziertes Band herunterhängt (Seler 1923, 241 Abb. 131).
Dieses Band ist ein verbindendes Merkmal, der Kopf in den
Händen des mythischen Wesens trägt dasselbe Element am
Kopf wie die Gestalten, die mit dem Stock unterwegs sind.
Es sollte geklärt werden, ob es einen Zusammenhang zwi-
schen Stockträgern und dem Kopf in den Händen des men-
schengestaltigen mythischen Wesens gibt.

Seit Uhle den nascazeitlichen Schädelbestattungsbe-
fund von Chaviña mit der heutigen Kopfjagd der Jivaro-In-
dianer im Amazonas-Becken in Zusammenhang brachte
(Uhle 1901), taucht die Kopfjägerthese immer wieder in
der altamerikanistischen Literatur auf. Tatsächlich hat man
verschiedene nascazeitliche Kopfbestattungen gefunden
und nachgewiesen, dass diese Köpfe vom Körper abge-
trennt und zum Teil sorgfältig präpariert worden sind. Von
diesem Befund zum Beleg für Kopfjägerei ist es jedoch ein
weiter Weg. Es ist nicht unproblematisch, die ausgestalte-
ten und überprägten Köpfe aus Gräbern einer komplexen
Gesellschaft wie jener der Nascakultur mit den Beweg-
gründen und Handlungsweisen herumschweifender Jäger-
völker zu erklären, die nahezu 2000 Jahre später in einem
völlig anderen Natur- und Geschichtsraum leben und im
Zusammenhang von Initiationsriten Köpfe zur Herstellung
von Schrumpfköpfen erbeuten. Proulx und andere sind der
Ansicht, in der Nascakultur habe es die Kopfjagd gegeben
und diese habe im Zusammenhang mit kriegerischen Aus-
einandersetzungen gestanden (zusammenfassend Proulx
1999). Sie stützen sich dabei auf einige Vasenmalereien
der späten Nascakultur, deren Interpretation durchaus
nicht eindeutig sein dürfte.

Pars-pro-toto-Darstellungen des menschengestaltigen mythischen Wesens

7.7 Kopfbecher mit verkürzter Darstellung des Zacken-umhangs

Übergang mittlere zur späten Nascakultur, H 17,5 cm,
Dm 13,6 cm
Reiss-Engelhorn-Museen Mannheim, Inv. Nr. Am 5389

Nur die Rückseite des Kopfbechers lag wohl im Boden, sie ist hervorragend erhalten, die Gesichtsseite erlitt erhebliche Erosionsspuren.

Kopfbecher wurden in mehreren Gräbern an Stelle des fehlenden Kopfes gefunden (Kroeber 1956, 357). Ganz abgesehen von den Fragen, die ein solcher Befund aufwirft, Fragen nach der Bedeutung der getrennt aufbewahrten oder bestatteten Köpfe dieser Toten, Fragen nach Trophäenköpfen, Kopfjagd und Schrumpfköpfen, verdient das Bild auf dem Kopfbecher eine genauere Betrachtung.

Ein dunkles Band mit ein paar schmalen, senkrechten, hellen Streifen umläuft die Mitte des Kopfgefäßes, offenbar stellt es den behaarten Hinterkopf dar. Darüber umzieht den gesamten Kopf ein von breiten rotbraunen Streifen eingefasstes Band, das aus aneinandergesetzten, wechselseitig nach oben und unten gerichteten Profilköpfen besteht.

7.7

7.7

Dieser Band gleicht im Darstellungsstil dem Mittelteil des
Zackenschlangen-Umhangs auf einem Gefäß auf dem
Grab 2, das Uhle in Paredones ausgegraben hat (Roark
1965 Plate VI fig. 39). Nach Roark ist dies die klassische
Darstellung des Umhangs des anthropomorphen mythi-
schen Wesens der Phase 5.

   Oberhalb dieses Bandes treten hier jedoch keineswegs
Zacken hervor, zwischen die Menschenköpfe eingefügt
sind, es schweben vielmehr Kolibris darüber, die langen
schmalen Schnäbel auf das Band mit den Kopfdarstellungen gerichtet.

   Die Verbindung ist aufschlussreich, denn Kolibris sind
auch auf einem jener Kopfgefäße abgebildet, das offenbar
als Ersatz für den entfernten Kopf eines Menschen diente.
Die Vögel verhalten sich zu den im Band dargestellten
Köpfen wie zu Blüten, von deren Seim sie leben. Dies
überrascht nicht, wenn man die Möglichkeit einbezieht,
dass die Köpfe nicht die Trophäen von Kopfjägern, sondern
vielmehr Symbole für Stecklinge, Samen oder Blüten sind.
Dann nämlich gehören Kolibris und Köpfe zusammen. Genau auf diesen Zusammenhang will das Bild auf dem Kopfbecher hinweisen.

7.8 Tiefer Becher mit Teilbild des menschengestaltigen mythischen Wesens

Mittlere Nascakultur, Phase 5, H 14 cm, Dm 8,4 cm
Martin von Wagner-Museum der Universität Würzburg,
Inv. Nr. 5864 Slg. Gütte

Die Wandung des tiefen, rundbodigen Bechers zieht leicht
ein, der steile Rand biegt etwas nach außen. Ein Fries umzieht das Gefäß, der an den Rändern dunkel eingefasst ist.
Der helle Grund wird ausgefüllt von einem breiten Band
mit Querstreifen und U-förmigen Anfügungen jeweils
rechts, an das sich oben und unten ein Zackenband anschließt. Zwischen die langen Zacken sind schematische
Profildarstellungen von menschlichen Köpfen eingefügt,
wobei sich der immer nach außen gerichtete Haarschopf
auf beiden Seiten nach rechts biegt.

Nahezu identisch kommt diese Bechervariante im zweiten der Paredones-Gräber Uhles im Nazca-Tal vor (Roark
1965 Pl. VII, 39). Auf jenem Becher ist ein menschengestaltiges mythisches Wesen wiedergegeben, dessen Zacken-

7.8

schlangen-Umhang ebenfalls lange Zacken an den Außen-
bändern hat mit, allerdings weniger schematisierten, Profildarstellungen von Köpfen dazwischen. Der Mittelstreifen
trägt auch hier an Querstreifen U-förmige Anfügungen, die
sich aufgrund des daneben gezeichneten Mundbandes als
Augendarstellungen identifizieren lassen.

Das Motiv auf dem Mittelband unseres umlaufenden
Zackenrandbandes stellt demnach offenbar menschliche
Köpfe in verkürzter Form dar. Das Bild auf unserem Gefäß
läßt sich im Hinblick auf diese Analogien als isolierter
Zackenschlangen-Umhang, als „Bedeutungsträger", identifizieren und als pars-pro-toto-Darstellung des menschengestaltigen mythischen Wesens deuten.

Diese Verkürzung der Darstellung ist jedoch nicht als
Hinweis auf eine jüngere Zeitstellung zu verstehen, denn
in dem erwähnten Grab 2 von Paredones fand sich eine
analoge Darstellung auf einem etwas breiter proportionierten
Becher, freilich weniger schematisiert. Es ist durchaus
wahrscheinlich, dass der Grad der Schematisierung der
Einzelelemente darauf hinweist, dass das Würzburger
Stück nach den Gefäßen aus den Paredones-Gräbern entstanden ist, aber im Inventar der von Roark nur typologisch
definierten Phase 6, die auf die Phase 5 der Paredones-Gräber folgt, ist die Gefäßform nicht mehr belegt.

Der tiefe Becher mit dem Zackenschlangen-Umhang ist
demnach etwas jünger als das Inventar der von Uhle im
Nazca-Tal ausgegrabenen Paredones-Gräber, gehört jedoch nach der Chronologie von Roark in dieselbe Phase 5
der Nasca-Entwicklung.

7.9 Napf mit Zackenschlangen-Umhang

Mittlere Nascakultur, Phase 5, H 6,1 cm, Dm 7,6 cm
Martin von Wagner-Museum der Universität Würzburg,
Inv. Nr. 5874 Slg. Gütte

Der Napf hat einen abgeflachten Rundboden. Die konkave
Wandung knickt leicht nach außen, biegt jedoch zum steilen Rand hin wieder um. Sie trägt außen auf einem breiten,
hellgrundigen Fries die Teildarstellung des Zackenschlangen-Umhangs. Doppelte Bänder fassen einen hellen Mittelstreifen ein, in dem dunkel gefasste Dreiecke mit als
Punktzeichnungen angedeuteten Gesichtern sind; an der
Breitseite setzt jeweils ein breiter schwarzer Strich an. Offenbar handelt es sich um schematisch wiedergegebene,
menschliche Köpfe mit Haarschopf. Während an das untere der einfassenden Bänder nur ein Band rechtwinklig
anschließt, das den Boden überquert, wachsen aus dem
oberen mächtige, stachelartige Zacken hervor, dazwischen
sind eigentümliche Wesen eingefügt. Derartige „zwischen
den Zacken der Zackenstäbe eingefügte Gegenstände" (Seler 1923, 322) bildet auch Seler mit dem Hinweis ab (ebd.

7.9

325 f. Abb. 367–372), sie seien ihm „unerklärbar" (ebd.
322). Wenige Seiten vorher zeigt Seler in derselben Arbeit
senkrecht nebeneinander gereihte Abbildungen von Vögeln (ebd. 306 fig. 289–291); die er als amerikanische
„Nachtschwalben" identifiziert (ebd. 302).

Die Wesen, die hier zwischen den Zacken eingefügt sind,
stehen umgekehrt, aber sie weisen ähnliche schwalbenartig
ausgeschnittene Schwänze auf, auch sind die Flügel wie zumeist bei den Nachtschwalben Selers nah an den Körper angelegt, vor allem jedoch sind die Schnäbel mit denselben
Haaren oder Bartfedern wie bei letzteren besetzt.

Wir können festhalten, dass auf dem umlaufenden Fries
unseres Napfes offensichtlich der „Bedeutungsträger" eines
menschengestaltigen mythischen Wesens, auch Zackenschlangen-Umhang genannt, im Ausschnitt wiedergegeben
ist. Das Mittelband füllen hintereinander gereihte, schematisch wiedergegebene menschliche Köpfe; zwischen den
Zacken sind offenbar Nachtschwalben mit den Schnäbeln
nach unten eingefügt.

Roark leitet die knickwandige Napfform, die in den
Grab-Inventaren der vorangehenden Phasen nicht belegt
ist (s. Übersicht über die „cup bowl"-Formen der Phasen 3
und 4 bei Proulx 1968 128 f. Fig. 3 und 4), vom kugelbodigen
Napf der Phase 4 ab und gibt sie als Teil des Typenspek-
trums der Phase 5 wieder (Roark 1965 Pl. I, 4–6). In den Inventaren der Paredones-Gräber, welche die Vergesellschaftungen bilden, die Roark zur Definition der Phase 5 bei-
zieht (Roark 1965, 92), ist sie freilich nicht belegt.

Abgesehen von der Gefäßform spricht für die Einordnung unseres Napfes in die Übergangsphase zum üppigen

Stil auch die pars-pro-toto-Darstellung. Solche, zumal als Ausschnitt, sind mir aus den Grabinventaren des monumentalen Stils (Phase 3 und 4) nicht bekannt.

Ähnliche Köpfe wie im Mittelstreifen unseres Napfes, freilich zumeist mit rundem Kinn und damit naturalistischer, sind – ebenfalls innerhalb eines umlaufenden Bandes gereiht – mehrfach auf Nasca-Keramik wiedergegeben (z. B. Seler 1923, 236 Abb. 118[*] = [Foto] Eisleb 1977 Abb. 68; Seler 1923, 255 Abb. 176; Blasco/Ramos 1986, 101 Número 75; 206 Número 160; 220 Número 174; 222 Número 176 etc.), unter anderem bereits auf Gefäßen der Phase 5, dem Übergang vom monumentalen zum üppigen Stil, vor allem aber auf den Bechern aus einem Cahuachi-Grab mit Beigaben im voll entwickelten üppigen Stil, die Strong unter anderem zur Definition seiner Spät-Nasca-Phase Y gedient haben (Strong 1957, 30 fig. 13, C. E) und ähnlichen Stücken in Museen und Sammlungen (Blasco/Ramos 1986, 51 Número 26; 55 Número 30).

Der Napf mit dem zeichenartig verkürzten Zackenschlangen-Umhang ist aufgrund von Vergleichen der Form und des Dekors also in die Übergangsphase vom monumentalen zum üppigen Stil bzw. an den Anfang des letzteren zu datieren.

Thematische Bezüge zu Wasser und Regen drängen sich auf angesichts der Darstellung der Nachtschwalben, und nicht nur wegen der Abbildung dieser Vögel zusammen mit Kaulquappen, auf die Seler in diesem Zusammenhang hinweist (Seler 1923 306 Abb. 293), und im Zusammenhang mit der Vegetationsgottheit. Wer je erlebt hat, wie im Gefolge einer Niño-Katastrophe Insektenplagen an der peruanischen Küste hereinbrechen, wird gewiss an die insektenfressenden Nachtschwalben denken, von denen man sich in der plötzlich erblühten Küstenwüste sehr viele wünscht.

Das menschengestaltige mythische Wesen auf Bildern des üppigen Stils

Mit dem Überblick Rowes über die aufgrund systematischer Seriation gewonnene Chronologie Dawson's (Rowe 1960) waren die Grundlagen gelegt für den Nachweis, dass die „Zackenstabdämonen" Selers nicht eine Gruppe weiterer Erscheinungen im Spektrum der Nascakultur sind, sondern eine andere Darstellungsform derselben Wesen, die im vorhergehenden monumentalen Stil mit anderen Mitteln wiedergegeben worden waren. Roark hat den Übergang bei den einzelnen Themen ausführlicher herausgearbeitet (Roark 1965). Tendenziell handelt es sich allemal um eine Reduktion auf einzelne, in dichter Wiederholung abgebildete Einzelelemente, die offenbar im Sinne von „pars pro toto" – Wiedergaben die mythischen, men-

schen- und tiergestaltigen Mischwesen in immer neuen
Ausprägungen meinen. Die Gruppe der Bilder, die das Mythische und Numinose offenbar nicht zum Gegenstand haben,
der Tiere, Pflanzen und Menschen, kommt hingegen ganz
ohne diese verkürzten zeichenartigen „Zackenstab-Ele-
mente" aus.

Seit der programmatischen Darstellung der Chronologie
geht man davon aus, dass eine schrittweise Entwicklung
vom monumentalen zum üppigen Stil führte. Die Grabfunde, anhand derer dies nach Angaben Rowes überprüft
worden ist, sind jedoch bislang nicht publiziert. Unterschiedliche Autoren, die sich auf die Dawson-Chronologie
berufen, weisen jedoch zum Teil dieselben Stücke unterschiedlichen Phasen zu: so beispielsweise Roark und
Wolfe, die beide unter Anleitung von Rowe und im Ge-
spräch mit Dawson gearbeitet und in der von Rowe her-
ausgegebenen Zeitschrift Ñawpa Pacha publiziert haben.
Eine bei Yacovleff und eine bei Seler abgebildete Darstellung des „Killerwal-Wesens" (Yacovleff 1932, Fig. 9, j; Seler 1923, Abb. 333) werden von Roark der Phase 5 zugewiesen (Roark 1965, 63; Wolfe 1981, 39 Fig. 180; 181).
Eine bei Seler abgebildete verkürzte Frontaldarstellung desselben Wesens (Seler 1923 Abb. 241) wird ebenfalls bei
Roark in die frühe Phase 5, bei Wolfe in die Phase 6 eingeordnet (Roark 1965, 63; Wolfe 1981, 40 Fig. 210). Noch
viel überraschender ist, dass zwei von Yacovleff abgebildete, der nach Roark typischen Phase 6-Version des menschengestaltigen mythischen Wesens nahestehende Darstellungen (Yacovleff 1932 Fig. 13, e. g) nicht wie bei diesem der Phase 6 zugewiesen werden (Roark 1965, 63),
sondern von Wolfe in die Phase 7 eingeordnet werden
(Wolfe 1981, 39 Fig. 183; 184). Erst eine Publikation der
Ergebnisse Dawsons einschließlich der Grabvergesell-
schaftungen könnte hier Abhilfe schaffen.

Zwei Vasenmalereien weisen allerdings auf die Möglichkeit hin, dass die beiden Stile nicht Teile eines Kultur-
kontinuums waren, sondern als bereits herausgebildete,
unterschiedliche Traditionen aufeinander trafen und sich
miteinander verbanden. Die eine ist die auf den Kopf verkürzte Wiedergabe eines menschengestaltigen mythischen
Wesens im späten monumentalen Stil der Paredones-Gräber Uhles im Nazca-Tal (Roark 1965 Abb. 38 – 40), an die,
quer dazu stehend, eine eigentümliche menschliche Gestalt mit Zackenstäben in den Händen anschließt (Seler
1923 Abb. 48). Die andere ist eine gleichartige, jedoch un-
verkürzte Wiedergabe desselben Wesens, in dessen Bedeu-
tungsträger-Umhang auf dem Mittelstreifen „Zackenstab-
wesen" eingefügt sind.

7.10

7.10 und 7.11   Zwei Doppelausgussflaschen mit Bügel, Zackenstabdämon und Gesichterkranz

Mittlere Nascakultur, Phase 6, H 15 m, Dm 14 cm und H 20 cm, Dm 20 cm
Reiss-Engelhorn-Museen Mannheim, Inv. Nr. Am 4719
Martin von Wagner-Museum der Universität Würzburg,
Inv. Nr. 5849 Slg. Gütte

Die beiden gedrungenen Doppelausgussbügelkannen mit hochsitzendem Knick und gewölbter Schulter tragen am

7.10

zu 7.10

Umbruch einen umlaufenden Fries mit gereihten weiblichen Gesichtern. Roark (1965, 27) bezeichnet die Gesichter als weiblich mit Hinweis auf fehlende Gesichtsbehaarung sowie auf Kroebers Urteil (Kroeber 1956, 341). Der Typ der modellierten Hohlfigurine von Nasca weist eine verwandte Kopfdarstellung auf (zum Beispiel Abb. Seler 1923, 263 Abb. 208, a-d). Oberhalb der Gesichter-Reihung ist beiderseits des Bügels je ein „Zackenstabdämon" (Seler) auf hellem Grund gemalt. Roark hat herausgearbeitet, daß die Darstellungen des sogenannten „Zackenstabdämons" das menschengestaltige mythische Wesen mit den Mitteln des üppigen Stils wiedergeben (Roark 1965 17 ff.). Das Gesicht des Wesens selbst tritt in den Hintergrund und löst sich auf, während die Mund- und die Stirn-Maske – letztere ist hier immer hell gezeichnet – sowie die herausgestreckte Zunge gleichsam ein Eigenleben entwickeln: die Punktgesichter an den Einzelteilen der Masken werden zu Gesichtern mit geöffneten Augen und Mündern, aus ihnen treten seitlich und am Rand Zackenstäbe hervor. Die Zunge verbreitert sich, wird gesäumt von einem Zackenband, teilt sich und endet in Gesichtern mit herausgestreckter Strichzunge und vorgestreckten Pranken. Allenthalben fügen sich an die Zackenstab-Enden Voluten mit geteiltem Ende. Roark spricht in diesem Zusammenhang von „Skalp-Locken".

Die Form der Doppelausguß-Bügelkanne, der hoch sitzende Umbruch und die gewölbte Schulter findet sich nach Roark nur im Typenspektrum der Phase 6, und zwar sowohl im Hinblick auf die Form als auch auf die Bildfeld-Verteilung (ebd. Pl. III, 32). Der zugrundeliegende chronologische Ansatz wird von Roark freilich nicht anhand von Grab-Funden oder sonstigen Vergesellschaftungen belegt, welche die der Phase 6 zugeordneten Gefäße als eigene Fundgruppe ausweisen.

Auch der Dekor findet auf jenem bei Roark abgebildeten Stück, das aus den Sammlungen Uhles im Nazca-Tal stammt (ebd. 88 und 91), eine hervorragende Entsprechung, nur bildet dort der Mittelteil der Zunge eine kreisförmige Schlaufe (Roark 1965 Pl. XIV fig. 62). Ähnliche

7.11

Malereien tragen zwei Gefäße im Nationalmuseum in
Lima, deren Umzeichnungen Yacovleff vorgelegt hat. Während in einem Fall das Wesen stärker schematisiert ist – die
Zunge tritt als Zackenstab hervor, die Mundmaske ist in Voluten und Zackenstäbe aufgelöst – (Yacovleff 1932, 149
Fig. 13, e), scheint die andere eher älter als unsere Darstellung
zu sein. Die Zöpfe und Lockenringe oder -scheiben sind
deutlich eingezeichnet, die Schlangenzunge nicht gespal-
ten (ebd. fig. 13, g). Proulx weist beide Exemplare der
Phase 6 zu (Roark 1965, 63), Wolfe hingegen ordnet sie in
die Phase 7 ein (Wolfe 1981, 39 Fig. 183; 184).

Frühe Doppelausgusskannen mit Bügel und Gesichter-
fries sind offenbar eher kugelig geformt, so beispielsweise
das mit einem menschengestaltigen mythischen Wesen im
Stil der Phase 4 bemalte Berliner Exemplar aus der Sammlung Macedo VA 4675 (Seler 1923, 194 Abb. 40), während
jüngere Ausführungen entweder immer flacher werden
(Phase 5, siehe ebd. 266 Abb. 214) und schließlich einen
sehr gedrungenen Umriss haben (Phase 7, siehe Seler
1923, 276 Abb. 233; Rowe 1985 fig. 374). Wenn sie sich
dagegen zu größerer Höhe entwickeln, bilden sie eine
Schulterwölbung heraus (Schlesier 1959, 151 Abb. 33 =
Wolfe 1981, 48 Fig. 58) und weisen dann eine deutlich
ausgeprägte Schulter auf (Phase 6, ebd. 275 Abb. 231;
Blasco/Ramos 1986, 287 Nr. 234). Am Ende wird aus dem
Bauch- ein Bodenumbruch (Phase 7, Wolfe 1981, 48
Fig. 59b) ähnlich wie bei den Chaviña-Figuralgefäßen (Lo-
throp/Mahler 1957 Pl. II, a–c). Richtet man sich nach die-

sen Entwicklungsreihen, deren Endpunkte ja immerhin feststehen, so kann man – dem Vergleich mit dem bei Roark abgebildeten Gefäß aus der Phase 6 und dessen Datierung folgend – unsere Gefäße mit ihrer leichten Schulterwölbung an den Anfang der Phase 6 einordnen.

Nur wenn man die Vorformen der Bilder auf diesen Doppelausguß-Gefäßen kennt, gewinnt man einen Einblick in diese Darstellungsart. Dann überrascht auch nicht die naheliegende Vermutung, dass die „Chinesen-Gesichter" anstelle jener Köpfe stehen, die im monumentalen Stil und in der Übergangzeit häufig den „Bedeutungsträger" oder „signifer" genannten Zackenumhang des menschengestaltigen mythischen Wesens umgaben und in dessen Hand gehalten wurden. Nichts weist hin auf einen thematischen Wandel im Umfeld dieses Wesens, auch diese Gesichter sind wahrscheinlich Symbole des Pflanzensamens, wie das dargestellte Wesen wohl auch eine Gottheit der Vegetation und Fruchtbarkeit ist. Die wuchernden Zackenstäbe und Voluten dürften demnach Feuchtigkeit, Wachstumskräfte, Regen und Wasser andeuten.

7.12   Flache Schale mit Zackenstabdämonen-Fries

Übergang mittlere zu später Nascakultur, Phase 7, H 8 cm, Dm 18 cm
Martin von Wagner-Museum der Universität Würzburg, Inv. Nr. 5873 Slg. Gütte

Die Schale mit weit ausladender Wand und leicht hochgebogener Lippe hat einen etwas kugeligen, abgesetzten Boden. Oberhalb dieses Umbruchs endet der hellgrundige Fries der Außenwand, die gesamte restliche Wand- und Bodenfläche ist durch Streifen in vier gleiche Teile mit abwechselnd hell-dunkler Farbe unterteilt. Auf dem Fries erscheinen, hintereinander gereiht, zwei menschengestaltige

7.12

mythische Wesen im üppigen Stil. Ein Blick auf die beiden
vorangegangenen Gefäße zeigt, wie die Schematisierung
hier weitergeführt, wie die Mund- und Stirnmaske jeweils
in strahlenartige Volutenkränze aufgelöst wird. In beiden
Fällen umzieht der Stirnkranz ein halbkreisförmiges Feld,
in dem eines der Elemente eingefügt ist, die Roark als
„Kaktus" interpretierte (Roark 1965 Pl. XIV fig. 64). Die
herausgestreckte Zunge bildet einen Zackenstab, der sich
zwischen die vorgestemmten Vorderpranken streckt. Die
Pranken halten jeweils einen geknickten Stiel mit einer
lilienartigen Blüte. Die Menschenfüße und -beine sind
schematisch angedeutet.

Die Gefäßform erinnert an die steileren Formen, welche
Roark als charakteristisch für die Phase 6 abbildet (ebd. Pl. I
fig. 8. 9). Verwandte Darstellungen finden sich freilich
nicht nur des öfteren auf verwandten Gefäßformen (z. B.
Blasco/Ramos 1986 Nr. 66), sondern auch auf Gefäßen,
die offenkundig der Phase 7 zugehören (Seler 1923, 276
Abb. 233; Rowe 1985 Taf. 374). In all diesen Fällen sind,
wie bei unserer Darstellung, unterhalb des Mundes und
beiderseits der Zunge die Volutenstränge nach unten aus-
gewölbt und Punkt-Strich-Gesichter eingezeichnet.

Es spricht alles dafür, dass das Gefäß aus der Phase 7
stammt, aus der letzten Phase, in der das menschengestaltige mythische Wesen so dargestellt wird, dass es aus der
nachvollziehbaren Bildtradition heraus für uns erkennbar
wird.

7.13 Doppelausgusskanne mit Zackenstabdämonen

Übergang mittlere zu später Nascakultur, Phase 7, H 20,2 cm,
Dm 18,5 cm
Reiss-Engelhorn-Museen Mannheim, Inv. Nr. Am 5375

Die abgeflacht kugelige Kanne hat eine weißgrundige Dekorfläche auf der Oberseite. Sie wird dazu umzogen von
einem ebenfalls weißgrundigen Fries mit stark abstrahierten, nach oben gerichteten Köpfen, deren dunkle Haarschöpfe nach unten hängen. Zwischen den drei Schöpfen
hängen gezeichnete rötliche Linien, desgleichen rötliche
Bänder, die sich von der Gurgel hinabziehen.

Oben sind Bilder des Zackenstabwesens in den Darstel-
lungskonventionen der Phase 7. Die Masken sind in Volutenkränze aufgelöst, die Stirnmaske zieht sich um das sogenannte Kaktussymbol. Die Hinterbeine und Füße ragen
hinter dem Volutenkranz hervor, dazwischen befindet sich
eine Volute, an die Zackenstäbe und weitere Voluten ansetzen. Die Zunge schießt aus der ebenfalls in Voluten aufge-
lösten Mundmaske vor die vorgestemmten Vorderbeine
und wird zu einem dreizackartigen Volutenrechteck. An
den Voluten und Zackenstäben setzen „hair hanks" (Roark
1965 fig. 34a) an, schwarze Striche, die sich an den Enden tei-

7.13

len und die vermutlich Pflanzentriebe darstellen (Roark spricht von Skalplocken).

Dies und andere Details zeigen, dass die symbolgeladene Bildwelt der Nasca sich nicht nur auf Schalen, sondern auch auf Doppelausgusskannen nahezu unverändert wieder findet.

7.14 Tiefer Becher mit Zackenstabdämonen und Papageien

Mittlere Nascakultur, Phase 6, H 18 cm, Dm 13 cm
Leihgabe aus Privatbesitz

Der tiefe Becher ist mit drei übereinander angeordneten, weißgrundigen Friesen verziert, das untere Sechstel ist wie der Gefäßboden einfarbig dunkel. Unterhalb eines schmalen Bandes an der Lippe umziehen stark abstrahierte liegende menschliche Köpfe mit beigeroten Federkronen den Saumfries. Ein schwarz gebändertes, violettes Band trennt sie von drei Zackenstabdämonen, die nach links das Gefäß umrunden.

Man ahnt, dass diese Gestalten letztlich das menschengestaltige mythische Wesen darstellen, allerdings mit stark veränderten Bildelementen. Die Arme sind vorwärts gestreckt, sie treten unter der rötlichen Unterlippe des geöffneten Mundes hervor, kleine schwarze Zähne sind zu erkennen, die rausgestreckte Zunge ist ein schwarzer Strich.

7.14

Eine Mundmaske fehlt im rechteckigen Gesicht, aber über
den exzentrischen Pupillen ist noch die Stirnmaske zu erkennen, aus ihr treten beiderseits eines Zackenstabes
schräg nach hinten gerichtete Volutenstäbe hervor. Der
Zackenstab tritt an die Stelle des Zackenumhangs oberhalb
des Körpers, von dem man nur die Schambinde, ein daran
anschließendes kurzes Röckchen mit Punktgesichtern und
die lang gestreckten Beine sieht. Von Vorderbeinen, Gesicht und Voluten sowie vom Zackenstab hängen die sogenannten Skalp-Locken, schwarze Striche, die sich am Ende teilen, nach hinten.

Auf dem unteren Fries eilen rote Küken mit empor gerichteten schwarzen Schnäbeln in typischer Papageienform
hintereinander her nach links. Es erstaunt immer wieder,
wie die symbolgeladenen dämonischen Wesen und die
Köpfe ihre Darstellungsformen ändern, während die gegenständlichen Tier- und Pflanzenbilder gleich bleiben.

Die Darstellung des Zackenstabdämons ist in der verkürzten Form sehr viel weniger deutbar: mit den als Skalp-
locken bezeichneten Linien könnten durchaus auch Pflanzentriebe gemeint sein, aber es fehlen Deutungshilfen. Einzig die Kombination des Wesens mit den Papageienküken,

die an tropischen Überfluss denken lassen, verhindert eine
kriegerische Deutung des Bildes.

Die Becherform datiert die Darstellung an das Ende der
mittleren Nascakultur, dazu passen auch die Darstellungs-
konventionen, denen das Bild des menschengestaltigen
mythischen Wesens hier folgt.

7.15 Becher mit Stufenmäandern und Masken

Späte Nascakultur, H 18,5 cm, Dm 9,5 cm
Reiss-Engelhorn-Museen Mannheim, Inv. Nr. Am 2382

Die Wand des schmalen, hohen, leicht kugelbodigen Bechers umzieht unterhalb der Lippe ein weißes Stufenmäan-

7.15

derband, das stehende violette von hängenden roten Treppenblockmotiven scheidet. Unterhalb eines umlaufenden, jeweils schwarz gebänderten rot-weißen Streifens ist das gesamte Gefäß von nach links laufenden Zackenstabdämonen umzogen, die sich in drei ineinander geschobenen Reihen um das Gefäß ziehen. Jeweils zwei sind hintereinander. Die kreisrunden Augen bestimmen das trapezförmigen Gesicht, Volutenkranz-Stirnmasken um Kaktus-Symbole bekrönen den Kopf, Volutenmundmasken umziehen den Mund, aus dem anstelle der Zunge Zackenstäbe hervortreten. Beiderseits der Stäbe sind schematisch Vorderfüße eingezeichnet. Hinter dem Volutenkranz über der Stirn sind drei mit den schematischen Fußdarstellungen verwandte Elemente nebeneinander eingezeichnet, die offensichtlich den Körper und angelegte Flügel darstellen, denn während an die seitlichen Elemente Lilienvoluten anschließen, sind am Mittleren Beine mit Füßen, zwischen denen wiederum eine Volute hervortritt.

Der ganze Kosmos der fliegenden Wesen umrauscht das Gefäß, und wenn auch nicht viele Pflanzentriebe, als „hair hanks" dargestellt, an den Voluten hervortreten, so sind doch in verschlüsselter Weise dieselben menschengestaltigen mythischen Wesen dargestellt, deren ursprüngliche, gegenständliche Vorformen so deutlich die inhaltlichen Bezüge zu Fruchtbarkeit der Felder, den Wasserfluten und den Kräften des Wachsens und Gedeihens erkennen lassen.

7.16 Tiefer Becher mit fliegendem Menschenkopf-Wesen

Mittlere Nascakultur, Phase 6, H 17 cm, Dm 11 cm
Martin von Wagner-Museum der Universität Würzburg,
Inv. Nr. 5863 Slg. Gütte

Um den tiefen Becher mit dem leicht ausbiegendem Rand läuft oberhalb des Hauptfrieses ein linksläufiges Stufenmäanderband, darüber ein Fries von nach rechts gerichteten menschlichen Profilköpfen mit Zackenstab-Haar, der Boden ist in vier gleiche Teile mit wechselnden Farben unterteilt. Auf dem Hauptfries ist ein menschengestaltiges Wesen dargestellt. Der Kopf mit geöffnetem Auge ist im Profil wiedergegeben, Haarsträhnen und Voluten hängen vom Hinterkopf herab. Oberhalb der Augenbraue schließt in Frontalansicht die Stirnmaske mit geöffneten Augen und Strich-Punkt-Gesichtern an. Sie setzt sich oben in der Mitte zwischen lilienblütenförmigen Voluten in Form eines Zackenstabes fort, der dann seitlich versetzt oberhalb des Körpers verläuft, von dem nur die leicht gewinkelten Beine und ein mit Gesichtern bemalter Lendenschurz (?) sichtbar sind.

7.16

Becher in dieser langschmalen Proportion, bis auf den Rand fast gerade und mit leicht einziehender Wand sind in den publizierten Gräbern der Phase 5, den Paredones-Gräbern Uhles (Roark 1965, 92), nicht vertreten und werden auch in Roarks typologischem Überblick nicht abgebildet. Verwandte Gefäße in Sammlungen und Museen weisen durchweg Bemalung im entwickelten üppigen Stil auf (s. beispielsweise: Eisleb 1977 fig. 185; 213; 215; 216; Blasco/Ramos 1980 Lam. XXIII, 5a; XLV, 2a). Es liegt daher – der Gefäßform nach – eine Datierung in die Phase 6 nahe.

Das Bildthema hat bereits Seler in zahlreichen Umzeichnungen wiedergegeben (Seler 1923 Abb. 245–250). Eine dieser Umzeichnungen führt Roark als repräsentative Darstellung der Phase 6 auf (nach Roark 1965, 63: Seler 1923 Abb. 249). Es ist dies diejenige unter den Abbildungen Selers, die der Darstellung auf dem Würzburger Becher am nächsten ist, während andere Abbildungen Selers den Vasenmalereien von Chaviña näher stehen (vergleiche Seler 1923 Abb. 245; 246 mit Lothrop/Mahler 1957 Pl. 4,

d. d‹). Ähnlich verhält es sich mit den Profilkopf-Friesen, die in Chaviña häufiger belegt sind, jedoch denen unseres Bechers weniger gleichen, als jenem, den Roark der Phase 6 zuordnet (Chaviña: Lothrop/Mahler 1957 Pl. IV, c‹; VII, c). Der laufende Stufenmäander ist selten und nur in der späten Nasca-Entwicklung belegt (s. beispielsweise Blasco/ Ramos 1980 Lam. I, 3), der monumentale Stil kennt bis in die Übergangsphase Nasca 5 ausschließlich den Stufen- mäander als Einzel- oder, kombiniert mit einem Haken- ende, als Doppel-Element (s. beispielsweise den Becherde- kor im zweiten Paredones-Grab Uhles: Roark 1965 Pl. XIII fig. 60 [sowie nicht vergesellschaftet, jedoch nach Roark zeitgleich: ebd. fig. 61]; weiterhin den Napf- und den Schalen-Dekor im Grab II Ubbelohde-Doerings von Huayuri: Neudecker 1979, 148 Grab II Nr. 6 und Nr. 5).

Form- und Dekorvergleiche machen eine Einordnung des Bechers mit dem fliegenden Zackenstab-Wesen mit Menschenkopf in den ersten Abschnitt des üppigen Stils, in die Phase 6 wahrscheinlich.

In dieser Phase tritt jene Version des menschengestalti- gen mythischen Wesens als Fruchtbarkeits- und Vegeta- tionsgottheit zum ersten Mal auf. Zweifellos ist der Zackenstab ein Äquivalent zum Zacken-Umhang oder „Bedeutungsträger" und der fliegende Körper entspricht dem menschlichen Körper, der auf den ursprünglichen Bildern ebenfalls unterhalb des Kopfes ausgestreckt wiedergege- ben ist. Ein entscheidender Unterschied liegt freilich im Gesicht, das im monumentalen Stil gleichgerichtet ist mit der Stirnmaske und stets auch eine Mundmaske trägt. Man hat deshalb seit Selers Zeiten den Kopf als „Trophäenkopf" angesprochen. Wenn wir zu recht der Ansicht sind, dass die isolierten Köpfe, die ja zumeist in Verbindung mit der Fruchtbarkeits- und Vegetationsgottheit dargestellt sind, in Verbindung mit den Pflanzensamen stehen, so tritt hier der Pflanzensamen in Gestalt des menschengestaltigen mythi- schen Wesens auf, mit seinen Fruchtbarkeit- und Leben spendenden Kräften.

7.17 Textilband mit Zackenstabmasken

L 30 cm, B 17 cm
Reiss-Engelhorn-Museen Mannheim, Inv. Nr. Am 4932

Stilisierte figürliche Darstellungen findet man auf dem rot- grundigen Kopfband. Es ist aus feinfädiger Baumwolle in Leinwandbindung gearbeitet. Die vielfarbige Broschie- rung, die die stilisierten Figuren bilden, sind braune, gelbe, blaue, grüne, rote und schwarzbraune Wollfäden. Eine Längsseite des Gewebes ist beschnitten und mit einem Wollfaden in Überwendlingstich umstochen. Die Schmal- seiten des Kopfbandes sind, sich kurz überlappend, über

7.17

eine zweireihige Nahtlinie mit Heftstichen verbunden. Der Nähfaden ist Baumwolle.

7.18 Textilband mit Zackenstabmasken

L 66 cm, B 7 cm
Reiss-Engelhorn-Museen Mannheim, Inv. Nr. Am 4531

Das mehrfarbige, an den Seiten gefranste Band besteht aus einseitig in Längsrichtung beschnittenen Baumwollstreifen. Es weist stilisierte figürliche Darstellungen auf und auf beiden Seiten angesetzte Streifen mit Rautenmusterung. Die seitlich angesetzten Flechtbänder enden in Fransen. Die braunen, blauen, roten, gelben und dunkelbraunen Wollfäden, die das Muster bilden, sind flächendeckend in die Leinwandbindung des Stoffes broschiert. Die beiden diagonal geflochtenen Enden binden zusammen ab und sind nachträglich über drei Nahtlinien in Verschlingstich mit den Stoffschmalseiten verbunden. Die gefransten Enden wurden zusätzlich noch mehrmals miteinander verdreht.

7.18

Das menschengestaltige mythische Wesen mit ausgebreiteten Flügeln

7.19 Doppelausgusskanne mit Bügel

Ende der frühen Nascakultur, Phase 4, H 17,2 cm, Dm 13,6 cm
Martin von Wagner-Museum der Universität Würzburg,
Inv. Nr. 5851 Slg. Gütte

Zwischen den beiden Ausgüssen dieser bauchig gedrungenen Bügelkanne zieht sich die Darstellung des menschengestaltigen mythischen Wesens als Vogel hindurch. Eine
einteilige Maske, an deren Kopf- und Seitenfederenden en-
face-Gesichter in Punkt-Strich-Manier angedeutet sind, bedeckt das Gesicht vollständig, vom Kopf sind nur die seitlich herabfallenden Haare mit den Lockenringen und der
Schmuckkragen darunter zu erkennen. Die beiden unten
vorgestreckten Hände des Wesens halten einen menschlichen Kopf, den die durch die Maske hindurch gestreckte
Zunge berührt. Auf der gegenüberliegenden Gefäßseite
strecken sich Felidenbeine und -pranken herab; den
Beinansatz bedeckt ein menschlicher Kopf, unter dem ein
breites, seitlich gefasstes Band mit waagrechtem Zickzack-
Dekor hervortritt. Beiderseits breiten sich Flügel über den

7.19

Gefäßbauch; eingefasst von Zackenbändern schließt an quadratische Flächen mit Punkt- und Rechteck-Dekor eine Reihe von drei Profilköpfen an, aus denen unten jeweils eine stachelförmige Feder tritt, am Ansatz jeweils bedeckt von einer halbkreisförmigen Gesichtsmaske, die in Punkt-Strich-Manier angedeutet ist.

Die kugelige Form dieser Doppelausgusskanne ist typisch für die entwickelten Stadien des monumentalen Stils, im Übergang zum üppigen Stil werden die Formen gedrungener und neigen zu einem Knick am Umbruch zum Rundboden. So ist die kugelige Form in den Grabinventaren Uhles aus dem Ica-Tal mehrfach vertreten (Proulx 1970 Pl. 10, C; 19, C; 24, E; 25, A-C; 28, C), während in einem der Paredones-Inventare im Ica-Tal die gedrungene Knickwandform gleich zweimal vorkommt (Roark 1965 Pl. VII, 38; XII, 56). Allein aufgrund der Form liegt eine Einordnung in die Nasca-Phasen 3 und 4 nahe.

Auch die Darstellung ist, freilich jeweils deutlich verschieden, auf einer dieser Doppelausgusskannen (Proulx 1970 Pl.10, C; siehe Foto und Umzeichnung (nach Seler 1923, fig. 72) in Proulx 1968 Pl. 6, a. b) sowie einem weiteren, etwas anders geformten Exemplar (Proulx 1970 Pl. 28, D), wiedergegeben. Zwar bedeckt bei keiner anderen Darstellung die Maske das gesamte Gesicht (Masken dieser Art wurden jedoch aus Gold gefertigt und sind offenbar in

7.19

zu 7.19

Nasca-Gräbern gefunden worden: s. das Exemplar im Re-
gionalmuseum Ica Inv. Nr. Wü DB-02 MRI sowie zahlreiche Stücke im Museo de Oro, Lima), abgesehen davon besteht aber unter den Stücken mit Herkunftsangabe die
größte Ähnlichkeit mit unserer Darstellung bei einem Einzelstück aus der Ica-Tal-Sammlung Uhles (Lowie-Museum
Berkeley, Inv. Nr. Wü 4851 siehe Proulx 1968 Pl. 6, c), dessen Umzeichnung ebenfalls bereits bei Seler wiedergegeben ist (Seler 1923, fig. 73). Für Proulx ist dies eine Darstellungsweise des menschengestaltigen mythischen Wesens.
Eine systematische Ordnung der vielgestaltigen Nasca-
Bildwelt verdankt die Forschung Wolfe (Wolfe W. 1981,
16 ff.) Sie hat Kompositionsprinzipien der verschiedenen
Darstellungskombinationen herausgearbeitet und spricht
von dekorativen Elementen, Schmuck und Formaten, je
nachdem, ob formale Zusätze, Ergänzungen oder Situatio-
nen gemeint sind. Im vorliegenden Fall spricht sie vom
„trophy head taster"-Format, offenbar ist folgende Situation
wiedergegeben: das menschengestaltige mythische Wesen
hält im Flug einen menschlichen Kopf in beiden Händen.
Ob hierbei, wie Wolfe offenbar meint, das mythische Wesen den Menschenkopf „kostet", beleckt, oder benetzt oder
gar ausspuckt, hängt davon ab, welche Bedeutung dieses
mythische Wesen und der menschliche Kopf in der Nascakultur haben.

7.20 Gedrungenes Kragenrandtöpfchen mit Maskenwesen

Mittlere Nascakultur, Phase 6, H 9 cm, Dm 13 cm
Martin von Wagner-Museum der Universität Würzburg,
Inv. Nr. 5857 Slg. Gütte

Das gedrungene Miniaturgefäß mit tiefsitzendem, die Darstellungsfläche begrenzenden Bauchumbruch und enger Öffnung mit Kragenrand trägt beiderseits verkürzte Darstellungen des menschengestaltigen mythischen Wesens, getrennt durch zwei übereinander gesetzte en face-Darstellungen menschlicher Köpfe.

Im üppigen Stil ist hier dasselbe Thema dargestellt, das auf dem vorangehenden Gefäß im monumentalen Stil wiedergegeben worden war, das mythische Wesen mit ausgebreiteten Flügeln. Deutlich zeichnen sich oben die Beine des fliegenden Wesens ab. Den Kopf erkennt man an den Augen. Die Stirnmaske ist verkürzt auf ein zwischen die Augen gezeichnetes Lilienblüten-Element, dessen Blütenstiel Zackenstab-Form annimmt. Zwischen den durch Zackenstäbe ersetzten, vorgestreckten Armen ist die breite Zunge aus dem Mund gestreckt. Diesen umgibt eine üppige Mundmaske, die aus menschlichen Gesichtern besteht, die von Zackenstäben und Voluten seitlich eingefasst werden. Die herausgestreckten Zungen dieser Gesichter gehen in die Zunge eines jeweils anderen Menschenkopfes über, wobei jeweils Kinn an Kinn stößt. Die äußeren Masken stehen gleichsam an der Stelle der ausgestreckten Flügel. Die Ohren der äußeren Köpfe sind schlaufenförmig dargestellt, jeweils drei Zackenstäbe bekrönen diese Gesichter.

Im Unterschied zu diesen Maskengesichtern haben die außen dargestellten menschlichen Köpfe keine Mittelpupillen, sondern exzentrische. Ihre Ohren sind hängende Schlaufen, die Stirn schließt mit einem Querband ab, über dem sich in drei Bögen nebeneinander Haarsträhnen abzeichnen. Die dunkle Haarfläche bildet seitlich und unten einen Rahmen für die Köpfe.

Aus der gedrungenen Gefäßform und der schmalen Öffnung dieses Miniaturgefäßes ergibt sich eine Mittelstellung zwischen der Kragenrand-Topfform von Roarks Phase 6 (Roark 1965 Pl. III fig. 31) und der entsprechenden Form in Chaviña (Lothrop/Mahler 1957 Pl. IV, d). Unter der publizierten Keramik ohne Herkunftsangabe steht unserem Stück ein Gefäß aus der Sammlung Ficke im Museum der Akademie der Wissenschaften von Davenport, Iowa, am nächsten (Putnam 1914 Pl. XI, 1). Der Bemalung nach, es sind verkürzte Darstellungen von „Regenzwergen", gehört jenes Stück vermutlich der Phase 5 an. Miniaturgefäße bei den Nasca sind selten, die Erfahrung lehrt auch, dass Miniaturgefäße nicht notwendig die Formen normaler großer, zeitgleicher Gefäße übernehmen.

7.20

Auch zum Dekor gibt es keine exakte Parallele. Die Merkmale der Malerei entsprechen zweifellos jenen der von Roark definierten Gruppe der „scrambled figures", die nach ihm nur in der Phase 5 belegt sind (Roark 1965, 26). Roark hat einen Zusammenhang dieses Typus mit dem menschengestaltigen mythischen Wesen im Flug freilich nicht gesehen. Nur eines der von ihm abgebildeten Beispiele (ebd. Pl. X fig. 46), bezeichnender Weise jenes, über dessen Flügel er sich wundert (ebd. Pl. X fig. 46), steht offenbar in der Tradition dieser Darstellung, während das andere vermutlich ein anderes Thema verkürzt wiedergibt (ebd. Pl. X fig. 48). Im Vergleich zur ersteren Darstellung von Proulx ist die Darstellung auf dem Würzburger Stück sehr viel weiter in Richtung auf den üppigen Stil entwickelt, an die Stelle der Früchte treten hier durchweg Voluten und Zackenstäbe. Zudem hat sich die lilienblütenför-

zu 7.20

mige Stirnmaske verselbständigt, sie wurde auch abstrahiert. Sie gleicht in auffälliger Weise dem Stirnmaskenrest eines Figuralgefäßes von Chaviña (Lothrop/Mahler 1957 fig. 4 u. Pl. II, b. b). Aus all diesen Gründen liegt eine Zuordnung in die Phase 6 nahe, zumal andere, weniger komplexe Kurzformen von Darstellungen des menschengestaltigen mythischen Wesens von Wolfe – im Gegensatz zur Einschätzung von Roark – auch in die Phase 6 datiert werden (s. die Zuordnung von Seler 1923 Abb. 241 in Roark 1965, 63; im Gegensatz hierzu Wolfe 1981 fig. 210). Die Darstellung der Köpfe auf dem Würzburger Gefäß widerspricht dem keineswegs, wie aus den gleichartigen enface-Kopf-Darstellungen hervorgeht, die Roark auch der Phase 6 zugeordnet (Seler 1923 Abb. 212; Zuordnung siehe Roark 1965, 63).

Für das Folgende soll daran erinnert werden, dass die Vasenmalereien Altperus wohl durchgehend monumentale Darstellungen auf relativ zeitgleicher Großarchitektur wiedergeben. Auseinander hervortretende Masken und seitliche Voluten haben die Archäologen seit den Arbeiten Uhles stets an den „Stabgott" der sogenannten Raimondi-Stele von Chavín de Huantar erinnert (Lavallée/Lumbreras 1986 fig. 370). Mit der Entdeckung des sehr viel höheren Alters von Chavín – zwischen den Gefäßen und der Stele liegen nahezu 1000 Jahre! – ist der formalen Verwandtschaft dieser Darstellungen keine Bedeutung mehr beigemessen worden. Inzwischen sind jedoch jenem Chavínrelief nah verwandte Bilder des „Stabgottes" aus entsprechend früher Zeit von der Südküste Perus bekannt (ebd. fig. 371), es sind Malereien auf Stoff, offenbar Wandbehänge. Wir wissen, dass dieser Bildtypus damals und bis ans Ende der Nasca vorangehenden Paracas-Kultur (Rowe 1985 Taf. 355) große Bedeutung im Süden hatte. Vermutlich gab es ihn auch als monumentales farbiges Lehmrelief auf den Fassaden und Außenwänden von chavín- oder paracaszeitlichen Heiligtümern der Südküste, wie es auch an der Zentral- und Nordküste üblich war. Es ist durchaus wahrscheinlich, dass derartige Bauten zur Zeit der Nasca noch standen und die Darstellungen sichtbar waren. Erstaunlich ist weniger die Verwandtschaft von Bildern, deren Entstehung viele Jahrhunderte auseinanderliegt, sondern vielmehr das wieder auflebende Interesse an ihnen in der Nasca-Welt des üppigen Stils. Der „Stabgott" beherrschte allerdings noch Jahrhunderte später, am Ende der Nascakultur, die sakrale Bildwelt der Tiahuanaco-Kultur und, unter deren Einfluss, auch jene der Südküsten-Täler (Lavallée/Lumbreras 1986. fig. 372).

Das Miniaturgefäß mit den Maskenwesen und den Köpfen ist ein Beleg dafür, dass eine der verschiedenen situativen Darstellungen („Formate") des menschengestaltigen mythischen Wesens in der Art und Weise des üppigen Stils weiter dargestellt wird. Vermutlich datiert diese Darstellung das Gefäß in die Phase 6. Das stilistische Argument, die Vasenmalerei könne nicht aus einer Zeit des Horror vacui

stammen, ist nicht stichhaltig, denn auch die vorange-
hende Phase 5 charakterisiert dieselbe flächendeckende
Ornamentik: Offenbar haben zu jener Zeit, als die Nascakultur ihre größte Ausbreitung erlebte, auch in ihrem Zentrum selbst verschiedene Stile nebeneinander existiert.

7.21 Textil mit mythischen Wesen

L 50 cm, B 50 cm
Leihgabe aus Privatbesitz

Das Schleiergewebe zeigt auf blaßbraunem Grund eine
vielfarbige Stickerei mit stilisierten vogelartigen menschengestaltigen Wesen. Es war aus zwei Stoffstücken
mit Schrägstichen zusammengenäht. Die Stickerei
wurde in verdeckendem Spannstich in Kettrichtung mit
gelben, braunen, blauen rosa und roten Wollfäden ausgeführt.

   Die Darstellungen gehören in die Reihe der bekannten
Bilder des menschengestaltigen mythischen Wesens mit
ausgebreiteten Schwingen. Man erkennt deutlich den
Kopf des Wesens, davor den menschlichen Kopf, die vorgestreckten Hände, die ausgebreiteten Schwingen, die
nach hinten gestreckten Beine. Überraschend allein ist
die Tatsache, dass keine der Darstellungen vollständig ist, es
ist, als ob die Stickerei des Gewebes nicht abgeschlossen,
so jedoch mit ins Grab gegeben wurde. Denn auch alle
Gewebe, die aus der Nascakultur erhalten geblieben
sind, stammen aus Gräbern, in die sie als Beigaben gelegt
wurden.

7.21

7.22

7.22 Das Knickwand-Töpfchen mit dem Zackenstab-Dämon

Nascakultur, Phase 6, H 10 cm, Dm 11 cm
Martin von Wagner-Museum der Universität Würzburg,
Inv. Nr. 5859 Slg. Gütte

Auch das kugelbodige Knickwand-Töpfchen ist ein Miniaturgefäß. Die Zackenstab-Figuren auf der breiten, hellgrundigen Darstellungsfläche stellen offenbar in verkürzter,
stark schematisierter Form wiederum das menschengestaltige mythische Wesen im Flug dar. Die Zunge erscheint
zwischen Zackenstäben. Gesicht und Mundmaske sind
nicht klar getrennt, aus den Enden der Mundmaske treten
hochgezogene Zackenstäbe. Die Stirnmaske ist deutlicher
abgesetzt, ihre Augen haben, wie das Gesicht selbst, exzentrische Pupillen; Federn bekrönen sie oben. Dort, wo
seitlich von der Stirnmaske Zackenstäbe hochziehen,
würde man Beine vermuten.
   Die Knickwand dieses Miniaturgefäßes findet unter den
normalen Formen keine überzeugende Parallele. Die Malerei kommt jedoch in verwandter Form durchaus öfter vor.
Roark ordnet eine verwandte, weniger üppig ausgestaltete
Darstellung in die Übergangsphase vom monumentalen

zum üppigen Stil, Phase 5, Wolfe datiert sie in die Phase 6
(Seler 1923 Abb. 241: Zuordnung siehe Roark 1965, 63;
E. F. Wolfe 1981 fig. 210). Näher verwandt mit der Darstellung auf dem Würzburger Töpfchen ist jene auf dem
Mittelfries des tiefen Bechers mit einziehender Wand aus
einem Grab, das Strong in Cahuachi ausgegraben hat,
wenngleich dort die herausgestreckte Zunge fehlt (Strong
1957 fig. 13, C). Dieses Grab ist repräsentativ für eine bestimmte Ausprägung der Nasca-Keramik in Phase 6.

Das Miniaturtöpfchen mit den zeichenhaft verkürzten
Darstellungen der wichtigsten Nasca-Gottheit stammt aus
der Zeit, als die Nascakultur ihrem zweiten Höhepunkt
entgegenging, der Phase ihrer größten Expansion.

Beobachtungen zu den Gefäßen mit spätnascazeitlichen Zackenstabdämonen.

Dank der eingehenden Studien Roark‹s können wir
heute nachvollziehen, dass ein großer Teil der Zackenstabdämonen der späten Nasca-Keramik in thematischer Kontinuität der monumentalen Abbildungen steht. Nichts weist
hin auf Unterschiede in der Bedeutung, Thema ist offenkundig Vegetation, Fruchtbarkeit, Wasser. Wegen der immer stärkeren Schematisierung und zunehmender Zei-
chenhaftigkeit der Bilder gelingt der Forschung der Zugang
nur dank der Kenntnis der ikonographischen Entwicklungen. Über die in der Literatur belegten Entwicklungslinien
hinaus können wir hier zeigen, dass auch das „Flugfor-
mat", die Darstellung des menschengestaltigen mythischen
Wesens im Fluge, im üppigen Stil weiterhin auftaucht. Wir
können zeigen, dass dieser Stil nicht, wie bisweilen vermutet, auf missverstandene Inhalte und schlechte Malerei reduziert werden kann, sondern dass das üppige Wuchern
bestimmter Elemente von der Bedeutung abhängt und
auch dort auftritt, wo komplizierte Darstellungen auf bloße
Zeichen verkürzt sind. Bemerkenswert ist der Bildtypus der
auseinander hervortretenden Masken mit seitlichen, bild-
füllenden Voluten, ein Schema, das vermutlich auf alten
Bauschmuck zurückgeht und Interesse an einem Thema
anzudeuten scheint, das wenige Phasen später große Veränderungen im Nascagebiet ankündigen sollte, am Thema
der „Gottheit mit den Stäben". Nur eine neue Darstellungs-
kombination der späten Nasca-Zeit ist in den Würzburger
Beständen zu erwähnen, die Verschmelzung des „Zackenstabdämons" mit dem als Menschenkopf dargestellten
Pflanzensamen oder Steckling.

7.23

Das menschengestaltige mythische Wesen stehend und mit Flügeln

7.23 Kugeltopf mit Kragenrand und Schnurösen

Nascakultur, Phase 4/5, H 20 cm, Dm 19 cm
Martin von Wagner-Museum der Universität Würzburg,
Inv. Nr. 5855 Slg. Gütte

Der kugelige Kragenrandtopf trägt auf der Schulter innerhalb des hell grundierten Bildfeldes zwei Schnurösen, die
zugleich die Malerei auf beiden Seiten begrenzen. Diese
zeigt, unschwer zu erkennen aufgrund des Kopfes – die
Strichzunge hängt übrigens heraus –, der Haltung der
Hände, jeweils mit Stock und mit am Schopfe gepacktem
Menschenkopf, das menschengestaltige mythische Wesen.
Jedoch steht oder geht der von Überhang mit „Augen-Nabel" und Lendenschurz bedeckte Körper. Auf dem Rücken
wölbt sich der zackenliniengefasste Flügel, dessen Schul-
tergelenkansatz in Form eines Gesichtes mit offenen Augen
und wiederum heraushängender Strichzunge in Frontalansicht angedeutet ist. Daran schließen sich in zwei Reihen
untereinander Federn mit Strichfortsätzen und Punktgesichtern an den Enden an.

Die Form des Kragenrandtopfes ist laut Roark gleich, jedoch ohne Schnurösen, im Formenspektrum der Phase 5 vertreten (Roark 1965 Pl. III, 26), gleiches gilt für den verwandten Topf aus dem Nazca-Tal, der laut Proulx der Phase 4 zuzuordnen ist (Proulx 1968, 139 fig. 14, H). Ein Exemplar mit Schnurösen, das einzige bekannte dieser Form aus dem Ica – Tal (ebd. 78), gehört zu einem der von Rubini dokumentierten Grabinventare und ist von Proulx derselben Phase zugeordnet, es hat jedoch einen stärker gedrungenen Gefäßkörper (ebd. 138 fig. 13, E). Einige Eigenheiten der Darstellung lassen vermuten, dass das Gefäß zu Beginn der Übergangszeit zwischen dem monumentalen und dem üppigen Stil angefertigt wurde, so die Strichvolute unterhalb des Lendenschurzes, die zusätzliche Volute unten am Kopf in der Hand des Wesens, aber auch die Rautenform der großen Augen, die so in den Uhle-Gräbern aus dem Ica-Tal nicht belegt sind, jedoch in seinen Paredones-Inventaren.

Darstellungen weiterer mythischer Wesen im üppigen Stil

Das Killerwal-Wesen

Eine der berühmtesten Darstellungen der Nascakultur ist das Bild des Fisches mit S-förmig geschwungenem Körper, gefletschten Zähnen und einer menschlichen Hand, die vorne aus der Unterseite des Tiers hervortritt: So findet er sich in der Vasenmalerei, wird in Form tiergestaltiger Gefäße wiedergegeben und ist als Scharrbild riesenhaft in die Pampa de Nazca gezeichnet. Die große Naturnähe der gegenständlichen Darstellung hat es Yacovleff ermöglicht, diesen Fisch als boto, also als Killerwal (Orca Gladiator Lac.) zu identifizieren. Der Orca ist ein außerordentlich gefährlicher Raubdelphin, der nicht nur Fische, Seehunde und sogar Wale, sondern gegebenenfalls sogar leichte Fischerboote angreift und seine Beute im sich rot färbenden Wasser zerfleischt (Yacovleff 1932). Yacovleff stützte sich hierbei auf Brehm und andere Zoologen, er zieht auch spanische Chronisten des 16. und 17. Jahrhunderts sowie Berichte zeitgenössischer Fischer vom Anfang bei. Im Grauen, das noch in den Berichten aufscheint, teilt sich auch dem modernen Leser etwas von dem Numinosen mit, das dieses Wesen für die Menschen der Nasca-Welt zum Symbol einer gewaltigen Macht werden ließ. Yacovleff hat eine Entwicklung des Darstellungstyps von gegenständlichen zu schematischen Darstellungen vermutet und die reichen Variationen in zahlreichen Umzeichnungen von Gefäßen, die sich im Nationalmuseum von Lima befinden, dargestellt (ebd. 118 f. Fig 2–3; 128 f. Fig. 6; 8; 132 Fig. 9; 137 Fig. 11; 149 Fig. 13). Bei einigen dieser Darstellungen stellen die – aufgrund der zoologischen Studien – identifi-

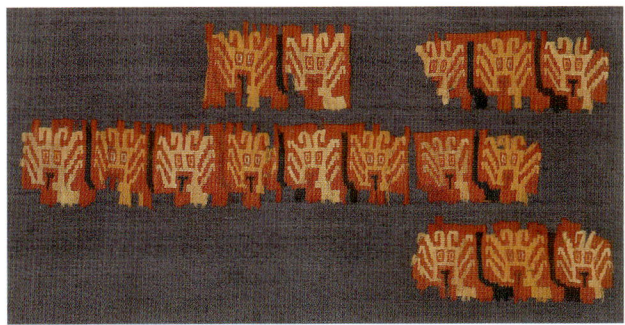

7.24

zierbaren Blutschwaden im und vor dem geöffneten Maul
ein wichtiges Attribut dar, das hilft, über Selers Analyse
hinauszugelangen, der die Darstellungen der verschiedenen Wesen unterschiedslos als „Zackenstabdämonen" en
face und im Profil zusammengefasst hatte (Seler 1923,
267 ff.), und in der schematisierten Bildwelt des üppigen
Stils das Killerwal-Wesen zu identifizieren. Seler unterscheidet auch bei den en-face-Darstellungen nicht zwischen der verkürzten Wiedergabe des menschengestaltigen
mythischen Wesens (ebd. 279 Abb. 241) und den analogen
Wiedergaben des Killerwal-Wesens (ebd. Abb. 237–240).

7.24   Sieben vielfarbig gemusterte Gewebefragmente

L 97,5 cm, B 7,5 cm
Reiss-Engelhorn-Museen Mannheim, Inv. Nr. Am 4927

Das Band ist rotviolettfarben und weist stilisierte figürliche
Darstellungen auf. Während die Kette aus Baumwolle ist,
bestehen die Schussfäden aus Tierwolle.

7.24

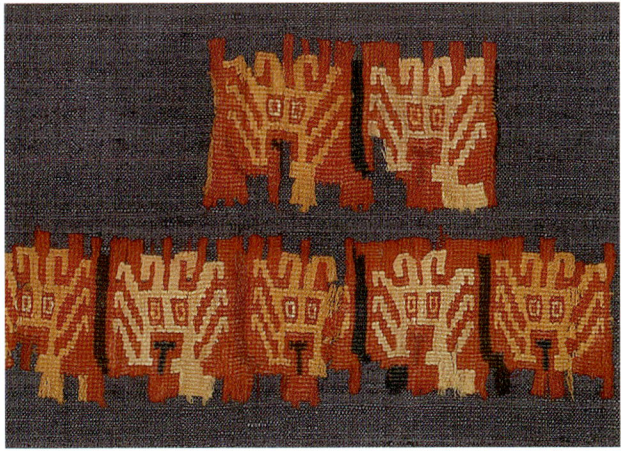

Aufgrund des Musterrapportes ist mit einer Gesamtlänge des Bandes von mindestens 160 cm zu rechnen.

Dargestellt ist eine stark abstrahierte Version der Frontal-Darstellung des Killerwals. Voluten ranken sich um den charakteristischen Rechteckkopf und das aufgerissene Maul, vor dem – in das Textil blau eingewebt – eine Blutwolke zu erkennen ist, wie sie entsteht, wenn der Killerwal eines seiner Beutetiere im Wasser zerreißt.

7.25 Becher mit Killerwal-Zackenstab-Wesen

Mittlere Nascakultur, Phase 6, H 19,5 cm, Dm 13 cm
Reiss-Engelhorn-Museen Mannheim, Inv. Nr. Am 3356

Am breiten Mittelfries des mächtigen Bechers sitzt oben ein in Felder gegliederter Stufenmäander-Streifen und unten ein Fries mit schematisch dargestellten, nach links gerichteten Köpfen, deren Haarschöpfe herunterhängen. Das Mittelfeld nimmt ein Wesen ein, dessen Mundmaske zweifellos dem Darstellungsschema des Killerwals in Frontalansicht entspricht. Sogar der Blutstrom tritt aus dem Maul

7.25

hervor. Dieses Bild sitzt jedoch unterhalb der Augen eines Zackenstabdämons, dessen Volutenkranz-Stirnmaske zum Teil sowohl den Zackenstab als auch den Körper überdeckt, von dem nur ein kleiner, von einer Art Röckchen bedeckter Teil und die langen Beine mit den quadratischen Füßen zu sehen sind.

Aufgrund von Form und Bildtypus kann man dieses Stück der Phase 6 der Nascakultur zuweisen. Es verbindet Elemente des menschengestaltigen mythischen Wesen und des Killerwals. Charakteristischer Weise ist die Darstellung des Doppelwesen im üppigen Stil ausgearbeitet, in dieser Zeit verschwimmen die vorher deutlich unterschiedenen Darstellungsarten des öfteren.

7.26 Kugeltöpfchen mit Killerwal-Zeichen

Übergang mittlere bis späte Nascakultur, Phase 6, H 7 cm, Dm 8 cm
Martin von Wagner-Museum der Universität Würzburg,
Inv. Nr. 5858 Slg. Gütte

Das kugelige Töpfchen mit ausbiegendem Rand ist ein Miniaturgefäß. Lippe und Boden sind dunkel bemalt, sonst bildet der gesamte Gefäßkörper die hellgrundige Darstellungsfläche, auf der vier in kontrastierenden Farben gemalte, verkürzte Killerwal-Wesen dargestellt sind. Der Kopf der Wesen ist en face gezeigt. Direkt unter einem Federschmuck sind die Augen mit exzentrischen Pupillen zu erkennen. Die Mundmaske besteht aus einem Querband oberhalb des Mundes, das sich beidseitig in Zackenstäbe verzweigt und in ein waagrechtes sowie ein schräg abwärts gerichtetes Band. Die beiden Bänder enden in Voluten, die unteren rahmen das weit aufgerissene Maul seitlich ein, wobei Voluten-Zackenstab-Bänder die sich dazwischen abzeichnenden Blutschwaden begrenzen. Beiderseits davon sind die Vorderpranken der Killerwal-Wesen zu erkennen.

Wie in anderen Fällen ist die Form des Miniaturgefäßes nicht sehr hilfreich bei der Datierung. Anders die Darstellung: Die Zuordnung zu den Killerwal-Darstellungen verdanken wir der Bildmaterial-Vorlage Yacovleffs. Eines der von ihm abgebildeten Killerwal-Wesen (Yacovleff 1932, 132 Fig. 9, j) unterscheidet sich von einer ganzen Gruppe anderer Umzeichnungen (ebd. Fig. 9, f-j. l) im wesentlichen nur dadurch, dass sein Kopf in Frontalansicht wiedergegeben ist, das Maul mit den Blutschwaden darunter geöffnet, so dass der Unterkiefer nicht sichtbar ist: Dieser Kopf ist nahezu identisch mit der Darstellung auf unserem Miniatur-Töpfchen.

Diese Gruppe der von Yacovleff umgezeichneten Bilder, in denen unten an den Killerwal ein menschlicher Körper angefügt ist – analog jenem des menschengestaltigen mythischen Wesens –, hat Roark der Phase 5, der Übergangspe-

7.26

riode zum üppigen Stil zugeordnet (ebd. 132 Fig. 9, f-k;
Zuweisung siehe: Roark 1965, 63), desgleichen eine en-
face-Darstellung auf einem bauchigen Gefäß aus den Uhle
Sammlungen in Berkeley (Gayton/Kroeber 1927 Pl. 5, E =
Roark 1965 Pl. IX fig. 45) und zwei gleichartige von Seler
in Umzeichnungen wiedergegebene (Seler 1923, 279
Abb. 238; 240), eine von ihnen zusammen mit dem Gefäß,
einem mit dem Würzburger Exemplar nahezu identischen
Töpfchen (ebd. Abb. 238). Das Gefäß, auf dem die von Yacovleff vorgelegte Darstellung des Killerwals in Seitenansicht, der Kopf jedoch in Frontalansicht gemalt ist, wurde
von Yacovleff in einer verkleinerten Skizze festgehalten (Yacovleff 1932, 132 Fig. 9, j links oben). Diese Skizze lässt
keinen Zweifel daran, dass es sich bei dem gedrungenem
Topf mit engem Hals aus dem Nationalmuseum Lima um
eine Gefäßform handelt, die Roark in seine Phase 6 einordnet (Roark 1965 Pl. II fig. 31) und die sich auch deutlich
von der Vorgängerform aus der Phase 5 (ebd. fig. 26) unterscheidet. Wolfe hat diese Darstellung ebenso als typisch
für die Phase 6 abgebildet (Wolfe 1981 fig. 181), demnach
steht eine Zuordnung der verkürzten en-face-Darstellung
des Killerwal-Wesens und somit auch unseres Töpfchens in
die Phase 6 offenbar nicht im Widerspruch zur Chronologie Dawsons.
    Das weißgrundige kugelige Töpfchen mit den vier zei-
chenhaft verkürzten Bildern zeigt Killerwal-Wesen. Dank

der ikonographischen Untersuchungen Yacovleffs können wir die im üppigen Stil verschlüsselte Darstellung identifizieren. Es spricht alles dafür, dass diese Darstellung nicht in die Übergangzeit vom monumentalen zum üppigen Stil, der Phase 5, sondern in die Phase 6, die Zeit des voll entwickelten jüngeren Abschnitts der Nascakultur, gehört.

Die Malerei stellt, wie Yacovleff überzeugend zeigte, den Killerwal dar, das offenbar aggressivste Raubtier, das den Nasca der südlichen peruanischen Küstenoasen bekannt war. Aus dem Gesamtüberblick über die Darstellungen wird deutlich, dass es sich hier wohl kaum um unheilabwehrende Zeichen handeln kann, denn allzu groß ist oft ihre Ähnlichkeit mit der Fruchtbarkeitsgottheit, mit ihrer Haltung und ihren Attributen (s. beispielsweise Yacovleff 1932, 132 fig. 9, f-j. l; 149 fig. 13, h-j; Seler 1923, 271 Abb. 228). Die wahrscheinlichste Erklärung ist die, dass der Killerwal zum Symbol jener Gottheit wird, um die Erfahrungen des Grauens und des Numinosen zum Ausdruck zu bringen (R. Otto 1929, 5 ff. 13 ff.).

Der Vogeldämon, auch schrecklicher Vogel genannt

In der Darstellungswelt der Vasenmalerei von Nasca nimmt der schreckliche Vogel eine bedeutende Stellung ein. Dies geht allein schon aus der Tatsache hervor, dass er auf den einzelnen Gefäßen immer die Hauptfigur ist. Seler hat ihn unter der Bezeichnung „ein anderer Vogeldämon" beschrieben und bereits sämtliche, auch stark verkürzte Versionen der Darstellung als zugehörig erkannt und einbezogen (Seler 1923, 225 ff). In neuerer Zeit hat Wolfe dem schrecklichen Vogel eine eingehende Untersuchung gewidmet (Wolfe 1981). Sie zeigt an einer Reihe von Merkmalen der Darstellung, der weißen Schnabelspitze, dem Stirnkarunkel und ähnlichem, dass dieses Vogelwesen Kennzeichen des größten Flugvogels der Anden, des Kondors, aufweist. Von den frühen Kondor-Wiedergaben der Nasca-Vasenmalerei führt jedoch keine Entwicklung zum Vogelwesen. Es tritt vielmehr als fertiger Bildtypus gegen Ende des monumentalen Stils auf. Das Vogelwesen ist stets stehend und in Seitenansicht abgebildet, aus dem leicht geöffneten Schnabel schaut fast immer ein menschlicher Kopf hervor; typisch sind die Darstellung des Flügel- und des Schwanzfeder-Ansatzes als menschliche Gesichter sowie die Form des Kopfes, ein Hufeisen, dessen gebogener Basisteil verbreitert ist und ein Rechteck bildet, in dessen Mitte sich das ovale Auge befindet. Wolfe arbeitete neben einer Darstellungsvariante, die die traditionelle Wiedergabe fortsetzt, vier weitere Varianten heraus. Sie alle datieren an den Übergang zum üppigen Stil, die Phase 5, während in der nachfolgenden Entwicklung das Vogelwesen kaum mehr belegt ist.

7.27

7.27   Schrecklicher Vogel auf Kugeltopf mit Hals

Frühe Nascakultur, Phase 4, H 16 cm, Dm 16,3 cm
Reiss-Engelhorn-Museen Mannheim, Inv. Nr. Am 3355

Der Kugeltopf mit leicht ausbiegendem Hals trägt auf einem breiten, weißgrundigen Fries zwei Darstellungen des
schrecklichen Vogels. Kopf und Körper richten sich nach
links und sind in Seitenansicht wiedergegeben. Das Auge
des Vogels ist groß, die Pupille ist klein und sitzt genau in
der Mitte. Der Kopf ist nach unten gerichtet und hält im behaarten Schnabel einen en face dargestellten menschlichen Kopf mit geschlossenen Augen. Der ovale Körper
steht auf stämmigen Beinen. Die Flügel mit eingezeichneten großen abstrahierten Köpfen in Seitenansicht erheben
sich darüber, oben begrenzt durch ein schmales Zackenband. Hinten am Vogelkörper steht ein breites Federbü-
schel ab.
     Das kugelige Gefäß mit dem ausbiegenden Hals ist cha-
rakteristisch für die vierte Phase der Nascakultur, die Darstellung freilich lässt eher eine Datierung in die Phase 5
vermuten (Wolfe 1981, 9 ff.). Der Darstellungen des
schrecklichen Vogels werden erst ab Phase 4 in nach festen
Regeln und mit ganz bestimmten Einzelheiten wiedergegeben. Der schreckliche Vogel gewinnt erst spät im Kanon
der Nasca-Vasenmalerei des monumentalen Stils an Bedeutung.

7.28 Napf mit weiterem Vogeldämon

Mittlere Nascakultur, Phase 5, H 11 cm, Dm 14,4 cm
Martin von Wagner-Museum der Universität Würzburg,
Inv. Nr. 5872 Slg. Gütte

Der Napf mit ausgeknickter Wand und hochziehendem Rand hat einen breiten, hellgrundigen, in vier Felder unterteilten Fries auf der Außenwand. In abwechselnden Paaren sind jeweils ein schrecklicher Vogel oder Vogeldämon und daneben in einem schmaleren Feld fünf übereinandergereihte Dreierfolgen von Kopf- bzw. Samen-Symbolen angeordnet. Das stark schematisierte Vogelwesen richtet in einem Fall den Schnabel, aus dem der Menschenkopf in Seitenansicht hervorschaut, auf eine Reihe kleiner Früchte an Stielen, die sich seitlich am Rand des einen Bildfeldes befindet, im anderen fehlen sie. Der Schnabel sitzt seitlich am Kopf, der bei dieser Variante statt der Hufeisen- eine Rechteck-Form annimmt und in dem sich das Auge deutlich abzeichnet. Unterhalb schließt der ebenfalls rechteckige, mit einem Gesicht versehene Körper mit den Schwanzfedern an; vorne unter dem Schnabel sind die Füße zu erkennen, hinten der gesichtsförmige Schwanzansatz und die Schwanzfedern. Fünfzehn Augen mit exzentrischer Pupille unter einem waagrechten Strich, von dem eine Haarschopf-Volute herabhängt, füllen das andere Paar von Bildfeldern.

Die Gefäßform steht in der Tradition der Näpfe des monumentalen Stils. Neu und charakteristisch für die Übergangsstufe zum üppigen Stil, der Phase 5, ist der Umbruch der Wand nach außen. Eine verwandte Form bildet Roark in seiner Gefäßtypen-Übersicht als typisch für jene Phase ab, freilich ohne entsprechende Fund-Vergesellschaftungen aufzuführen (Roark 1965 Pl. I fig. 6). Mit dem Gefäß Nr. 3 aus dem Grab II des von Ubbelohde-Doering untersuchten Gräberfeldes von Huayurí wurde inzwischen ein formverwandtes Exemplar aus geschlossenem Kontext der Phase 5 publiziert (Neudecker 1977, 148).

Die geometrisierte Version des Vogelwesens hatte bereits Seler als „abbreviierte" Darstellung des „anderen Vogeldämons" identifiziert (Seler 1923, 236 Abb. 117–118). Wolfe definiert sie als Variante 4 des schrecklichen Vogels (Wolfe 1981, 12; 52 Fig. 104–108). Sie ist der Ansicht, dass auch diese Variante allein in der Übergangszeit, in der Phase 5, vorkomme, obwohl sie selbst einen tiefen Becher abbildet, auf dessen Dekorfläche ein weiterer Fries mit schematischen en-face-Kopfdarstellungen zu erkennen ist, die in dieser Form auf eindeutiger Übergangs-Keramik, Gefäßen der Phase 5 nach Roark, nicht belegt sind.

Auch die bereits von Seler als „Trophäen-Kopf in nuce" (Seler 1923, 278) bezeichneten „Augen-mit-Schopf"-Elemente sind durchaus nicht allein von Keramik der Phase 5 bekannt (Eisleb 1977, Abb. 146; Seler 1923, 260 Abb. 203,

7.28

Abb. 201–202), sondern noch auf Gefäßen der Phase 7
geläufig (Putnam 1914 Pl. XVIII, 4; Seler 1923, 278
Abb. 235).

Während also die Zuweisung im Hinblick auf den Dekor nicht notwendig Wolfe folgen, sondern auch die Zu-
gehörigkeit zur jüngeren Phase 6 in Betracht ziehen muss,
scheint die Gefäßform aufgrund der Entsprechungen im
Grab II von Huayurí einen eindeutigen Hinweis zu geben:
Alle sieben Gefäße aus dem Grab II von Huayurí (Neudecker 1977, 148 Foto-Tabellen) reihen sich in die Tradition des monumentalen Stils dergestalt ein, dass sie alle in
der Phase 4 ihre Vorformen finden, nicht jedoch genaue
Entsprechungen. Die Darstellung auf dem mit dem Würzburger Napf verwandten Gefäß passt durchaus zu jenen
beispielsweise der Paredones-Gräber Uhles (Roark 1965,
92), welche die Phase 5 charakterisieren, während die Gefäßformen völlig unterschiedlich sind: In Paredones tiefe
Becher und Doppelausgussbügelkannen, in Huayurí
Näpfe, Schalen und eine Flasche. Der naheliegenden Annahme, das zweite Huayurí-Grab stehe am Anfang, die Paredones-Gräber am Ende der Phase 5, widerspricht die
Kombination von Form und Dekor unseres Gefäßes. Die
schematisierte Darstellung ist hier auf der traditionellen
Napfform belegt, doch keine entsprechend schematisierte
Version desselben Themas oder anderer Themen kommt
auf einer der Becherformen von Paredones vor.

Der Würzburger Napf stammt vermutlich aus der Übergangsphase 5. Die kombinierten Form- und Dekormerk-
male warnen davor, aus Wolfes Beobachtung, dass „radi-
kale", also schematisierte Darstellungen des schrecklichen
Vogels zumeist auch auf radikal neue Gefäßformen gemalt

sind, den Übergang vom monumentalen zum üppigen Stil als eine zu einfache Sache zu sehen.

Beobachtungen an den Merkmalen des Vogelwesens weisen auf den Kondor hin. Aus diesem Untersuchungsergebnis von Wolfe, weiterhin aus der Tatsache, dass der Kondor ein Aasfresser ist und daraus, dass nach dem Sinn der Kopfdarstellungen jenseits der Kopfjägerthese nicht gefragt wird, ergibt sich zwangsläufig eine Deutung des Vogelwesens als "schrecklicher Vogel", als ein Monster. Dies muss nicht unbedingt richtig sein. Denn es geht davon aus, dass das Wesen die Köpfe frisst. Indes, das muss nicht stimmen. Denn bei der Variante 3, die Wolfe für die Phase-5-Darstellungen definiert, tritt zuweilen eine Schlange mit zwei Köpfen aus dem Schnabel hervor. Wie, wenn nun die Köpfe, Pflanzensamen oder Stecklinge symbolisierend, aus dem Schnabel hervorträten die die Schlangenköpfe auch? Dies würde auch aus dem Wesen der Nasca-Welt, das mit dem gewaltigsten Vogel der Anden, dem furchterregenden Kondor, in Zusammenhang steht, eine Vegetations- und Fruchtbarkeitsgottheit machen. Kein einziges Darstellungsmerkmal steht im Widerspruch zu einer solchen Sicht auf das mythische Vogelwesen.

Zur Deutung des menschengestaltigen mythischen Wesens

Das menschengestaltige mythische Wesen ist eines der wichtigsten Bildthemen der Nascakultur. Was lässt sich über den Sinn einer solchen Darstellung, die aus einer schriftlosen Kultur kommt, sagen? Die seit Seler geläufige Deutung, es handle sich um ein kriegerisches Wesen (Seler 1923, 193), ist wohl auf die verbreitete Interpretation des Stabes als Keule und des menschlichen Kopfes als Trophäenkopf zurückzuführen (Roark 1965, 20: „War club"). In beiden Fällen sind diese Erklärungen nicht zwingend, da bislang aus der gesamten publizierten Vasenmalerei der Nasca keine Darstellung bekannt ist, aus der die Keulen-Funktion zweifelsfrei hervorginge, im Gegensatz etwa zum Speer, den wir auf der Vasenmalerei eines Nasca-Figuralgefäßes mit einer Speerschleuder dargestellt finden (Seler 1923, 248 Abb. 149a; hierzu die Zeichnung der Speerschleuder ebd. 249 Abb. 150). Bereits Seler selbst hat im Zusammenhang mit Darstellungen von Menschen mit einem Stab – ähnlich den beiden unten besprochenen Würzburger Exemplaren (siehe unten die beiden Näpfe Inv. Nr. Wü 5867 und 5868, beide Slg. Gütte) – auf die Möglichkeit hingewiesen, dass es sich statt um Keulen auch um Wander- oder Grabstöcke handeln könne (Seler 1923, 240 f. Abb. 129–132). Ähnliche Stabträger tauchen auf detailreichen Vasenmalereien auf, die zweifellos Fruchtbarkeit und Vegetationsgeschehen zum Gegenstand haben

(Seler 1923, 243 Abb. 134a. Ubbelohde-Doering 1929 Bd. II, 16 Abb. 6; Taf. III; IV. K. H. Zum „Regengott" Schlesier 1959, 175 f. Abb 87, 88, 90, 92, 93). Schlesier sieht jedoch die Bedeutungsträger, Schlangenkörper und ähnliches in Verbindung mit dem Kopf des menschengestaltigen Wesens nicht als Zeichen für die unterschiedlichen Funktionen eines und desselben Wesens, sondern im Vergleich mit ethnohistorischen Quellen aus dem Zentralandenraum und vor allem mit Mexikos Quetzalcoatl-verwandten doppelköpfigen Wolkenschlangen, als Zeichen einer Mondgottheit, einer Gottheit mit Tierfell und ähnlicher Wesen.

Die Hauptfiguren dieser Darstellungen bei den Nasca haben aber das Gesicht des menschengestaltigen mythischen Wesens auf; Wasser(?), Frösche, Kaulquappen, Nachtschwalben sowie eben jene Stockträger können von ihnen ausgehen.

Offensichtlich handelt es sich beim menschengestaltigen mythischen Wesen mit Katzenkopf, Menschenkörper und Zackenschlangen-Umhang um einen übernatürlichen Fruchtbarkeitsbringer. Dass in diesem Bedeutungszusammenhang der Menschenkopf auftaucht, muß keineswegs mit kriegerischem Verhalten zu tun haben.

Bereits in der Frühzeit des Zentralandenraumes, im Chavín- und Vor(?)-Chavín-Kontext, stellt der Menschenkopf den Samen oder auch den Pflanzensteckling dar: Letzterer hat für die Ackerbau-Kulturen Altamerikas eine große Bedeutung, da hier nicht mit dem Pflug gearbeitet wird, sondern jede Pflanze mit dem Grabstock eingepflanzt wird. Für die Frühzeit können eine Reihe neuerer Forschungsergebnisse und Dokumentationen angeführt werden, die diesen Zusammenhang nahelegen:

1. Das Katzen-Mischwesen hält einen Kopf in den Pranken, so auf einer Stele aus Kuntur Wasi, auf der umseitig eine Gestalt mit Grabstock (Carrión C. 1948, 150 Lam. XX.; Fotographien in „El Oro y Templo de Kuntur Wasi", Tokio 1992, 22 und 23) wiedergegeben ist, offenbar hat diese Stele die Aussaat zum Gegenstand, siehe Abbildung „Die sakrale Aussaat-Köpfe als Saatgut".

2. Das mythische Spinnen(?)-Wesen der Reliefs auf den Stein-Schalen und -Bechern von Limoncarro, das laut Salazar und Burger die Ankunft des Regens und der Zeit zur Aussaat ankündigt (Salazar/Burger 1982, 239), trägt mitunter in einem Netz auf dem Rücken Menschenköpfe (ebd. 223 fig. 8; 224 fig. 10).

3. H. Bischof hat aufgrund einer beträchtlichen Reihe von Beobachtungen Zusammenhänge zwischen den Reliefdarstellungen von Cerro Sechín, die zum überwiegenden Teil Menschenköpfe zeigen, und einem Fruchtbarkeitskult wahrscheinlich machen können (Bischof 1984, 373 ff.).

Zweifellos besteht in den Bildtraditionen Altperus also ein Zusammenhang zwischen Menschenkopf und Pflanzensteckling. Vermutlich ist darum der Zackenschlangen-Umhang (= Bedeutungsträger) des menschengestaltigen mythischen Wesens häufig mit Menschenköpfen besetzt, vermutlich hält er darum einen solchen in der Hand; demnach wären der Menschenkopf Symbol für den Steckling, Haar- und „Blut"-Strähnen die Wurzeln und Triebe der neuen Pflanze. Das menschengestaltige mythische Wesen ist offenbar ein Fruchtbarkeitsbringer, er wird herbeieilend dargestellt, zumeist mit dem Grabstock und dem Symbol für den Pflanzensteckling in den Händen.

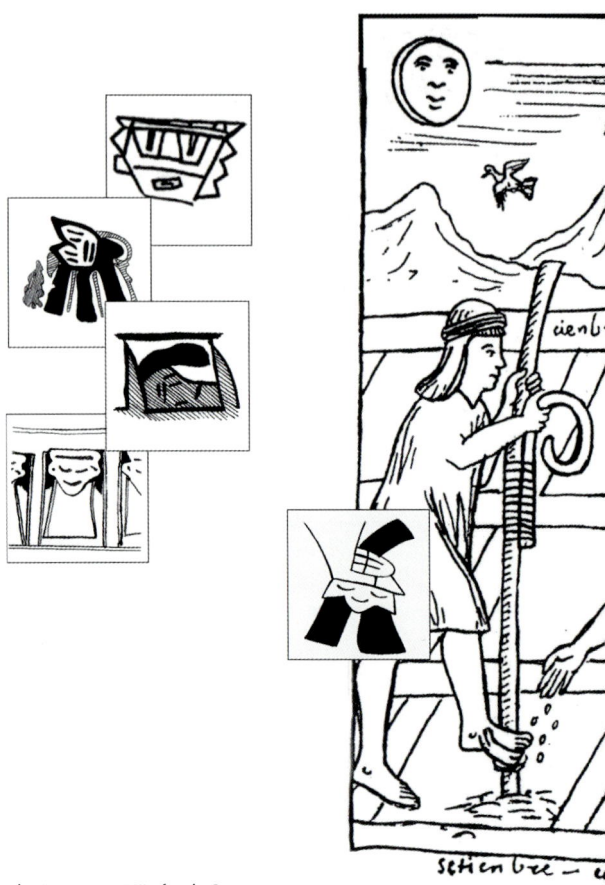

Die sakrale Aussaat – Köpfe als Saatgut

Kopfsymbolik und Fruchtbarkeitsopfer

8.1 Gaze mit Wurzeln und Köpfen bestickt

Nascakultur
Staatliches Museum für Völkerkunde, Inv. Nr. x.4

Durch das Schleiergewebe aus Baumwollfäden ziehen
sich wurzelartige Fäden, gestickt mit eingefärbter Camelidenwolle. Sie beginnen an gleichermaßen gestickten
knollenartigen Verdichtungen, in denen man bei genauerem Hinsehen Köpfe erkennt. Die Bedeutung der Zusammenstellung von Köpfen und Wurzelknollen ist hier unmittelbar ersichtlich, die Köpfe sind die Knollen, aus denen die Vegetation wächst. Diese Bilder bestätigen die
Deutung von menschlichen Köpfen als Samen oder Steck-
lingen, wie sie auch die Darstellungen auf manchen Gefäßen nahe legen.

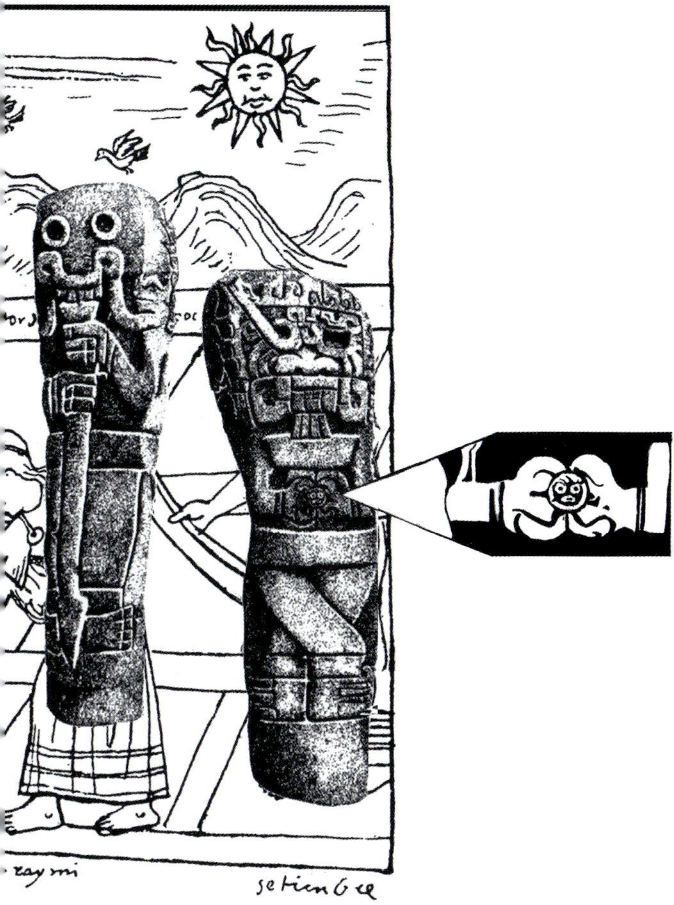

8.1

8.2   Fragmente eines Kopfbandes

L 28 cm, B 2 cm
Reiss-Engelhorn-Museen Mannheim, Inv. Nr. Am
4929

Die zwei mehrfarbig gemusterten Stoffband-
fragmente bestehen aus blaugefärbter Wolle
und sind mit stilisierten figürlichen Darstellungen geschmückt. Die broschierten Mu-
sterfäden sind ebenfalls Wollfäden, deren
Feinheit allerdings ins Auge fällt. An Farb-
nuancen sind Rot, Grün und zwei unterschiedliche Gelbtöne zu erkennen.

8.3   Napf mit Kopfbildern

Mittlere Nascakultur, Phase 5, H 10 cm, Dm
20 cm
Leihgabe aus Privatbesitz

Die tiefe Schale mit kugeligem Boden trägt
auf der konkav ausladenden Wand einen
von weißen Linien gesäumten Fries mit
sechs liegenden Köpfen in wechselnd grauer
und hellbrauner Farbe. Die Lippen sind
weiß, die Augen nach oben gerichtet. An der
Stirn ansetzend ziehen sich jeweils weiß gezeichnete, offenbar geflochtene Schnüre in
einem Bogen bis zum Hinterkopf. Sie teilen
sich in der Mitte und enden in einer buschi-
gen Knotenfolge, es scheint sich um Schleudern zu handeln. Bandschleudern sind in
der Vasenmalerei der Nasca-Indianer zuweilen
allein dargestellt (Seler 1923, 335 Abb.
423–426). Sie sind auch auf Köpfen mo-

8.2

8.3

dellierter, menschengestaltiger Gefäßkeramik wiedergegeben, besonders auf Gesichtskrügen bilden sie Teile des Kopfputzes (beispielsweise ebd. 246 Abb. 141, 142). Dort, auf typischen Gefäßen der Phase 5, sind die Schleudern in durchaus ähnlicher Weise wiedergegeben wie auf unserem Napf.

Geht man von Kopfjagd-Vorstellungen aus, ist man versucht, die Schleudern im Kopfputz als Hinweise auf den kriegerischen Charakter des Trägers zu deuten, die Kopftrophäe als Beute. Kampf- oder Jagddarstellungen der Nasca zeigen allerdings nicht die Verwendung von Bandschleudern, sondern die von Speerschleudern. Man könnte die Bandschleudern auch mit den Trageseilen in Verbindung bringen, die man bei nascazeitlichen Kopfbestattungen gefunden hat: Durch einen Knoten im Inneren befestigte man das durch ein Loch in der Stirn geführte Seil. Bezeichnenderweise handelte es sich aber bei keiner der gefundenen Schnüre um Schleudern.

Es wird immer deutlicher, dass die Darstellungen der Köpfe auf dem Gefäß keineswegs nur als Trophäenköpfe interpretiert werden können. Die Tatsache, dass bei den Nasca Köpfe gestaltet, geschmückt und separat bestattet wurden, muss keineswegs ein Hinweis sein auf kriegerische Handlungen oder gar Kopfjagd.

Der Form nach ist die Schale der Phase 5 zuzuweisen, in den vorangehenden Phasen sind die Schalen flacher und gradwandiger. Die Köpfe sind aus darstellungstypologischen Gründen der gleichen Entwicklungsphase der Nascakultur zuzuordnen.

8.4 Zwei Näpfe mit Kopffries

Mittlere Nascakultur, Phase 5, H 9 cm, Dm 14 cm
Leihgaben aus Privatbesitz

In der altandinen Tradition sind Paare von Gefäßen charakteristische Grabbeigaben. Auch diese Zwillingsgefäße waren wohl Teil eines Grabinventars. Innen tragen sie einen blutroten Überzug, außen umzieht die hohe Wand ein mit schwarzen Linien eingefasster weißgrundiger Fries mit jeweils sieben senkrechten, nach links schauenden Profilköpfen in unterschiedlicher Färbung. Es folgen einander jeweils zweimal beigefarben, dunkelrot und orangerot gemalte Köpfe sowie ein einziger grau gefärbter. Eine rechteckige Kopfbedeckung ist in jeweils kontrastierender Farbe gehalten. Die halbkreisförmigen Augen sind geöffnet, oben mitten in der geraden Oberkante ist die Pupille exzentrisch eingezeichnet. Vom Hinterkopf hängt jeweils unterhalb des Ohres, parallel zum gerundeten Umriss des Unterkiefers, ein gebogener, dunkler Schopf nach unten.

Die aus dem rundlichen Boden sich schräg öffnende Kumpfform mit ausschwingendem Rand ist charakteristisch

8.4

für die mittlere Nascakultur. Die nächste Entsprechung findet sich in den nach Roark für Phase 5 charakteristischen „bowl"-Formen (Roark 1965 Pl. I, 4).

8.5   Kugeltopf mit abstrahierten Kopfbildern

Späte Nascakultur, Phase 7, H 14,5 cm, Dm 20,5 cm
Reiss-Engelhorn-Museen Mannheim, Inv. Nr. Am 5380

Auf der Oberseite des beige-kürbisfarbenen abgeflachten Kugeltopfes ist oberhalb des maximalen Durchmessers ein umlaufendes schwarzes Band eingezeichnet, das das weißgrundige Dekorfeld begrenzt. Einem Wirbelmotiv ähnlich umziehen vier linksgerichtete, liegende Köpfe den außen

8.5

8.6

schwarz bemalten Rand. Es sind stark schematisierte Bilder: vom Hinterkopf ziehen sich nach außen breiter werdende Haarschöpfe nach außen, unterhalb der Gesichter, zwischen den Haarschöpfen, sind rote Flecken von unregelmäßig trapezförmigem Umriss wiedergegeben. Feine rote Linien umgeben die einzelnen Haarschöpfe.

Die Form des gedrungenen Kugeltopfes mit dem schmalen, leicht ausladendem Hals ist charakteristisch für die späten Nascaphasen. Die Zeichnung ist keineswegs sorgfältig ausgeführt. Sie gibt die blutenden Köpfe in dem gleichsam exstatischen Zeichenstil wieder, der die späte Nascakultur kennzeichnet.

8.6 Roter Becher mit Kopffriesen

Späte Nascakultur, Phase 7, H 20 cm, B 11 cm
Reiss-Engelhorn-Museen Mannheim, Inv. Nr. Am 5390

Auf der Außenseite des steilwandigen hohen Bechers sind an Rand und Boden hellgrundige umlaufende Friese mit menschlichen Profilköpfen wiedergegeben. Das breite Mittelfeld ist hellrot, schräge Doppelstriche vermitteln den

Eindruck einer leichten Drehung der zylindrischen Gefäßform. Der untere Fries zeigt senkrechte Köpfe mit geöffneten Augen, von denen vier Haarschöpfe herunterhängen,
rote geschlängelte Linien trennen die einzelnen Kopfbilder.
Der Fries unter dem leicht nach außen geneigten Ge-
fäßrand ist sehr viel schematischer wiedergegeben, an die
Köpfe schließen hinten rote Rechtecke mit Punktkreisein-
zeichnung an.

Gefäßform und Zeichenstil sind charakteristisch für die
spätnascazeitlichen Phasen 7 und 8.

Zum kulturgeschichtlichen Kontext der Kopfdarstellun-
gen in der Nascakultur

Nasca 5 ist die Phase, in der Kopfdarstellungen in der Vasenmalerei erheblich zunehmen. Proulx hat die vermehrte
Häufigkeit dieser Bilder in Zusammenhang gebracht mit
archäologischen Befunden, die auf Klimaveränderungen,
insbesondere Dürren an der peruanischen Südküste, hin-
deuten (Proulx 1999, 80). Daraus schließt Proulx auf verstärkte kriegerische Aktivitäten.

Stellt man die Frage nach der Deutung der Zunahme
von Kopfdarstellungen in der Phase 5, dem Beginn der
mittleren Phase der Nascakultur, in einen kulturgeschichtlichen Gesamtzusammenhang, so ergibt sich ein ganz anderes Bild: Die Nasca reagierten auf die ökologische Krise in
der Zeit der Phase 5 mit einer der bedeutendsten Infra-
struktur-Leistungen der Neuen Welt, nämlich mit der Anlage der sogenannten Puquios, der kilometerlangen unterirdischen Kanäle in den Nazca-Tälern. Die Puquios sind
eine Antwort auf die Dürrekrise. Die archäologischen Untersuchungen von Schreiber und Lancho Rojas über diese
Anlagen, besonders über das Verhältnis von Puquio-be-
wässerten Flächen und Besiedlungsstruktur in den Nazca-
Tälern, ergaben, dass in der Phase 5 von einer ersten Nutzung ausgegangen werden kann (Schreiber und Lancho
Rojas 1995, 250 f.). Die Beobachtungen weisen weiter darauf hin, dass die unterirdischen Kanäle in einer Zeit großer
Trockenheit angelegt worden sind. Dies ganze kulturgeschichtliche Bild passt nicht zu einer krisengeschüttelten
Kopfjägergesellschaft, sondern zu einer Gemeinschaft, deren geistiger Zusammenhalt gewährleistet war. Dazu
gehört ganz offensichtlich die Bereitschaft der Menschen,
für das Überleben ihrer Oasenkultur Opfer zu bringen. Der
bildliche Symbolkontext deutet darauf hin, dass diese Bereitschaft sogar Menschenopfer einschloss.

Die Kopfdarstellungen stehen also in einem doppelten
Zusammenhang. Sie entstammen einer Bildtradition, in der
menschliche Köpfe den Samen oder den Steckling darstel-
len, der Kopf wird so zum Symbol für die Fruchtbarkeit der
Felder. Betrachten wir die Köpfe mit den geschlossenen
Augen, so kommt eine Ahnung davon auf, wie in einer uns

fremden Symbolsprache ein Sinnzusammenhang zur Darstellung kommt, der in der vorderorientalisch-mediterranen Tradition Europas mit dem Wort vom Samenkorn, das sterben muss, um Frucht zu bringen, ausgesprochen ist. Die Kopfdarstellungen von Nasca stehen im Kontext eines Opferrituals für die Fruchtbarkeit in einem Sinne, der weit hinausgeht über das bloße Wachsen und Gedeihen der Nahrungspflanzen.

Das Opfer als Ursprung

8.7 Ritualmesser

Früheste Nascakultur
L 36 cm, B 9 cm
Leihgabe aus Privatbesitz

Oberhalb des Mittelgriffs ist der Kiefer eines Zahnwals – möglicherweise eines Killerwals – mit Hilfe von organischem Material angefügt. Unten ist – ebenfalls mit Gewebe

8.7

und harzigem Material – ein halbkreisförmig bis dreiecki-
ges, breites, mittels Oberflächenretuschierung zugeschla-
genes Obsidianmesser an den Griff geschäftet.

Die Form des Geräts entspricht der charakteristischen
quergestielten (Wiege-) Messerform des Zentralandenraumes, den man bis zur Conquistazeit hier verwendete. Die
Inkas nannten die Form „Tumi". Der Griff in der Mitte ist
mit harzgetränkten Schnüren umwickelt, eine Schnur zum
Tragen des Ritualgeräts ist um den Griff gewunden.

In dem mit harzigem organischen Material ausgefüllten
Gaumen des Kiefers ist eine Zeichnung. In pastoser Bemalung in verschiedenen Rottönen sowie dunkelbrauner, beigefarbener und schwarzer Farbe ist das menschengestaltige
mythische Wesen wiedergegeben, im Flug zum Messerende
hin herabstürzend. Die vorgestreckten Hände halten einen
menschlichen Kopf an zwei Schöpfen. Die Augen starren
auf den Betrachter, die filigrane Barthaarmaske rahmt den
Mund. Hinter dem Kopf zeichnen sich seitlich die Beine
und in der Mitte ein fächerförmiges Element ab, das einen
Teil des Gewandes oder einen Vogelschwanz darstellt. Die
Gottheit bringt den Kopf, den Samen, aus dem sich Leben
und Nahrung entwickeln, herab zu den Bewohnern der
Nasca-Oasen, die mit dem Tumi ihr Ritual vollziehen.

Es handelt sich hier um das einzige, eindeutig identifi-
zierbare Ritualmesser von der peruanischen Südküste aus
einer Zeit, als derartige Geräte noch nicht aus Kupfer und
Gold gefertigt worden sind. Disselhoff hat es in den siebziger
Jahren erstmalig publiziert (Disselhoff 1974, Abb. S. 277):
Er berichtet, das Messer sei in blutige Lappen gewickelt am
Rande des Rio Grande de Nazca gefunden worden.

Abstrakte Zeichen

8.8   Gewebe mit abstrakten Ornamenten

Nascakultur, L 119 cm, B 28 cm
Leihgabe aus Privatbesitz

Erst als fertiggewebter Stoff wurde das Baumwollgewebe
schwarzblau gefärbt. An einem Gewebestück ist eine vielfarbige, geometrisch gemusterte Borte mit Fransen zu erkennen. Mit dem Baumwollstoff in Leinwandbindung war
die Borte in Maschenstoff- bzw. Nadelbindungstechnik
mit Überwendlingstichen verbunden. Sie war aus braunen, blauen, violetten, roten, gelben, grünen und
schwarzbraunen Wollfäden in Verschlingstichtechnik gearbeitet. Zusätzlich war die Borte unten mit weiteren Fäden stabilisiert, darüber hinaus wurden Fransen einge-
hängt. Sie waren aus denselben bunten Wollfäden wie die
Borte gebildet.

8.8

8.8 Detail

In den ineinander gefügten Rechtecken des Textils finden sich die gleichen abstrakten Verzierungselemente, die auch die Keramik der Nasca-Indianer zieren.

8.9 Napfbecher mit Fischgrätornamenten

Frühe Nascakultur, Phase 4/5, H 5 cm, Dm 10 cm
Reiss-Engelhorn-Museen Mannheim, Inv. Nr. Am 5404

8.9

8.10

Die gesamte Außenwand des napfartigen Bechers ist mit
weißgrundiger, schwarz gemalter Ornamentik bedeckt.
Drei Friese, durch doppelte waagrechte Linien getrennt,
enthalten gegeneinander gesetzte Fischgrätornamente.

    Der Form nach datiert das Gefäß mit seiner steil aufstei-
genden, dann nach außen biegenden Wand in die Übergangszeit von der frühen zur mittleren Nascakultur.

8.10   Napf mit konzentrischen Rechteckfeldern

Frühe Nascakultur, Phase 4, H 11 cm, Dm 15 cm
Martin von Wagner-Museum der Universität Würzburg,
Inv. Nr. 5870 Slg. Gütte

Der Napf mit Kugelboden und leicht S-förmig geschwungener Wand trägt außen einen breiten, dunkel eingefassten, umlaufenden Fries. Ihn füllen nur durch eine durch-
gehende Linie getrennte Rechtecke, in denen jeweils ein
senkrechter Strich von konzentrischen Rechtecken sieben-
fach eingerahmt wird.

    Der durchgehend ausladende Umriss, die tiefe Kugel-
form des Bodens und der absatzlose, sanft gerundete Übergang zwischen Boden und Wand findet sich in den publizierten Beständen genau gleich nur an einem Stück aus der
jüngsten Gruppe der Grabinventare Uhles aus dem Ica-Tal
(Proulx 1970 Pl. 31, D), verwandt auf Lesefunden Uhles
aus dem Nazca-Tal. Letztere datiert Proulx ebenfalls an das
Ende des monumentalen Stils, in die Phasen 3, Abschnitt D
und 4 (Proulx 1968, 129 Fig. 4, E. L).

    Gleichartiger geometrischer Dekor ist auch auf Gefäßen
aus älteren Abschnitten des monumentalen Stils belegt,
so auf einer Schale aus einem der ältesten Grabinventare
Uhles aus dem Ica-Tal (Grabinventar F4: Proulx 1970 Pl.
18, C); die Rechtecke liegen dort, in Anpassung an die stär-

8.11

ker horizontal betonte Form. Aber die unterschiedliche Ausrichtung ist kein Hinweis auf die zeitliche Stellung, denn auf einem vermutlich ebenfalls früh datierenden, breiten Napf mit relativ flachem Boden und S-förmig geschwungener Wand aus der Sammlung Buck-Gretzer (Eisleb 1977 Abb. 153; Proulx 1970 Fig. 4, X) sind die konzentrischen Rechtecke senkrecht gestellt.

Nur aufgrund der Form können wir den Napf mit den konzentrischen Rechteckfeldern an das Ende des monumentalen Stils datieren. Denn derartiger Dekor hat Tradition in der Frühzeit der Nascakultur.

8.11 Schale mit Blütenreihen

Frühe Nascakultur, Phase 3, H 8,2 cm, Dm 12,8 cm
Reiss-Engelhorn-Museen Mannheim,
Inv. Nr. Am 5423

Die Schale hat einen schwarzen kugeligen Boden und eine leicht ausschwingende Wand. Unterhalb der dunkel bemalten Lippe umzieht ein weißgrundiger Fries mit Blütenstern-Ornamenten wechselnder Farbe das Gefäß. Ein roter Streifen mit breiter schwarzer Bänderung trennt ihn von einem weiteren, gleichartigen Fries. Die bunt gereihten Ornamente kann man nicht sicher als Blüten deuten, denn eindeutige typologische Vorläufer mit gegenständlichen Elementen, die eine Identifizierung des dargestellten Motivs erlauben würden, lassen sich in der publizierten Nasca-Vasenmalerei derzeit nicht ausfindig machen.

Die Gefäßform findet sich in vergleichbarer Ausprägung am Ende der Phase 3 im Ica-Tal (Proulx 1968 fig. 1, O).

8.12

8.12   Napf mit waagrechten Zickzack-Linien

Mittlere Nascakultur, Phase 5, H 10 cm, Dm 12 cm
Martin von Wagner-Museum der Universität Würzburg,
Inv. Nr. 5865 Slg. Gütte

Der tiefe Napf mit konkaver Lippe und verrundetem Umbruch zum kugeligen Boden weist auf der gesamten Wand-
fläche einen umlaufenden, hellgrundigen Fries auf, den
acht waagrechte Zickzack-Linien in Linienbreite voneinander entfernt durchziehen.

Die Gefäßform nimmt eine Mittelstellung ein zwischen
den ebenfalls tiefen, schmalen Näpfen aus den jüngsten
Grabinventaren Uhles aus dem Ica-Tal (F2 = Proulx 1970
Pl. 13, E; F3 = ebd. Pl. 14, A – C; E) und einer konkaven Becherform aus einem der beiden Übergangsgräber zum üppigen Stil, die Uhle in Paredones, im Nazca-Tal, ausgegraben hat (Roark 1965 Pl. XII, 55). Die ersteren Vergleichs-
stücke weisen einen stärker prononcierten Umbruch auf,
beim letzteren ist die Umbruchzone stärker vorgewölbt.
Am nächsten steht ihm ein Oberflächenfund Uhles aus
dem Nazca-Tal, den Proulx der vierten Phase 4 zuweist
(Proulx 1968, 129 Fig. 4, M).

Waagrechter Zickzack-Dekor ist auch auf Nasca-Näp-
fen und Schalen anderer Zeitstellung gemalt, zum Beispiel in den Uhle-Gräbern im Ica-Tal auf die gesamte
Außenwand einer Schale aus einem der offenbar ältesten
Gräber (Grab F5 = Proulx 1970 Pl. 19, A) und auf die
obere Hälfte der Außenfläche eines Napfes aus einem der
jüngeren Gräber, der dem Umriß nach – etwas breiter,
mit Bodenumbruch – geradezu eine Vorform des Würz-

8.13

buger Napfes sein könnte (Grab F14 = Proulx 1970 Pl. 28, A).

Der Napf mit den waagrechten Zickzack-Linien stammt aus der Zeit des Übergangs vom monumentalen zum üppigen Stil. Der Dekor ist schon in der vorangegangenen Zeit verwendet worden, aus jüngerer Zeit ist er mir nicht bekannt.

8.13 Becher mit umgekehrt S-förmigen Elementen

Frühe Nascakultur, Phase 3, H 10 cm, Dm 12 cm
Martin von Wagner-Museum der Universität Würzburg,
Inv. Nr. 5866 Slg. Gütte

Der steilwandige, napfartige Becher mit seiner leicht S-förmig geschwungenen Wand trägt außen, ausgenommen die kugelige Bodenfläche, einen dunklen Überzug, auf dem helle Linien die umlaufende untere Begrenzung des Bildfeldes und dessen senkrechte Unterteilungen bezeichnen. In den senkrechten Segmenten sitzen breite, umgekehrt S-förmige Elemente, die unmittelbar an der Gefäßlippe ansetzen.

Der Form nach steht das Gefäß im Zusammenhang mit den sogenannten „bulbous vases" in der Terminologie von Proulx (Proulx 1968, 13). Diese Gattung setzt in der Mitte der Entwicklung des monumentalen Stils ein (B5 = Proulx 1970 Pl. 9, C; F6 = ebd. Pl. 20, D; F11B = ebd. Pl. 25, E). Vorformen dürften die sogenannten „incurving vessels" sein, die einzige verwandte Form die – offenbar im Nazca-Tal – im Abschnitt B von Phase 3 belegt ist (ebd. 43; siehe auch die Typenübersicht ebd. 141 Fig. 16). Eine mit dem

Würzburger Exemplar nah verwandte Ausprägung bildet, im Gegensatz zu den erwähnten ältesten Stücken aus den Ica-Tal-Gräbern Uhles, die sehr viel stärker konkave Einziehungen der Wandung aufweisen, ein Lesefund Uhles aus dem Nazca-Tal, den Proulx ebenfalls in den Abschnitt C von Phase 3 einordnet (ebd. 137 Fig. 12, E).

Das Thema der Darstellung ist ungeklärt. Das Motiv ist in Publikationen früher Nasca-Keramik selten. Nur einmal ist es liegend dargestellt, auf dem umlaufenden Fries eines tiefen Tellers mit leicht einziehendem Rand in den Uhle-Sammlungen aus dem Nazca-Tal, die Kroeber abbildet (Kroeber 1956, 423 Pl. 37, a). Diese Ausprägung der tiefen Tellerform findet eine Entsprechung in der mittleren Gruppe der Uhle-Grabinventare aus dem Ica-Tal, im Grab B4 (Proulx 1970 Pl. 8 D; Abschnitt D der Phase 3); die entsprechenden, von Proulx vorgestellten „round and conical bottom bowls" vergleichbarer Proportionen aus dem Nazca-Tal haben durchweg ausladende Ränder (Proulx 1968, 131 Fig. 6). An das umgekehrt S-förmige Symbol erinnert entfernt ein anderes Dekorelement, der Innenzeichnung nach eine Zusammensetzung aus zwei schwarzen („frijol"-) Bohnen (Seler 1923, 330 Abb. 399 = Eisleb 1977 Abb. 105).

Das S-förmige Element ist ein im Zentralandenraum altes und weitverbreitetes Symbol, eines der wenigen, das im gesamten Verbreitungsgebiet der Früh-Chavín-Zeit zu finden ist und in der Ikonographie von Kultbildern eine große Rolle spielt (s. hierzu Tellenbach 1998). Auch im Ritz- und Stempeldekor der Spätchavín-Kultur spielt es bis ins zentrale Hochland hinein eine bedeutende Rolle (s. ebd. passim. Im zentralen Bergland s. Lumbreras 1959, Lam. III, c). Dort scheint dieses Symbol durchgehend präsent gewesen zu sein, wohl auch in der mit Nasca zeitgleichen Huarpa-Kultur. Im Zusammenhang der intensivierten Kontakte zwischen Hochland und Küste taucht es wieder in der Ikonographie der Phase 9 auf (Neudecker 1979, 204 Grab V Nr. 3) und wird dort weiterhin ein wichtiges Schmuckelement. Im Hochland wird es in einem mit Nasca 9 ungefähr zeitgleichen, „Negro Decorado" benannten Lokalstil besonders häufig und variantenreich verwendet (Bennett 1953, 67 fig. 16, D).

Es kann hier nicht entschieden werden, ob das Auftauchen dieses Symbols auf der in der Mitte des monumentalen Stils, Phase 3, Abschnitt C/D, unvermittelt auftretenden Becherform in Zusammenhang steht mit den Hochland-Traditionen. Für einen solchen Zusammenhang sprechen einige Hinweise, in der Zeit des üppigen Stils entwickelt sich die Becher-Form zur wohl bedeutendsten Nasca-Gattung. Und in dieser Epoche erweitert sich das Verbreitungsgebiet der Nascakultur im Norden bis zur Flußoase von Asia und im Osten bis nach Ayacucho hinein.

8.14

Gestalten aus dem Umkreis des menschengestaltigen mythischen Wesens

Die Stabträger, auch Regenzwerge genannt

8.14   Konkavwandiger Becher

Mittlere Nascakultur, Phase 5, H 14,5 cm, Dm 13 cm
Martin von Wagner-Museum der Universität Würzburg,
Inv. Nr. 5867 Slg. Gütte

Die einziehende Wand des langschmalen, kugelbodigen
Napfes biegt erst im oberen Drittel aus. Die Außenwand
umzieht bis zum Bodenknick ein hellgrundiger Fries, auf
dem rechtsgerichtete männliche Gestalten im Profil gereiht
sind, die jeweils in den durch Striche angedeuteten Armen
und Händen einen langen, schmalen Stab senkrecht vor
sich halten. Das Haar der Figuren ist gebunden, ein netzförmig gezeichneter Zopf biegt sich nach hinten. Sie sind
unbekleidet bis auf eine Schambinde, von der zwei Zipfel
nach unten hängen. Die leicht eingeknickten Beine stehen
hintereinander.

   Die Gefäßform ist aus den Gräbern, die Uhle im Ica-Tal
ausgegraben hat, nicht bekannt, nur entfernt erinnert die
Form an einen tiefen Napf aus dem Grabinventar 3 der Ne-

kropole „F" im Ica-Tal (Proulx 1970 Pl. 13, E). Dies Grabinventar gehört zu den jüngsten der Gräbergruppe Uhles und wird auch von Proulx der Phase 4 zugerechnet (Proulx 1968, 126 ff. Fig. 1–4). Nah verwandt ist jedoch die niedrige Becherform aus dem zweiten der Paredones-Gräber Uhles, die nach Roark die Phase 5 datieren (Roark 1965 Pl. XII, 55).

Darstellungen von Stabträgern, die mit unserem becherförmigen Napf eine Reihe von Eigenheiten und Attributen wie den Typ des Lendenschurzes, die Strichelarme, die Profildarstellung des Kopfes, den gebogenen Haar-Zopf(?), die exzentrische Pupille und ähnliches teilen, sind des öfteren abgebildet (Seler 1923, 241 Abb. 131; 132. Schlesier 1959, 177 Abb. 94. Blasco/Gomez 1980, 118 Lam. XXXIII; 2–4b). Sie sind jedoch sehr viel schematischer gezeichnet und weisen nur in einem Fall Innenzeichnung auf (Seler 1923, 241 Abb. 131: dort sind in den Profilkopf zwei Augen eingezeichnet.), in diesem Fall übrigens eine gleichartige Zopf(?)-Darstellung. All diese Bilder sind auf Gefäße gezeichnet, die in den frühen Grabinventaren Uhles im Ica-Tal keinerlei auch nur entfernte Entsprechungen finden, und ebenso wenig in jenen aus dem Einzugsgebiet des Río Nazca (vergl. die o. g. Abbildungen mit den Formübersichten bei Proulx 1968, 128 f. Fig. 3 f. und 136 f. Fig. 11 f.), jedoch durchaus unter den Formen der nachfolgenden Übergangsphase und der ersten des üppigen Stils, Phase 5, die Roark abbildet (Roark 1965 Pl. I; II). Erinnert man sich an die entfernte Ähnlichkeit mit dem Becher-Napf der Phase 4 (s. o.), so ist auf eine relativ frühe Zeitstellung innerhalb der Übergangsphase 5 vom monumentalen zum üppigen Stil zu schließen, dann wäre die Darstellung dieses Stabträgers auf dem Würzburger Becher eine der bislang ältesten publizierten dieses Typs.

Eine nahe Verwandtschaft besteht auch zwischen unseren Gestalten und Stabträgern auf einer der Gefäßmalereien aus der Reihe der Bilder des menschengestaltigen mythischen Wesens. Das Wesen lässt die Stabträger vermittels eines menschlichen Kopfes mit geöffnetem Mund, den es mit der Zunge benetzt (oder ausspuckt), inmitten eines Wasserschwalls(?) hervortreten (Ubbelohde-Doering 1931, 19 Abb. 6). Vor allem die Beinhaltung, die Art des Lendenschurzes, der gebogene Körper und die Augendarstellung sind sehr ähnlich. All das belegt, dass dieser Stabträgertypus mit dem menschengestaltigen mythischen, nahrungsmittel- und wasserbringenden Wesen in Zusammenhang steht. Bereits Seler vermutet einen Kontext dieser „Männchen" mit einer Vegetationsgottheit (Seler 1923, 244) und Schlesier folgt Ubbelohde-Doering, der unter Bezugnahme auf mexikanische Quellen diese Vasenmalereien mit den Mythen von den kleinen Dienern des Regengottes in Verbindung bringt (Ubbelohde-Doering 1931, 5 ff.), und nimmt an, es handle sich um Gehilfen der Regengottheit, um „Regenzwerge" (Schlesier 1959, 51 ff.). Seler spricht

8.15

die „Männchen" aufgrund ihrer Tracht als im Nasca-Bereich wahrscheinlich fremdstämmige Tierra caliente-Bewohner an (Seler 1923, 241): Aus der Sicht der Küsten-Wüste von Nazca ist der mythische Bezug von Grabstock, Wasser, Fruchtbarkeit und Regen zur „tierra caliente", der regenreichen Ostseite der Andenkordillere mit ihrer üppigen Vegetation, eine naheliegende Metapher, die keineswegs im Gegensatz zu der von mir vorgetragenen Deutung stehen muss.

8.15 Konkavwandiger Napf

Frühe Nascakultur, Phase 4, H 11,6 cm, Dm 15 cm
Martin von Wagner-Museum der Universität Würzburg,
Inv. Nr. 5868 Slg. Gütte

Der scharf profilierte Napf mit konkaver Wand und ausladendem Rand trägt außen einen umlaufenden, hellgrundigen Fries, auf dem nach rechts gerichtete Stabträger dargestellt sind. Die Beine mit prankenartigen Füßen sind in Seitenansicht, der Rumpf frontal dargestellt, die großen ovalen Köpfe sind wieder im Profil wiedergegeben, die Gesichter richten sich nach oben. Die Münder sind geschlossen, die Augen haben exzentrische Pupillen, die Haare sind in zwei dicke, kurze, nach oben und unten, bzw. vorne und hinten gerichtete Büschel gebunden oder richten sich federkronenartig nach hinten, bzw. oben. Die Gestalten tragen nur Schambinden mit einem seitlich tief herabhängendem Zipfel. Der rechte Arm ist leicht angewinkelt, die Hand hält den großen, schweren, spitzen Stab, der sich nach oben verbreitert und mehrfach umlaufend gerillt

ist. Der linke Arm ist angewinkelt, die geschlossene, pran-
kenartige Faust verbirgt offenbar etwas.

Die Gefäßform ist im Inventar der Gräbergruppe Uhles
aus dem Ica-Tal mehrfach belegt (B5 (Proulx 1970 Pl. 10, F),
F11B (ebd. Pl. 26, B), B2 (ebd. Pl. 5, B), B4 (ebd. Pl. 9, D),
F14 (ebd. Pl. 28, A), F3 (ebd. Pl. 15, B), F9 (ebd. Pl. 22, C), F17
(ebd. Pl. 29, A).), und zwar in Kontexten, die der jüngeren
Hälfte der Entwicklung des monumentalen Stils zuzurechnen sind (Proulx rechnet B5 und F11B der Phase 3 C, B2,
B4 und F14 der Phase 3 D und F3, F9 sowie F17 der Phase 4
zu.). Ähnliches gilt offenbar für die Entwicklung im Nazca-Tal
(Proulx 1968, 129 Fig. 4). In der nachfolgenden Übergangsphase zum üppigen Stil, Phase 5, ist diese Gefäßform
nicht mehr nachgewiesen (Roark 1965 Pl. I).

Die Ähnlichkeiten mit den aufgezählten Regenzwerg-
Darstellungen und den Gestalten, die auf den oben genannten Malereien im Wasserschwall aus dem Mund des
menschengestaltigen mythischen Wesens erscheinen, ist
offenkundig. Insofern gilt das oben zu den Stabträgern auf
dem Würzburger Becher Gesagte. Freilich sind auf jenen
Vasenmalereien die Prankenhände und -füße nicht so
deutlich dargestellt, sie finden sich dort nur auf bestimmten
Stücken bei den Begleitern des menschengestaltigen mythischen Wesens, die es jeweils in einer Pranke hält. Bei
diesen Begleitern ist auch der Rumpf in Frontalansicht wiedergegeben: Sie haben jedoch im Unterschied zu den Darstellungen unseres Napfes Katzenköpfe (Schlesier 1959,
176 Abb. 88; 89). Die Wesen auf dem Würzburger Exemplar nehmen gewissermaßen eine Sonderstellung ein. Es
fragt sich, ob hieraus ein anderer Sinn für die Form des Stabes abzuleiten ist, den die Regenzwerge unserer Vasenmalerei tragen; eine bedeutsame Frage, denn sie sind identisch mit den Stäben in den Pranken fast aller menschengestaltigen mythischen Wesen. Seler bildet ein Gefäß mit
Stabträgern ab (Seler 1923, 241 Abb. 129), die sich in
mancher Hinsicht deutlich von unseren Darstellungen unterscheiden, jedoch ebenfalls große, gleichartig geformte
Stäbe tragen: Auch sie bezeichnet er als Grabstöcke (ebd.
240). Das Gefäß mit dieser Darstellung hat eine in den Ica-
Tal-Grabinventaren Uhles und offenbar anderen Inventaren des monumentalen Stils belegte Form (B4 (Proulx 1970
Pl. 9, C), F1 (ebd. Pl. 13, A), F20 (ebd. Pl. 31, A)), die später
nicht mehr vertreten ist. Dies legt nahe, dass der Unterschied in der Stabdarstellung chronologisch bedingt ist.

Beide Darstellungstypen geben offenbar dasselbe auf
unterschiedliche Weise wieder: Die dünnen, kleinen
(Grab-)Stöcke auf dem oben besprochenen konkaven Becher und den beigezogenen Vergleichstücken kennzeichnen offenbar vor allem Darstellungen der Übergangsphase
zum üppigen Stil, Phase 5. Die großen, mächtigen, oben
verbreiterten Stöcke, welche die Regenzwerge auf unserem
konkavwandigen Napf – ebenso wie auf dem bei Seler
wiedergegebenen Stück – in der Hand tragen, und die das

menschengestaltige mythische Wesen in der Pranke hält, geben denselben Grabstock im Stil des späten monumentalen Stils, Phase 4, wieder.

8.16 Doppelausgusskanne mit mythischem Wesen, das einen Wasserschwall ausspuckt

Frühe Nascakultur, H 16,8 cm, Dm 15 cm
Staatliches Museum für Völkerkunde München, Inv. Nr. 33–15-2

Die Vasenmalerei wurde bereits in den zwanziger Jahren von dem Altamerika-Archäologen Ubbelohde-Doering in hervorragender farbiger Umzeichnung abgebildet (Ubbelohde-Doering, H. Altperuanische Gefässmalereien II. Teil. Marburg 1931, Taf. III). Sie zeigt den Katzendämon mit einer Früchtekrone, wie er nicht nur Kaulquappen in Wasserfontänen hervorspuckt, sondern auch Gestalten – Regenzwerge in der Terminologie von Schlesier – mit Wassereimern und ein paar Stabträger. In den Händen hält er Regenzwerge mit kleinen Stäben. Es ist auch ein großes Gefäß mit weiter Kragenrandöffnung dargestellt, aus dem offensichtlich das Wasser stammt, das die Träger in erhobenen Händen in Eimern vor sich her tragen. Es gibt nur wenige weitere Beispiele für diese erzählenden Bilder, die einen aus dem Bild zu erschließenden Zugang zur Deutung des sogenannten Katzendämons bieten. Ganz offensichtlich schenkt das menschengestaltige mythische Wesen, der Katzendämon, den wir mit dem Stab in der Hand kennen, Fruchtbarkeit. Vielleicht verleiht er sie auch in jenem zerstörerischen Übermaß, das Plagen zeitigt. Offenkundig ist

zu 8.16

8.16

8.16

8.16

er von zentraler Bedeutung für den Fruchtbarkeitskult Altperus (Tellenbach 2001).

Tod, Grab und Grabschändung

Alle Gefäße, die hier beschrieben wurden, waren einst Beigaben in Gräbern. In der südperuanischen Küstenwüste
fanden sich die Toten, zum Teil in hervorragend erhaltene
Gewänder gehüllt. Das altindianische Totenritual sah keine
Verbrennung vor, die Toten wurden vielmehr mumifiziert,
wobei dazu nicht notwendigerweise künstliche Prozedu-
ren erforderlich waren, denn in der extrem trockenen Küstenwüste gibt es eine natürliche Mumifizierung durch
Austrocknung. Der Verstorbene war für die Nasca-Indianer
nicht tot, seine Anwesenheit hatte nur eine andere Qualität. Noch in der Inkazeit behielten beispielsweise die verstorbenen Inka-Herrscher ihre Paläste, und ihre Familien
bewohnten mit dem Verstorbenen seine Behausung. Zu bestimmten Festen im Jahr wurden die Mumien der toten
Herrscher durch die Stadt Cuzco getragen. Eine Reihe von
Befunden aus den vorangegangenen Epochen legt nahe,
dass auch schon damals ein ähnlicher Umgang mit den Toten gepflogen wurde.

Schädelstätte in der Wüste, entstanden durch Raubgräberei
(Photo: Henning Bischof)

Vor dem Begräbnis wurde der Leichnam stets sorgsam hergerichtet und geschmückt. Dies gilt auch für den in manchen Fällen abgetrennten Kopf des Toten, dessen Gesichtshaut zuweilen abgetragen, präpariert und dann wieder auf das Gesicht aufgelegt wurde. In den Beständen der Reiss-Engelhorn-Museen gibt es einen solchen Kopf, er strahlt noch immer die Würde des Todes aus.

Bestimmte Küstenbereiche Altperus waren wirkliche Totenfelder, in denen über die Jahrtausende hinweg immer wieder Tote ihre letzte Ruhestätte fanden. Bei den systematischen Ausgrabungen seit dem Ende des 19. Jahrhunderts hat man nur in ganz seltenen Fällen Gräber gefunden, die die Bestattungen vorangegangener Epochen gestört haben. Zu den Besonderheiten der altperuanischen Kulturen gehört diese einzigartige Kontinuitäten der Totenfelder durch die Jahrtausende.

Seit der Zeit der europäischen Eroberung hat sich diese Einstellung gegenüber den Toten einschneidend verändert.

Raubgräberszene (Februar 1958)
(Photo: Henning Bischof)

Waren es zunächst die Goldsucher, die die Königsgräber in den Bestattungsplattformen suchten, fanden und beraubten, so begann mit dem späten 19. Jahrhundert die Grabschändung in großem Stil, in Peru spricht man in diesem Zusammenhang von der Huaquería, dem Graben nach Huacos, heiligen Gefäßen der Vorzeit. Es gibt heute altindianische Totenfelder, in denen die achtlos beiseite geworfenen Schädel und Knochen der Toten dem Wort von der Schädelstätte einen durchaus aktuellen Bezug geben. Ein Beispiel ist der heutige Blick über das Totenfeld von Estaquería im Nazca-Tal.

Auch heute finden noch Raubgrabungen statt. Weil sich die Grabräuber bei ihrer Tätigkeit tief in den sandigen Boden wühlen und richtige unterirdische Gänge anlegen, kann es sogar geschehen, dass der Archäologe auf die Leiche eines Raubgräbers trifft, der vom Sand in der Tiefe verschüttet wurde und erstickt ist.

Mannigfaltigkeit und Virtuosität
der frühen Nascastoffe

Anne Paul

Das Kerngebiet der Nascakultur lag im Einzugsbereich des Río Grande de Nazca in Süd-Peru, einem umfangreichen, verzweigten Fluss-System aus zehn Nebenflüssen, die in den Hauptstrom des Río Grande fließen, bevor dieser den Pazifischen Ozean erreicht. Hunderte von Nasca-Fundstätten – viele durch Survey erfasst oder ausgegraben, viele andere jedoch seit dem frühen 20. Jahrhundert ausgeraubt – liegen in den Flusstälern dieser gesamten Region verteilt, so wie auch im Ica-Tal im Norden und im Acarí-Tal im Süden. Diese Fundorte stellen die Quelle der materiellen Überre-

Abb. 1a,b Pauke in Gestalt eines Menschen, Proto-Nasca, ca. 100 v. bis 200 n. Chr., Südküste, Peru, Keramik. Denver Art Museum Collection: Funds from the Marion Hendrie Estate, 1972189.
Die Pauke, die in der Höhe 41,9 cm misst, zeigt eine Person, die eine Kopfbedeckung mit U-förmigen Bordüren trägt, die mit S-Motiven de-

ste dar, welche die Grundlagen der Definition dieser archäologischen Kultur liefern. Neben den architektonischen
Zeugnissen existieren mannigfaltige Typen von Artefakten,
unter denen Keramik und Textilien besonders zahlreich
sind. Den Textilien, die in der ersten Hälfte der Nasca-Zeit
angefertigt wurden, ist dieser Beitrag gewidmet. Mein Ziel
ist es, einige kennzeichnende Charakteristika des Stils der
frühen Nascatextilien herauszuarbeiten und aufzuzeigen,
wie sich diese von denen des direkt vorausgehenden Textilstils an der Südküste der Paracaskultur unterscheiden.

Chronologie der Keramik und der Textilien

Ein Haupthindernis für unser Verständnis der Entwicklung
dieser Kultur besteht darin, dass das meiste Material, das

koriert sind. Die Pauke wurde vor dem Brand bemalt und alle Darstel-
lungsdetails werden von einer schmalen Ritzlinie eingerahmt, ein typisches Merkmal der EIP 1 Nasca-Keramik (Photo mit freundlicher
Genehmigung des Denver Art Museum).

von der Forschung zum Verständnis der antiken Nascakultur herangezogen wird, nicht aus wissenschaftlich untersuchten Kontexten stammt, da relativ wenige Stätten von Archäologen ausgegraben wurden.

Wie der vorhergehende Text von M. Tellenbach verdeutlicht, weist die Nasca-Keramik eine enorme Bandbreite an Gefäßformen und Dekormotiven auf, anhand derer eine zeitliche Abfolge von Keramik-Stilen aufgestellt werden kann, aus der sich eine relative Chronologie für die Kultur insgesamt ergibt. Die Untergliederung der Nasca-Keramik-Stile, die Lawrence Dawson in den fünfziger Jahren des 20. Jahrhunderts an der Universität in Kalifornien/Berkeley entwickelt hat, basiert auf dem Verhältnis zwischen den Gefäßformen und dem Stil und der Ikonographie der Bilder auf diesen Gefäßen. Dawson arbeitete neun aufeinanderfolgende Stil-Phasen unterschiedlicher Länge heraus, welche die gesamte Frühe Zwischenzeit (mit acht Epochen) und die erste Phase des Mittleren Horizonts (ungefähr von der Zeitenwende bis 700 n. Chr.) umfassen. Der Beginn der Nascakultur, wie er von Dawson und anderen Archäologen definiert wird, setzt mit der Verwendung von Überzugsbemalung auf Keramik ein. Die Darstellungen auf Gefäßen dieser Phase werden von schmalen Ritzlinien umrahmt (derartige Spuren sind beispielsweise an der Kopfbedeckung auf der Pauke sichtbar).

Obwohl Dawson seine Gliederung nie veröffentlicht hat, haben andere Autoren die Merkmale einiger Phasen verfeinert und publiziert (Blagg 1975, Proulx 1968, Roark 1965, Silverman 1977, and Wolfe 1981).[1]

Die einzelnen Phasen dieser relativen Chronologie wurden durch C 14-Messungen an organischen Materialien datiert, die zusammen mit der Keramik gefunden wurden. Folgende Phasen der relativen Chronologie mit den wahrscheinlichen absoluten Datierungen sind hinsichtlich der in diesem Artikel erwähnten Nasca-Artefakte relevant: Frühe Zwischenzeit* (im folgenden als EIP [Early intermediate period] abgekürzt; ca. 1–100 n. Chr.), EIP 2 (ca. 100 – 200 n. Chr.) und EIP 3 (ca. 200 – 300 n. Chr.). Offensichtlich birgt dieses Chronologie-Schema, in dem die Datierung einer monumentalen Nasca-Pyramide, eines Gefäßes oder eines Textils eine Spanne von 100 Jahren umfassen kann, einen gewissen Mangel an Präzision in sich. Dennoch ermöglicht es, die Objekte, ob sie nun aus wissenschaftlich dokumentierten Grabungen stammen oder nicht, innerhalb eines chronologischen Gerüsts zu analysieren, was Studien über die Entwicklung von Kunst-Stilen, Ikonographie und Symbolsystemen erleichtert.

Nascatextilien sind bisher nicht wie die Keramik durch eine detaillierte stilistische Abfolge datiert. Vielmehr basiert

---

* Die folgenden Datierungen beruhen auf unkalibrierten Daten konventioneller ^{14}C-Chronologie [Anm. d. Hrsg.].

unsere Chronologie für die Textiltraditionen primär auf der Verbindung von Textilien mit wissenschaftlich ausgegrabener Keramik oder auf ikonographischen Vergleichen mit datierter Keramik. Letztere Methode, die den Textilien einen Platz in der relativen Chronologie zuweist, basierend auf einem Vergleich mit den Gefäßbemalungen, ist oft sehr problematisch.[2]

Hier konzentrieren wir uns auf den frühen Nasca-Textilstil, dessen Datierung und Definition weitgehend auf der Sammlung basieren, die 1926 während der Grabungen von A. L. Kroeber im Río Grande de Nazca-Einzugsgebiet, primär in Cahuachi, vergesellschaftet mit früher Nasca-Keramik, entdeckt wurde.[3] Diese Stoffe, die sich im Field Museum of Natural History in Chicago befinden und von L. O'Neale (1937) beschrieben wurden, stellen bis heute die einzigen ansehnlichen publizierten Beispiele der EIP 3-Textilien dar, deren Herkunft hinsichtlich des Fundortes, des Fundbereichs und des Grabes bekannt ist, und die deshalb „eine nachweisbare Vergesellschaftung zu Keramik-Typen und anderen Artefakten aufweisen" (A. L. Kroeber, in seinem Vorwort zu O'Neale 1937:127). Die Grabzugehörigkeit eines jeden Textils wurde von L. O'Neale (1937:132) angegeben, und den Grabinventaren wurden relative Datierungen zugewiesen, die auf der Keramik beruhen (siehe Proulx 1968; Kroeber und Collier 1998).[4] Für die meisten der frühen Nascatextilien in Museen, einschließlich der in diesem Artikel abgebildeten, fehlen exakte Herkunftsangaben. Einige dieser Textilien können durch Vergleiche mit gemalten Motiven auf Keramik in EIP 2 oder 3 datiert werden. Andere Textilien ohne gesicherte Herkunft können aufgrund ikonographischer und struktureller Ähnlichkeiten zu wissenschaftlich ausgegrabenen Textilien in der Chronologie verankert werden.

Vorläufer von Früh-Nasca: der Paracas-Nekropolis-Textilstil

Textilien nahmen eine herausragende Rolle im geistigen Leben der antiken Andenbevölkerung ein, und können deshalb für Versuche herangezogen werden, aus den materiellen Hinterlassenschaften die Entwicklung der alten Kulturen zu erschließen. Eine grundsätzliche Fragestellung dieses Artikels: „Welche Veränderungen bei Textilien signalisieren das Verschwinden einer Kultur und das Entstehen einer nachfolgenden?" kann teilweise durch die Untersuchung der Nascastoffe im Kontext der Textiltraditionen der Südküste beantwortet werden, die lange vor EIP 3 bestanden. Besonders die weltberühmten Stickereien, die von Paracas/Topará-Webern hergestellt und in Mumienbündel gewickelt wurden, die man in den Friedhöfen auf der Paracas-Halbinsel begrub, stellen die „Vorfahren" der hier publizierten Textilien dar. Um besser verstehen zu können, in welcher Hinsicht frühe Nascatextilien eine neue kulturelle

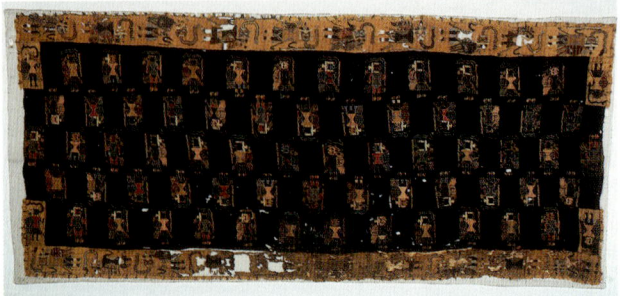

Abb. 2a Paracas-Nekropolis-Umhang 89–14 (RT 1653), Museo Nacional de Arqueología, Antropología e Historia del Perú, Lima. Cameliden-Faser, 215 cm x 108 cm, spät EIP 1 oder früh EIP 2. Die Stickerei auf der Fläche des Umhangs ist unfertig und eine der U-förmigen Bordüren ist zerstört.

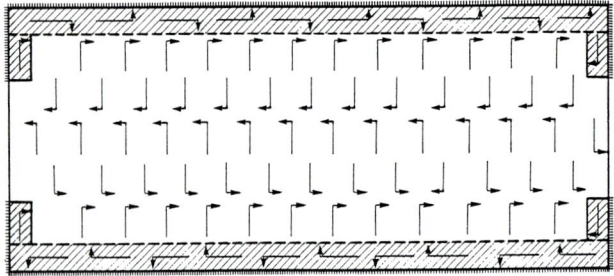

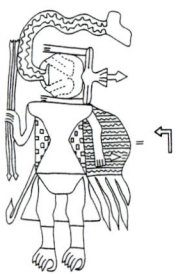

Abb. 2b Diagramm des Umhangs 89–14 mit der Darstellung der Orientierung seiner Stickereimotive (nach Paul 1991:fig. 5.5). Ikonographisch identische Bilder der Personifikation eines Falken sind in fünf verschiedenen Farbblöcken auf die Bordüren und in die Stofffläche des Gewandes gestickt. Jedes Bild wird hier durch einen Pfeil repräsentiert, welcher die horizontale und vertikale Orientierung verdeutlicht.

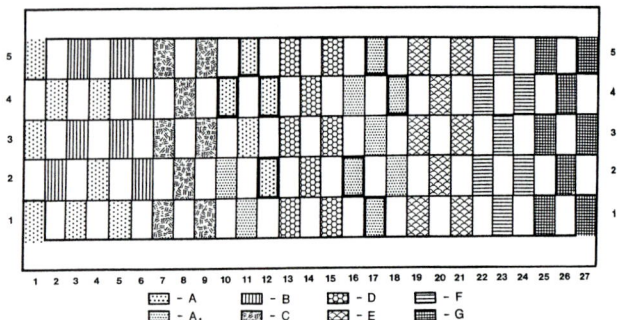

Abb. 2c Diagramm der unterschiedlichen Hände, die an dem Umhang 89–14 arbeiteten (nach Paul 1986:fig. 11). Acht Sticker stickten die Motive auf die Stofffläche, indem jeder an einer vertikalen Kolumne arbeitete. Die fett umrandeten Felder kennzeichnen die Stickerei-Bilder, die am weitgehendsten fertiggestellt wurden.

Ausdrucksform an der Südküste darstellten, ist eine kurze Beschreibung der charakteristischen Merkmale der Paracas- Nekropolis-Textilien notwendig.

Die wesentlichen Elemente des Paracas-Nekropolis-Stils werden an dem Spät-EIP 1-Mantel auf Abbildung 2a–c deutlich. Es handelt sich um ein Gewebe in Leinwandbindung, verziert mit farbigen Bildern im 4/2-Stielstich, die an den Rändern und in die Fläche eingestickt wurden. Dieser Typ des Stickstichs erzeugt ein Gewebe mit nur einer Schauseite.[5] Das Gewand hat ein Paar U-förmiger Bordüren an den Längsseiten, dies ist die gängige Bordürenform von Paracas-Nekropolis-Umhängen und Kopfbedeckungen. Wie auf fast allen Paracas-Nekropolis-Textilien wird ein einziges Stickereimotiv immer wieder in verschiedenen Farbkombinationen oder Farbblöcken wiederholt. Hier ist jede Figur in einem von fünf möglichen Farbblöcken gestickt, die sich auf den Bordüren in regelmäßigen Folgen abwechseln. Diese identischen Dekoreinheiten kehren auf den Bordüren unter Verwendung von Gleitreflexion, einer Form der Symmetrie, wieder.[6] Die Köpfe der Falkenfiguren sind, wie bei den meisten Paracas-Nekropolis-Stoffen mit asymmetrischen Motiven, im Uhrzeigersinn rund um das Gewand ausgerichtet. Zusätzlich weist die Stofffläche Reihen und Spalten von Motiven auf, die in einem Schachbrettmuster angeordnet sind und eine regelmäßige Symmetrie aufweisen (Aufsatz Paul im Druck). Schließlich verwenden viele Paracas-Nekropolis-Umhänge mit Innendarstellungen diese Motive, um Farbstrukturen in der Fläche zu wiederholen. Derartige Wiederholungen finden sich in dem hier abgebildeten Mantel allerdings nicht (siehe Paul 1997: Diagramm 32).

Obwohl durch den umfangreichen Bestand an Paracas-Nekropolis-Textilien der überwältigende visuelle Eindruck einer ungeheueren Vielfalt entsteht, wird an den oben angeführten Darstellungsprinzipien fast während der gesamten Tradition streng festgehalten. Diese Tradition beginnt sich in EIP 2 zu verändern, und ich glaube, dass diese Veränderungen einen gesellschaftlichen Wandel reflektieren, der innerhalb der Paracas/Topará-Gemeinschaften, die diese Textilien anfertigten, vor sich ging. Früh in EIP 3 kann von dem Aufkommen eines neuen Textilstils im Gebiet des Río Grande de Nazca in Süd-Peru gesprochen werden. Was genau ändert sich bei den frühen Nascatextilien? Antworten auf diese Frage erschließen sich aus einigen wenigen rechteckigen Stoffstücken, die im Zentrum dieser Diskussion stehen.

Schals des Frühen Nasca-Stils: Eine vorläufige Definition eines Textilstils

Das reichste Inventar an EIP 3-Textilien aus der Nasca-Region findet sich bei L. O'Neale (1937:133–34). Es enthält

Mäntel, Tuniken, kleine Tücher, Wandbehänge und Bänder, aber auch Kopftücher und Lendenschurze (Silverman 1991:fig. 9.20, und Sawyer 1997:fig. 99). Die Funktion der Gewebe, die in diesem Beitrag diskutiert werden, ist unklar. Sie sind klein genug, um auf dem Kopf getragen oder darum gewickelt zu werden, wie es sowohl auf der Tontrommel auf Abbildung 1 als auch auf Photographien von ausgegrabenen Nasca-Bestattungen zu sehen ist (siehe Silverman 1993:fig. 18.4, und Disselhoff 1968:123, 124). Die meisten sind aber auch groß genug, um sie um die Schultern zu legen. Die Bezeichnung „Schal" schließt beide Verwendungsmöglichkeiten dieses Stoffstücks ein, das entweder als Kopfbedeckung oder als Schultertuch getragen werden kann.

Viele Nascaschals, einschließlich aller hier vorgestellten Stücke, haben Maschenstoff-Bordüren, die entweder in Verschlingstich oder in Stielstich ausgeführt sind. Tatsächlich sind lose Bordüren ohne Verbindung zu gewebten Flächen die am häufigsten auftretende Variante der frühen Nascagewebe von Cahuachi und der Nazca-Region im allgemeinen. Bänder und Bordüren mit dreidimensionalen Vögeln, Blumen, Bohnen, Menschenköpfen und manchmal Fischen sind aus wissenschaftlich dokumentierten Grabungen bekannt (O'Neale 1937:pls. LXI und LXII; Phipps 1989:684, 688; Silverman 1991:figs. 9.14, 9.15, 9.16, und 9.20), sowie zahlreiche andere Objekte ohne genaue Herkunftsangaben (siehe, z. B., Bird und Bellinger 1954:pls. CIV, CVI, und CIX–CXIV; Eisleb 1975:figs. 123–129, 131, und 134–144; Sawyer 1997:figs. 101, 105–111, 116, und 127; und Stone-Miller 1992:218–19).

Im folgenden Absatz werden sechs frühe Nascastoffe beschrieben. Dabei werden verschiedene Kennzeichen eines jeden dargelegt, Gewebestrukturen, Ikonographie, sowie Symmetrie- und Farbmuster der Dekorationsmotive. Anschließend soll gezeigt werden, worin sich diese Textilien von ihren Paracas-Nekropolis-Vorgängern unterscheiden, und ich werde, ausgehend von den Schals, eine vorläufige Definition des frühen Nasca-Textilstils geben.

Aus der Nasca-Region existieren keine Textilien des Nasca-Stils mit bildlichen Darstellungen, die sicher EIP 2 zugewiesen werden können. Ein bemaltes Stoffragment mit einer Verschlingstich-Bordüre (Kat. Nr. 3.12) könnte in diese Phase datieren. Die Zuweisung beruht allerdings auf einem Vergleich der Vogel-Darstellungen mit denen auf Nasca-Keramik aus derselben Zeit.[7] Es handelt sich vermutlich um ein kleines Kopf- oder Schultertuch, das von dem deutschen Archäologen H. Ubbelohde-Doering (Ubbelohde-Doering 1952:45) in der Nasca-Region gefunden wurde. Aufgemalte Vögel, die Pflanzen im Schnabel halten oder mit den Füßen berühren, erwecken den Eindruck, als seien sie ohne ersichtliche Ordnung zusammengedrängt. Tatsächlich sind sie aber ziemlich sorgfältig in einem Raster angeordnet. Abbildung 3a verdeutlicht die Orientie-

Abb. 3a   Diagramm der Orientierungsmuster auf der Fläche des Gewebes von Kat. Nr. 3.12. Jeder Vogel wird durch einen Pfeil repräsentiert, der in dieselbe Richtung weist wie der Schnabel. Die Motive wiederholen sich entlang der Reihen in Gleitreflexion, entlang der S- und Z-Diagonalen in doppeltgeklappter Drehung (die Linien der Drehung sind in das Diagramm eingefügt). Die untere Reihe fällt aus der Anordnung heraus.

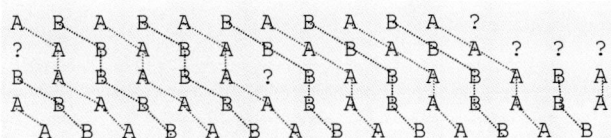

Abb. 3b   Diagramm des Farbmusters der auf die Stofffläche aufgemalten Vögel. Die halbkreisförmigen Flügelansätze der Vögel, die den Kopf berühren (siehe die Zeichnung in Abbildung 3c) können entweder kastanienbraun oder grau sein. Diese Farbwahl erzeugt zwei Farbblöcke (bezeichnet als A und B), die so verteilt sind, dass sich ein Muster von S-Zick-Zack-Diagonalen ergibt.

rungsmuster der Vögel, wobei die asymmetrisch gestalteten Tiere durch Pfeile repräsentiert werden, deren Spitzen in Richtung der Vogelschnäbel weisen. Die Motive wiederholen sich in jeder horizontalen Reihe in der als Gleitreflexion bezeichneten Symmetrieform. Achsen mit doppeltgeklappter Drehung erscheinen in den S- und Z-Diagonalen der oberen vier Reihen.[8] Die unterste Reihe fällt aus der Anordnung des restlichen Musters heraus, was auf eine leichte Verschiebung nach rechts während der Bemalung zurückzuführen ist.

Der oder die Nasca-Künstler, die die Vögel malten, machten bei jedem Vogel feine, aber genaue Unterschiede in der Farbgebung des Flügelansatzes: die halbkreisförmige Partie, welche den Kopf berührt, kann kastanienbraun oder grau sein (siehe Vogel-Skizze in Abbildung 3a). Jede dieser Farbvarianten ist hier als Farbblock gedacht, wenn auch als Farbblock, der sich aus viel weniger Teilkomponenten zusammensetzt als in einem Paracas-Nekropolis-Stickereimotiv. Wenn der halbkreisförmige Flügelansatz kastanienbraun ist, ist das Motiv mit dem Buchstaben A bezeichnet,

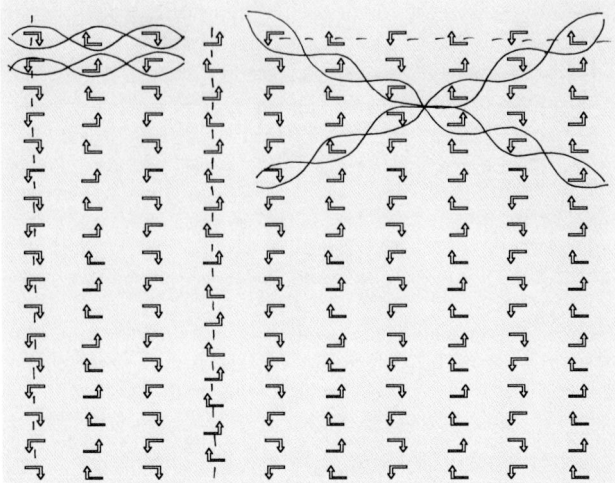

Abb. 4 Diagramm des Orientierungsmusters der Fische in der Fläche des Schals Kat. Nr. 4.8. Die sechs Spalten auf der rechten Seite weisen ein Symmetrie-Schema auf (siehe Text), die drei Spalten auf der linken Seite ein anderes, und in der vierten Spalte von der linken Seite fehlt ein Motiv, so dass sie sich nicht in das Symmetrie-Schema der beiden anderen Seiten einfügen. Die Achsen der Gleitreflexion werden durch gepunktete Linien verdeutlicht, während die Achsen der doppeltgeklappten Drehung durch verschlungene Linien gezeigt werden.

und wenn er grau ist, mit dem Buchstaben B. Wie in Abbildung 3b zu sehen, bilden diese Farbblöcke auf der Ansichtseite des Tuches ein gut lesbares Farbmuster: es wechseln sich zwei regelmäßige, einfarbige Zickzack Pfade in den S-Diagonalen ab, (im Diagramm verbinden gepunktete Linien die Farbblock-Buchstaben, um diese Pfade sichtbar zu machen).

Das bemalte Tuch ist mit einer fragmentarisch erhaltenen Stickereibordüre versehen, die durch kleine Verbindungsstreifen mit dem Rand verbunden ist. Diese Streifen erscheinen in mindestens 15 verschiedenen Farben, die in keinem erkennbaren regelmäßigen Muster angeordnet sind. Kleine undefinierbare Motive erscheinen am Rand. (Tanja Vogel persönliche Mitteilung 2002).

Einer der spektakulärsten frühen Nascastoffe in einer öffentlichen Sammlung (Abbildung 4 und hier Kat.Nr. 4.8) wurde von H. Ubbelohde-Doering im Río Grande de Nazca-Tal erworben (1952:45). Es handelt sich um ein einfarbiges rechteckiges Tuch in Leinwandbindung mit zwei leuchtend farbigen, dreidimensionalen Bordüren, die an seinen Rändern angenäht sind. Beide Seiten des Textils sind in gleicher Weise gearbeitet, so dass es beidseitig verwendbar ist. Ungefaltet wäre dieses Gewand zu groß, um als Kopfbedeckung getragen zu werden und es wäre schwierig, es um die Schultern zu legen. Wenn man es allerdings in der Mitte faltet, kann es auf beide Weisen getragen werden. Wenn es doppelt gelegt wird, sind beide Seiten sichtbar, was der Anlass dafür gewesen sein könnte, die doppelseitig verwendbare Gewebestruktur zu wählen.

Die Stofffläche ist mit Fisch-Motiven versehen, die in einem Raster angeordnet sind. Wenn das Muster auf den ersten Blick auch regelmäßig erscheint, so sind dennoch größere Unregelmäßigkeiten in der Orientierung der Figuren festzustellen (Abbildung 4). Erstens wiederholen sich die Darstellungen in den sechs Spalten auf der rechten Seite in Gleitreflexion sowohl innerhalb der Spalten als auch innerhalb der Reihen, wohingegen sich die Darstellungen in den drei linken Spalten innerhalb der Spalten in Gleitreflexion und innerhalb der Reihen in doppeltgeklappter Drehung wiederholen. Zweitens wiederholen sich die Motive in der vierten Spalte von links auf der vertikalen Achse zwar in Gleitreflexion, da diese Spalte aber eine Figur weniger hat als die anderen, passen sich die Motive auf keiner Seite in das Symmetrieschema genau ein. Dennoch ist es schwierig zu entscheiden, ob diese Anomalien geplant waren. Man wird sie aber auch schwer als Fehler betrachten können, da die verwendete Webtechnik Voraussicht und Planung erforderte. Ob diese Gestaltungsdetails in Verbindung mit der Tragweise (mögliche Faltung) des Umhängetuchs zu sehen sind, muss offen bleiben.

Feine, in Verschlingstich ausgeführte U-förmige Bordüren mit dreidimensionalen Kolibris, die Nektar aus Blüten saugen, sind an die Ränder des blauen Stoffes angenäht. Die Vogelköpfe weisen auf beiden Bordüren in dieselbe Richtung (alle nach rechts oder alle nach links, je nachdem, welche Seite des Stoffes man betrachtet). Bei

Abb. 5 Diagramm des Schals in Mannheim Kat. Nr. 3.15, auf dem die Orientierung der dreidimensionalen Vögel und der Anzahl sich wiederholender Farbsequenzen zu sehen ist. Sechs verschiedene Vögel, durch die Buchstaben A-F bezeichnet, werden auf der Bordüre regelmäßig wiederholt; es existieren sechs komplette Sequenzen plus fünf Vögel in einer siebten Sequenz. Die Zahlen in der Skizze (1–17) beziehen sich auf das Farbmuster der in Schlaufen gelegten Verbindungsstreifen. Jede Zahl bezieht sich auf eine Farbsequenz, die sich aus sieben Farbstreifen zusammensetzt (gelb, rot, hellgrün, pink, grün, gold und blau), die sich auf dem Großteil der Bordüre abwechseln. Bei den Nummern 3 und 5 (mit acht bzw. 5 Farben) sind Anomalien festzustellen, und Nummer 1 umfasst nur die beiden letzten Farbsequenzen.

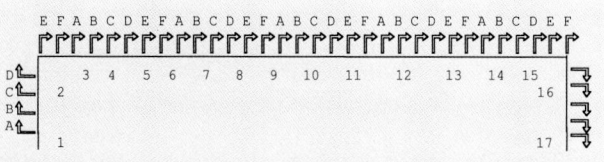

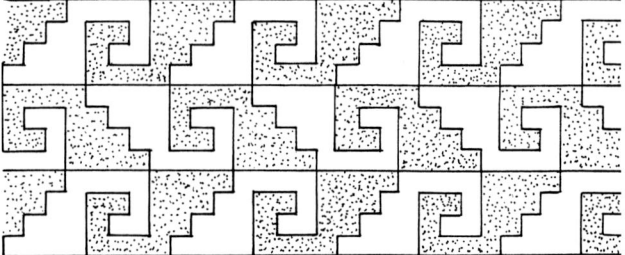

Abb. 6   Zeichnung des in Leinwand- und Dreherbindung ausgeführ-
ten Designs der Stofffläche von Textil Nr. 31 aus dem EIP 2 Paracas-Ne-
kropolis-Mumienbündel 319 (RT 2926), Museo Nacional de Arqueología, Antropología e Historia del Perú, Lima.

den Motiven ist keine regelmäßige Farbwiederholung festzustellen.

Obwohl nur ein Bruchteil der in Leinwand- und Dreherbindung angefertigten Stofffläche von Kat. Nr. 3.15 intakt ist, ist
aufgrund von Vergleichen mit drei anderen Stoffen eine
wahrscheinliche Rekonstruktion der in die Struktur eingewebten Darstellung möglich. Bei dem ersten Vergleichs-
stück handelt es sich um ein rechteckiges Tuch, dass sich
innerhalb eines späten (EIP 2) Paracas/Topará-Mumienbün-
dels befand, das in der Nekropole von Wari Kayan auf der
Paracas-Halbinsel ausgegraben wurde; die schwarze
Stofffläche in Leinwand- und Dreherbindung weist ineinandergreifende Stufen-Mäander-Motive auf (Abbildung 6).
Sowohl die Struktur als auch die Darstellung auf der
Stofffläche dieses Paracas Nekropolis-Gewebes ist einem
EIP Nasca 3-Textil aus Cahuachi vergleichbar (Abbildung
7; siehe Photo in O'Neale und Kroeber 1930:pl. 4a). Die
Darstellung ist außerdem einem Cahuachi-Textil mit unter-
brochenen Kett- und Schussfäden aus EIP 3 ähnlich
(O'Neale 1937:pl. XXXIXc). Untersuchungen der erhalte-
nen Partien an den Rändern des Tuch-Fragments Kat. Nr. 3.15
lassen in Verbindung mit der Kenntnis von Struktur und
Motiven anderer hier erwähnter Textilien vermuten, dass es
ursprünglich wie die Rekonstruktion auf S. 106/107 aus-
sah. Es könnte ein kleines Kopftuch gewesen sein, für ein
Schultertuch scheint es etwas zu kurz.

Das Fragment wird an einem Saum von einer hervorragend gefertigten Verschlingstichbordüre eingefasst, die mit
winzigen geschlungenen Streifen an den Stoff angefügt ist.
Sechs verschiedenfarbige Vögel, ein Kondor, drei Falken
und zwei unidentifizierte Arten, wiederholen sich sieben
Mal in einer regelmäßig wiederkehrenden Abfolge (Abbildung 5). Zusätzlich wurden für die Verbindungsstreifen sieben verschiedene Farben verwendet (blau, gold, grün,
rosa, hellgrün, purpurrot oder gelb), die sich ebenfalls in
regelmäßigen Sequenzen abwechseln (siehe Diagramm in
Abbildung 5).

Die exakte Herkunft der meisten frühen Nascatextilien

ist unbekannt, dank weniger archäologischer Funde ist es allerdings möglich, relative Datierungen für einige der nicht wissenschaftlich ausgegrabenen Stoffe zu erhalten. So kann beispielsweise ein kleines Kopf- bzw. Schultertuch im Museo Civico, Modena (Abbildung 8) den Nasca-Webern zugeschrieben werden und ist, basierend auf dem Vergleich mit einem EIP 3-Textil, das in Cahuachi ausgegraben wurde (siehe O'Neale und Kroeber 1930:pl. 5), vermutlich in eben diese Epoche zu datieren. Der Cahuachi-Umhang hat ein gestreiftes Feld ohne figurale Darstellungen und weist entlang der Längsseiten U-förmige, in Verschlingstich ausgeführte Bordüren auf sowie Fransen zwischen den Enden der Bordüren an den Breitseiten.[9] Das rechteckige Tuch in Modena hat ebenfalls ein gestreiftes, leinwandbindiges Feld, das mit einem Paar schmaler, beidseitig bestickter Bordüren versehen ist, die an seinen Rändern mit winzigen Streifen, hergestellt aus verstärkten einfachen Schlaufen, angefügt sind (Desrosiers und Pulini:107, fig. 31a, und 115). An den Enden der Bordüren befinden sich auf beiden Seiten des Stoffes Fransen.

Ein nicht identifiziertes Motiv (vermutlich ein Fächer mit Anhängseln, Abbildung 8c) erscheint in dem schmalen Bordürenband (Abbildung 8b). Das Motiv ist, verglichen mit der visuell vielfältigen Ikonographie der Paracas-Nekropolis-Textilien (siehe z. B. Abbildung 2) sowohl hinsichtlich der Größe als auch hinsichtlich bildlicher Details stark reduziert, obwohl vier Farbblöcke in regelmäßiger Abfolge wiederholt werden. Jede Form ist doppelt symmetrisch und die Darstellungs-Einheiten wiederholen sich in

Abb. 7 Zeichnung des Stoffflächen-Designs auf dem EIP 3 Cahuachi-Textil Nr. 171111, Field Museum of Natural History, Chicago (nach O'Neale und Kroeber 1930:pl. 4a).

Abb. 8a   Frühnasca-Schal, Museo Civico Archeologico Etnologico, Modena F1. Camelidenfaser, 96 cm x 53,4 cm, EIP 3. Photo mit freundlicher Genehmigung des Museo Civico Archeologico Etnologico di Modena.

Abb. 8b   Detail des Schals in Modena, das eine schmale Bordüre mit unidentifizierten Motiven und kleinen in Schlaufen gelegten Streifen zeigt, welche die in dem Text beschriebenen Farbmuster tragen. Photo mit freundlicher Genehmigung des Museo Civico Archeologico Etnologico di Modena.

Abb. 8c   Zeichnung der unidentifizierten Stickereimotive der Bordüren des Modena-Schals.

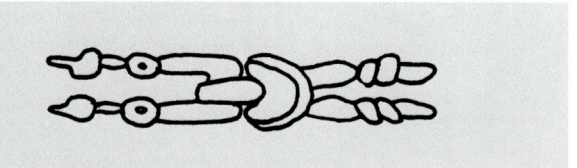

Form von „Verschiebung".[10] Die durch und durch gefärbten Streifen, die das Innenfeld mit der Bordüre verbinden (Abbildung 8b) sollen vermutlich ein ziemlich kompliziertes, sich wiederholendes Farbmuster wiedergeben, innerhalb dessen eine komplette Farbsequenz 42 Streifen in sieben verschiedenen Farben umfasst, die folgendermaßen aneinandergereiht sind: ein Satz bestehend aus vier roten Streifen plus einem dreifarbigen Satz, bestehend aus einem schwarzen Streifen, einer „Farbe x" und einem weiteren schwarzen Streifen, der sechs mal wiederholt wird, so dass alle „Farben x"-Töne („Farbe x" kann entweder pink, grün, gelb, hellgrün, rot oder blau sein) verwendet werden. In einer Bordüre finden sich diese zwei kompletten und regelmäßigen Sequenzen zusammmen mit vier dreifarbigen Sätzen, bestehend aus rot und grün als „Farbe x" (zwei Folgen aus 4 rot/1 schwarz/1 rot/1 schwarz, und zwei aus 4 rot/1 schwarz/1 grün/1 schwarz). Die zweite Bordüre weist lediglich Teile des Musters als Zusatz zu verschiedenen dreifarbigen Sätzen auf, die keiner regelmäßigen Anordnung folgen. Der Kontrast zwischen den regelmäßigen und unregelmäßigen Farbmustern der beiden Bordüren scheint dafür zu sprechen, dass sie von verschiedenen Webern hergestellt wurden.[11]

Das nahezu quadratische Tuch in Leinwandbindung in Abbildung 9 besteht aus zwei locker gewebten, zusammengenähten Stoffstücken (Abbildung 9b). Zwei schmale, gefranste U-förmige Bordüren, die in Verschlingstich angefertigt wurden, sind mit dem Tuch durch in Schlaufen gelegte Streifen verbunden. Diese Bordüren tragen auf beiden Seiten Motive: 12 zurückgewandte S-(bzw. kurvolineare Z-)förmige Elemente erscheinen in den kurzen Abschnitten A, C und D (siehe Abbildung 9c) und zwölf S-Motive in dem kurzen Abschnitt F. Abschnitt B umfasst 102 S-Motive plus einem Z-Motiv und Abschnitt E 92 Motive, die in unregelmäßiger Ordnung aus 38 S, 10 Z, 7 S und 37 Z Motiven aneinandergefügt sind (Petra Czerwinskes persönliche Mitteilung 2002). Wenn es in der Erscheinung auch nicht so eindrucksvoll ist wie andere in diesem Beitrag vorgestellte frühe Nascagewebe, so betteten die Person/en, welche diese Bordüren herstellten, in die Motive dennoch eine elfteilige Farbsequenz ein, die sich aus sieben Farben zusammensetzt.[12] Sowohl die Farb- als auch die Motivfolgen erweisen sich auf der A, B, C-Seite als regelmäßiger, als auf der D, E, F-Seite des Tuches, was die Vermutung, dass zwei verschiedene Personen an den Bordüren arbeiteten, noch wahrscheinlicher macht, wobei eine der beiden exakter gearbeitet hat als die andere. Der kurze Abschnitt F ist besonders eigenartig, denn im Verhältnis zu den drei anderen Abschnitten, welche die Klammerbordüren bilden, sind sowohl die Motive als auch die Farbsequenzen umgekehrt angeordnet.

Der Umhang ist groß genug, um über den Schultern, möglicherweise aber auch als Kopfbedeckung getragen zu

Abb. 9

Abb. 9a

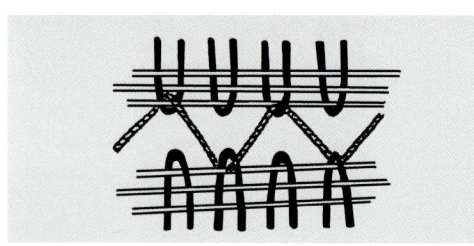

Abb. 9b

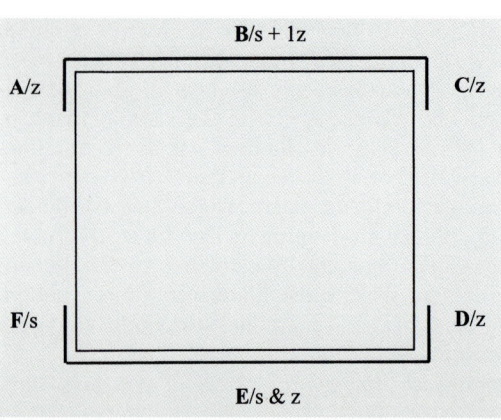

Abb. 9c

werden, vergleichbar dem Textil, das auf einer EIP 1 Nasca-Pauke (Abbildung 1) dargestellt ist. In jedem Fall wäre er gefaltet, längs oder quer, einfacher zu drapieren. Die Verzierung auf beiden Seiten lässt darauf schließen, dass beide nach Außen getragen werden konnten. Die Gefäßbilder zeigen ein Kopftuch mit U-förmigen Bordüren, die mit S-Motiven verziert sind, wobei diese Bordüren eher direkt auf das Tuch gestickt worden zu sein scheinen, als dass sie separat gearbeitet und anschließend angefügt worden wären, wie bei dem Textil aus Köln. Ungeachtet der verblüffenden Ähnlichkeiten zwischen dem Bild eines Kopftuches und dem tatsächlichen Gewebe, sind die Pauke und das Textil vermutlich unterschiedlichen Phasen der Nascakultur zuzuweisen. Basierend auf einem Vergleich mit gewebten Materialien, die zusammen mit Keramik in Cahuachi entdeckt wurden, scheinen die Textilien in EIP 3 zu datieren

Die roten Kett- und Schussfäden im Feld des Kopftuches auf Abbildung 10a sind fest gewoben und straff gespannt, wodurch sich ein nahezu durchsichtiges Tuch bildet, das anderen Nascageweben gleicht, die sich in einer Amerikanischen Museums-Sammlung befinden (siehe Anmerkung 2). Schmale Bordüren bedeckt mit 4/2 Stielstich-Stickereien sind an jede Längsseite angenäht (Abbildungen 10 a und b zeigen die rechte bzw. „vollendete" Seite). Die Darstellung besteht aus zwei Grundmotiven, einem Vogel und einem Fisch, die einander in Dreiergruppen abwechseln (drei Vögel, drei Fische, drei Vögel usw.), sowie einer kleinen Spinne am Ende der oberen Bordüre auf der rechten Seite. Die beiden Grundmotive können drei verschiedene Farbkombinationen aufweisen, so dass sich für das wiederholte Muster die Anordnung 1A, 1B, 1C, 2D, 2E, 2F, usw. ergibt (Abbildung 10c; Nummern stehen für Motiv-Typen und Buchstaben für Farbblöcke). Wenn auch jedes einzelne Bild klein und einfach gestaltet ist, so wird es durch die Kombination der Figuren mit einem Farbmuster etwas an-

Abb. 9 und 9a   Gesamtansicht und Detail eines Früh-Nasca-Schals, Rautenstrauch-Joest-Museum, Köln 49748, das eine Verschlingstich-Bordüre mit S-Motiven aufweist. Camelidenfaser-Bordüren, vermutlich Camelidenfaser-Stofffläche, 122 cm x 108,5 cm, EIP 3. Photo mit freundlicher Genehmigung des Rautenstrauch-Joest-Museums, Museum für Völkerkunde, Köln.

Abb. 9b Skizze, die zeigt, wie die beiden Gewebe des Kölner Schals zusammengenäht sind (Zeichnung von Tanja Vogel nach Petra Czerwinske).

Abb. 9c Diagramm des Kölner Schals, in dem die sechs im Text beschriebenen Bordüren-Abschnitte (A–F) zu sehen sind. 'Z' und 'S' beziehen sich auf die Motive, die in den verschiedenen Abschnitten der Bordüren erscheinen. Zur Beschreibung der Farbwiederholungen, siehe Anmerkung 12.

Abb. 10a

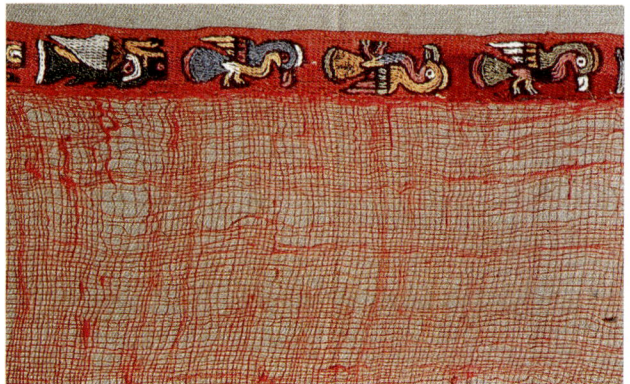

Abb. 10b
Abb. 10c

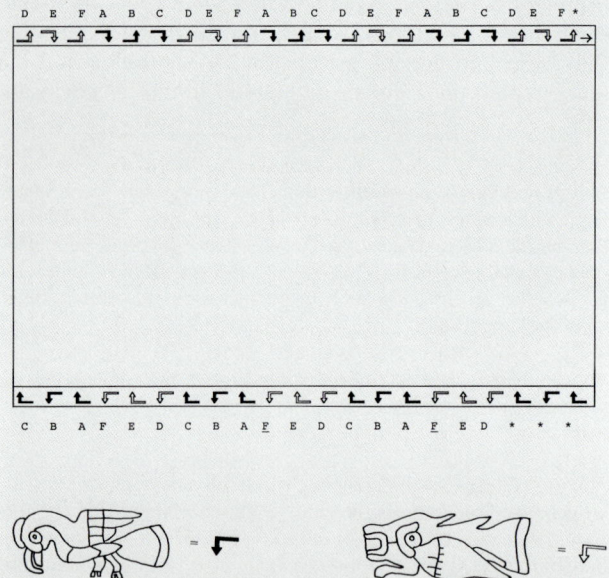

spruchsvoller. Die Figuren sind im Uhrzeigersinn um den Rand des Tuches herum angeordnet, wobei die Richtung rechts/links innerhalb der Bänder wechselt, da die Motive nicht identisch sind, es kann jedoch nicht von einer symmetrischen Wiederholung gesprochen werden.

Diskussion

Die hier vorgestellten frühen Nascatextilien unterscheiden sich, wie auch die von Cahuachi, in signifikanter Weise von den Textilien im Paracas-Nekropolis-Stil.

Durch die genaue Bestimmung dieser Unterschiede können wir die hervorstechenden Merkmale des Textilstils identifizieren, der im Río Grande de Nazca-Einzugsgebiet am Ende von EIP 2 und am Beginn von EIP 3 auftritt. Für einen Vergleich oder eine Gegenüberstellung mit den Paracas-Nekropolis-Textilien können besonders die im folgenden angeführten Merkmale der frühen Nascatextilien herangezogen werden: Größe und Proportionen der rechteckigen Tücher; die Wahl der Gewebe-Struktur; Ikonographie; Symmetrietypen und Farbwiederholungsmuster innerhalb der Bordüren-Motive oder der Stoffflächen-Motive.

Frühe Nasca-Umhänge sind wesentlich kleiner und eher quadratisch als die Umhänge der Mumien-Bündel aus Paracas-Nekropolis. Ein Nekropolis-Umhang misst im Durchschnitt 266 x 132 cm und ist doppelt so lang wie breit (der Umhang auf Abbildung 2 misst 251 x 108 cm). Während es in den Nekropolen zwei eigenständige Typen rechteckiger Tücher mit paarweisen Bordüren gibt – Umhänge, die

Abb. 10a Früh-Nasca-Schal, Mint Museum of Art, Charlotte, North Carolina, USA. Museums Ankauf: Charlotte Debutante Club Fund und Claudio und Betsy Phillips. 1996.16. Camelidenfaser, 58,42 x 89,53 cm, EIP 3. Mit freundlicher Genehmigung des Mint Museum of Art.

Abb. 10b Detail des Schals in Abbildung 10a, das die zwei prinzipiellen Stickereimotive der Bordüren zeigt. Mint Museum of Art, Charlotte, North Carolina, USA. Museums Ankauf: Charlotte Debutante Club Fund und Claudio und Betsy Phillips. 1996.16. Freundliche Genehmigung des Mint Museum of Art.

Abb. 10c Diagramm des Mint-Museum-Schals, in dem die Orientierung und die Farbmuster der Bordüren zu sehen sind. Die schwarzen Pfeile repräsentieren die Vögel und die weißen die Fische. Der Vogel auf der unteren Bordüre auf der rechten Seite entspricht nicht den anderen, und die Farbblöcke der ersten drei Darstellungen in diesem Bordürenabschnitt (hier durch Sternchen markiert) entsprechen nicht den Farbblöcken der anderen Vogel-Motive. Zwei Farbblöcke der Fisch-Motive sind unterstrichen, um anzuzeigen, dass sich die Farbe einer Teilkomponente von der in anderen F-Blöcken verwendeten Farbe unterscheidet. Der gerade Pfeil und das Sternchen in der rechten oberen Ecke stehen für eine kleine Spinnen-Darstellung.

über der Schulter getragen wurden, und Kopftücher, die den Kopf bedeckten – waren diese Umhang-Funktionen bei den frühen Nasca wohl in einem Kleidungsstück, dem eben besprochenen Schal, vereint. Acht komplett erhaltene rechteckige EIP 3 Nascatücher sind aus Grabungen von A. L. Kroeber in Cahuachi bekannt (von O'Neale 1937 als Umhang bezeichnet). Alle wurden in unmittelbarer Nähe voneinander gefunden (Kroeber und Collier 1998:fig. 66), sieben stammen aus drei nebeneinanderliegenden Gräbern im Unterbezirk A (ibid.:fig. 69). Wenn die Cahuachi-Gewebe auch in der Größe variieren, so sind ihre Proportionen eigentlich gleich (Tafel 1): das Längen-Breiten-Verhältnis beträgt für sechs Stücke 1,2 und für zwei weitere 1,3. Eine derartige Einheitlichkeit unter den Geweben in einer begrenzten Zone eines großen Fundortes könnte darauf hinweisen, dass die Personen, die sie herstellten, einen bestimmten Fertigungskanon einhielten. Das trifft nicht auf die Gruppe der Umhänge ohne Herkunftsangaben zu, die in Tabelle 1 aufgelistet sind, da sie sich sowohl in der Größe als auch hinsichtlich der Proportionen unterscheiden.

Obwohl die antiken Weber, welche die Paracas-Nekropolis-Textilien anfertigten, die Kenntnis und die Fertigkeit besaßen, nahezu alle bekannten Gewebearten herzustellen (wir wissen das, da sie es getan haben, und die Stoffe überliefert sind), bevorzugten sie überwiegend die Leinwandbindung für die Stoffe, die mit 4/2 Stielstich verziert wurden. Das trifft nicht auf die frühen Nasca-Weber zu, die weiterhin außergewöhnliche Näharbeiten herstellten, so wie sie gleichzeitig viele verschiedene Weisen zur Herstellung und Verzierung von Stoffen entwickelten. Bemalte Leinwandbindung, gestreifte Leinwandbindung, Gewebe, die Leinwand- und Dreherbindung kombinieren, einfache Verschlingung, verstärkte einfache Verschlingung, dreidimensionaler Verschlingstich, 4/2 und 6/4 Stielstich sind innerhalb der hier untersuchten Stoffe vertreten. Und diese Liste verlängert sich erheblich, wenn die in Cahuachi ausgegrabenen Stücke hinzu kommen (siehe O'Neale 1937). Obwohl Stickerei weiterhin bevorzugt wird, zeichnet sich in einem Stilwandel ein Interesse für eine größere Bandbreite an Gewebestrukturen und Schmuckelementen an Geweben ab, hinzu kommt die Vorliebe der frühen Nasca-Weber für beidseitig verwendbare Textilien. Die auf Abbildung 4, 5, 8 und 9 dargestellten Tücher sind beispielsweise alle beidseitig verwendbar.

Auf der anderen Seite werden die anspruchsvollen ikonographischen Charakteristika der Paracas-Nekropolis-Textilien nun weniger betont. Die bildlichen Stickereien auf Nekropolis-Textilien zeigen unter anderem eine Auswahl an Vögeln, Pampas-Katzen, Haien, mit Masken versehener menschengestaltiger Verkörperungen dieser Wesen (siehe z. B. Abbildung 2a) und Pflanzenmotiven. Obwohl die Darstellungen auf den sechs Nascaschals verschiedene Arten von Vögeln (Abbildungen 3, 4, 5, und 10), Fischen (Abbildungen 4 und 10), Blumen und Pflanzen (Abbildungen 3 und 4) und geometrischen Motiven (Abbildungen 5 und 9) umfassen, sind sie allesamt kleiner und weisen weniger Details auf als ihre Gegenstücke aus Paracas-Nekropolis. In einem weiteren Punkt unterscheidet sich die Dekoration früher Nascatextilien von den Nekropolis-Stücken, nämlich in der Anzahl der verschiedenen Motive pro Gewebe. Während ein Nekropolis-Textil normalerweise ein einziges gesticktes Motiv in den Bordüren und im Hauptfeld mehrmals wiederholt, sind Nasca-Stücke häufig mit zwei oder mehr verschiedenen Motiven dekoriert (siehe Abbildungen 3, 4, 5 und 10).

Bordüren stellen einen wichtigen Bestandteil der Stoffe beider Textiltraditionen dar (zu einer Diskussion der Symbolik von Paracas-Bordüren, siehe Paul 2000), und die Formate der Bordüren aller frühen Nascaschals, die hier abgebildet sind, entsprechen denen der Umhänge und Kopftücher aus Fundorten auf der Paracas-Halbinsel. Trotzdem ist ein feiner Unterschied in ihrer Anbringung am Stoff festzustellen. Die Bordüren an der Längsseite eines Nekropolis-Umhangs (siehe z. B. Abbildung 2) setzen sich gewöhnlich aus zwei unabhängigen Teilen zusammen, die mit Stickereien besetzt und an den Umhangs angenäht sind; die Teile, welche die Randbordüre zu einer klammerartigen U-Form ergänzen, sind direkt auf den Grundstoff aufgestickt, die Orientierung und Farbgebung dieser einklammernden Figuren stehen in einem inhaltlichen Zusammenhang zu den Randbordüren, nicht zu den anderen Figuren innerhalb des Tuches selbst. Es entsteht der visuelle Eindruck eines rechteckigen Stoffes mit zwei U-förmigen Bordüren innerhalb seines Umrisses. Im Gegensatz dazu sind die Bordüren der frühen Nascaschals in Abbildung 3, 4, 5, 8 und 9 vollkommen separate und doppelseitig verwendbare Einheiten, die mittels rechteckiger oder schwanzfederförmiger Streifen angefügt sind und über den äußeren Rand des Grundgewebes hinausragen. Außer dem in Abbildung 10 dargestellten Objekt sind die Bordüren und Felder eines jeden Umhangs zwei verschiedene Produkte, die in ihren Farbmustern nicht notwendigerweise aufeinander abgestimmt sind (vgl. dazu die Abstimmung der Bordüren mit dem Feld des Umhangs auf Abbildung 2). Der Umhang in Abbildung 10 stellt innerhalb dieser Gruppe eine Ausnahme dar, da seine separat gewebten und bestickten Bordüren eine rote Hintergrundfarbe haben, welche die Farbe des Innenfeldes wiederaufnimmt, so dass die verschiedenen Textilteile in ihrer Farbgebung zusammenpassen.

Textil-Bordüren liefern weitere kulturspezifische und diagnostische Informationen zu diesen beiden unterschiedlichen Textilstilen der Südküste. Einerseits betreffen sie die Bewegungsrichtung der Symmetrie, die bei der Wiederholung benachbarter Motive in eindimensionalen Wiederholungsmustern festzustellen ist. D. Washburn und D. Crowe bemerkten, dass, selbst wenn zahlreiche eindimensionale und zweidimensionale Symmetrie-Arten existieren, eine bestimmte kulturelle Gruppierung bei der Anordnung von Dekorationselementen stets nur wenige spezifische Symmetrien verwendet (1988:24). Tatsächlich ist die Zahl der Anordnungsmöglichkeiten identischer Motive bei Paracas-Nekropolis-Textilien sehr begrenzt: Die Motive wiederholen sich in über 97 Prozent der Bordüren in einer Auswahl von 543 Paracas-Nekropolis-Stücken, sie verwenden entweder Gleitreflexion oder doppeltgeklappte Drehung als Symmetrie-Prinzip (Paul 2000; Gleitreflexion oder doppeltgeklappte Drehung sind hier in Anmerkung 6 und 8 erläutert). Das trifft nicht auf die frühen Nascabordüren zu, die in ihrer Verwendung von Symmetrien ebenso unberechenbar zu sein scheinen wie die Paracas-Nekropolis-Bordüren gleichförmig bleiben. Zum einen weisen die Bordüren auf verschiedenen Schals mehr als einen Motiv-Typ auf (Abbildungen 3, 5 und 10). Da die Wiederholung gleicher Darstellungseinheiten ein Definitionskriterium für Symmetrien darstellt, kann nicht von Symmetrie-Wiederholungen gesprochen werden, sobald mehr als ein Darstellungs-Typ pro Gewebe vorkommt. Zum anderen stellt die Verschiebung die bevorzugte Art der Symmetrie dar, wenn identische Motive vorliegen (Abbildungen 4 und 8; die Bordüren-Vögel auf dem Schal in Abbildung 5 vermitteln ebenfalls den Eindruck, dass sie sich in Verschiebung wiederholen, obwohl es sich um verschiedene Motive handelt). Dieses Symmetrie-Prinzip erscheint auf den 543 Paracas-Nekropolis-Textilien nur vier Mal (Paul 2000:153; zur Definition dieses Typs der Symmetrie-Wiederholung, siehe Anmerkung 10). Dieser Wandel in der zugrundeliegenden Anordnung der figürlichen Orientierung auf Bordüren scheint eine Veränderung der Herstellungsprinzipien bei den Textilherstellern widerzuspiegeln und hilft uns, eine kulturelle Gruppierung von der anderen zu unterscheiden (zur einschlägigen Diskussion, wie die Hopi kulturelle Prinzipien in den symmetrischen Strukturen der Muster auf ihren Gefäßen kodieren, vgl. Washburn 1999).

Ein anderer Aspekt der Bordürengestaltung, für die bei den Paracas-Nekropolis-Textilien strenge Regeln gelten, stellt die Orientierung der Figuren um den äußeren Rand eines Gewebes im Uhrzeigersinn bzw. gegen den Uhrzeigersinn dar. Wenn ein asymmetrisches Motiv so ausgerichtet ist, dass seine zentrale Achse parallel zum Rand einer äußeren Bordüre liegt, weist der obere Teil der Figuren am oberen Rand stets nach rechts und am unteren nach links, so dass sich ein im Uhrzeigersinn fortlaufender Kreis um den äußeren Rand des Stoffes bildet (Abbildung 2b; siehe Paul 2000: Anmerkung 7). Diese spezielle Orientierung scheint bei den frühen Nasca-Webern nicht bevorzugt worden zu sein, wobei eine repräsentativere Auswahl an Geweben untersucht werden müsste, bevor eine definitive Aussage gemacht werden kann. Wir können immerhin feststellen, dass das Problem der Orientierung der Motive um den äußeren Rand der hier abgebildeten Schals auf verschiedene Weise gelöst wurde: bei einem Tuch entspricht sie den Paracas-Nekropolis-Textilien (Abbildung 10), ein anderes hat Motive, die entweder einen fortlaufenden Kreis im oder gegen den Uhrzeigersinn bilden, je nachdem welche Seite des Stoffes man betrachtet (Abbildung 8), ein drittes ist mit punktsymmetrischen Darstellungseinheiten versehen, die in verschiedenen Teilen der Bordüre umgedreht werden, so dass kein durchgehend fortlaufender Kreis um den Rand feststellbar ist (Abbildung 9), ein viertes zeigt Vögel, die in den oberen und unteren Bordüren in dieselbe Richtung weisen, so dass sich kein kontinuierlicher Umlauf um den äußeren Rand ergibt (Abbildung 4), und ein fünftes ist mit einer einzigen erhaltenen doppellseitigen Bordüre versehen, in der alle Vögel in dieselbe Richtung blicken (Abbildung 5). Obwohl die Auswahl an Schals klein ist, zeigt sich dennoch eine bemerkenswerte Vielfalt hinsichtlich der Gestaltungslösungen, die im Vergleich zu der bewussten Beschränkung der Verzierung der Paracas-Nekropolis-Bordüren umso bemerkenswerter ist.

Farbwiederholungen sind eine weitere wichtige Komponente für die Bordürengestaltung der Paracas-Nekropolis-Stücke und auch der frühen Nascagewebe. Bordürenmuster auf Nekropolis-Textilien bestehen überall aus zwei bis acht verschiedenfarbigen Figuren, die sich regelmäßig abwechseln. Farbblockwiederholungen finden sich auch bei einigen der frühen Nascaschals. Motive wiederholen sich in Sequenzen, bestehend aus drei Farbblöcken für je zwei verschiedene Darstellungsmotive (Abbildung 10), und auf einem anderen Stück in einer Sequenz, die aus vier Farbblöcken besteht (Abbildung 8). Wie bei den Paracas-Nekropolis-Textilien ist ebenfalls eine Bandbreite möglicher Farbwiederholungen bei Details wie den geometrischen Motiven der Verschlingstichbordüren und der Farbe der Verbindungsstreifen festzustellen. Zum Beispiel sind bei einem Textil (Abbildung 9) die Motive Farbträger sieben verschiedener Farben, die sich in einer elfteiligen Farbsequenz wiederholen, oder auf zwei anderen (Abbildung 5 und 9), sind die geschlungenen Streifen, die mit den Rändern des Gewebes verbunden sind, die Farbträger (sieben regelmäßig wechselnde Farben in Abbildung 5 und sieben in Abbildung 8). Wenn einmal mehr Daten dieser Art gesammelt sind, wird es vielleicht möglich sein, die gesamte Bandbreite an Farbwiederholungsvarianten zu erfassen.

Eine relativ geringe Zahl an Paracas-Nekropolis-Textilien hat in ihren Stoffflächen Stickereimotive, sind sie vorhanden, sind die Bilder immer in einem Rautengitterwerk angeordnet (in 173 Fällen von 176). Farbgebung und Orientierung dieser Figuren zeichnen sich durch komplizierte und inhaltsreiche Farb- und Symmetrie-Muster aus (siehe Paul 1997 und im Druck). Es gibt einige wenige frühe Nascaschals mit Darstellungen in der Stofffläche (Abbildungen

3 und 4), bei diesen Beispielen sind die Motive in einem
Rechteckgitterwerk anstatt in einem Rautengitterwerk angeordnet. Ein Farbmuster ist nur auf einem Schal vorhanden. Die in einfachen Farbblöcken gemalten Vögel sind so
angeordnet, dass sie zwei getrennte einfarbige S-Diagonalen bilden (Abbildung 3b); dieses Muster entspricht nicht
den Regeln, die für die Nekropolis-Textilien gelten (zu einer Diskussion dieser Regeln siehe Paul 1997). Die Sym-
metrieschemata in der Stofffläche dieser Textilien (Abbildungen 3b und 4) unterscheiden sich von den Nekropolis-
Textilien insofern, als die Motive in einem Rechteck-Gitter-
werk angeordnet sind, während sie sich unter Verwendung
derselben Struktur wiederholen, wie die auf siebzehn späten EIP 2 Nekropolen-Schals (Paul im Druck).

Ergebnisse

Die Zahl der bekannten EIP 3-Textilien von der Südküste ist
verglichen mit der großen Menge an EIP 1 und 2-Geweben
aus den Mumienbündeln, die auf der Paracas-Halbinsel
ausgegraben wurden, überraschend gering. Einige Forscher
haben vorgeschlagen, dass einer der Gründe für diese kleinere
Zahl an Textilien darin bestünde, dass die Keramik die herausragende Rolle als Prestigeträger übernahm und dass die
Nasca-Bildwelt von dem Medium Textil auf die Keramik
übertragen worden sei. H. Silverman stellte beispielsweise
fest, dass in Epoche 3 der Frühen Zwischenzeit wohl die
Perfektionierung der Technik der Überzugsbemalung von
Keramik und die Konzentration zeremonieller Handlungen in
Cahuachi die Nasca-Künstler dazu veranlasste, Keramik
den Textilien als Medium bildlichen Ausdrucks vorzuzie-
hen (1991:394). Und A. Sawyer schreibt, dass mit der Mitte
der Frühen Zwischenzeit 3 „Stickerei als primärer Träger
religiöser Ikonographie vollkommen verdrängt wurde – allerdings nicht durch andere Textiltypen, sondern durch die
neu entwickelte polychrome Überzugsbemalung der
Nasca-Keramik" (1997: 160).

Abgesehen davon, dass diese Erklärungen nicht gut zu
der langen andinen Tradition der Kodierung symbolischer
Informationen auf Geweben passen, werden sie auch nicht
durch die Archäologie gestützt. Ein EIP 3 Nasca-Grab, das
1932 in der Nähe von Cahuachi durch H. Ubbelohde-Doering ausgegraben wurde (Ubbelohde-Doering 1967:143,
188, und 189), enthielt beispielsweise einen kopflosen
Männerkörper, der in Gaze-Gewebe und verschiedene andere Stoffe mit Stickereien eingewickelt war. Das Grab enthielt außerdem ein Gefäß mit aufgemalten Kolibris. Weiterhin enthielten fünf EIP 3 Nasca-Gräber in Cahuachi
(1926 durch A. L. Kroeber ausgegraben) zahlreiche Stoffge-
wänder und Gewebefragmente zusammen mit Keramik
(O'Neale 1937). P. Carmichael, ein Erforscher der Nasca-

kultur, glaubte basierend auf diesen Funden, dass „scheinbar Textilien in der Tat als ein grundsätzliches Ausdrucksmittel von Identität, Wohlstand und Prestige in der gesamten Frühen Zwischenzeit an der Südküste üblich waren" (persönliche Mitteilung 1998). Carmichael ist der Ansicht, dass Textilien während dieser Periode ebenso verbreitet waren wie zuvor (wenn auch nicht so kunstvoll ausgeführt), dass es aber weniger überlieferte Stücke gäbe, weil „1. die Ausdehnung des Ackerbaus die meisten Begräbnisstätten entweder direkt oder durch den steigenden Grundwasserspiegel zerstört habe; es sich 2. um Bestattungen von Einzelpersonen handelt, die deshalb nicht eine so große Masse an Fundstücken enthalten wie Kollektivgräber;" und weil 3. die Grabräuber und ihre Hintermänner an weniger kunstvoll gearbeiteten Textilien auch weniger interessiert sind (persönliche Mitteilung 1998). Allerdings lässt die eindrucksvolle visuelle und strukturelle Vielfalt der relativ geringen Zahl an publizierten frühen Nascatextilien wenig Zweifel daran, dass die Textiltradition auch während EIP 3 lebendig und hervorragend war. Trotzdem weisen die erhaltenen Textilien deutlich darauf hin, dass bei den Südküsten-Bewohnern gegen Ende EIP 2 ein bedeutender kultureller Wandel stattfand. Gewebe kleineren Ausmaßes und anderer Proportionen in Verbindung mit einer größeren Bandbreite an Stoffstrukturen tauchen auf. Die Dekoration der Textilien nimmt weniger Platz ein und ist visuell weniger komplex. Verschiebungen der zugrundeliegenden Symmetriestruktur und Orientierungsmuster der Motive stellen ebenfalls wichtige Hinweise auf Unterschiede zwischen diesen Webern und denen der Stoffe aus Paracas-Nekropolis dar. Während die Weber und Sticker der Ritualgewänder aus Paracas-Nekropolis ausgesprochen einheitlich arbeiteten, indem sie sich streng an bestimmte Regeln hielten, scheinen frühe Nasca-Weber nicht alle die gleichen Prinzipien der Textil-Dekoration miteinander geteilt zu haben. Obwohl sie an denselben Textiltraditionen Anteil hatten wie ihre Vorgänger, scheinen sie mehr Freiheiten hinsichtlich einer individuellen Gestaltung gehabt zu haben. Das Bild der Textilproduktion der Nasca-Gesellschaft in der Zeit von EIP 3 stellt sich als von geringerem Umfang und als von außen weniger kontrolliert dar als das der Paracas/Topará Gemeinschaften. Viele frühe Nascastoffe, einschließlich einiger der in diesem Artikel vorgestellten, weisen unglaublich arbeitsaufwendige Dekorationen auf, wobei an einem Stück wahrscheinlich nur ein oder zwei Personen arbeiteten. Jedes Verschlingstich-Bordürenband, ist beispielsweise in einem Zug von einer Hand gearbeitet, und nicht von den Gruppen von Stickern, die einen Paracas-Nekropolis-Umhang bestickten. Die zentrale Fläche des Paracas-Nekropolis-Umhangs in Abbildung 2 zum Beispiel war groß genug, um acht Sticker zu beschäftigen, von denen jeder an einer senkrechten Kolumne arbeitete (Abbildung 2c und Paul 1986).

Diese Beschreibung der Organisation der frühen Nasca-Weberei könnte ebenso für die einzelnen Künstler gelten, die polychrom bemalte Keramik herstellten, und in eingeschränkter Form auch für die Erbauer von Sakralarchitektur. Die große Pilgerstätte von Cahuachi besteht beispielsweise aus vielen natürlichen Hügeln, die terrassiert und mit handgemachten Lehmziegeln bebaut wurden; insgesamt gibt es dort nahezu vierzig künstliche Plattformbauten und überformte Hügel unterschiedlicher Größe, und Formen. Diese Hügel stellen nach H. Silverman (1993:337ff.) monumentale Konstruktionen der frühen Nascakultur dar. Diese Autorin (ibid.: 337) vermutet, dass „die Ausbreitung architektonischer Zentren an der Fundstätte [gemeint ist Cahuachi] sowohl ein Hinweis auf die soziale Organisation von Nasca ist (z. B., dass viele Hügel Ayllu-Tempel verschiedener sozialer Gruppen sind) als auch auf eine Unfähigkeit und/oder ein Desinteresse der Nasca-Gesellschaft, alle menschliche Energie auf ein Projekt zu konzentrieren." Und D. Proulx (2001:119ff.), der zum Teil Belege aus H. Silvermans Studie (1993) anführt, bemerkt, dass „die Nasca-Bevölkerung politisch keine gemeinsame zentrale Regierung oder Hauptstadt hat, was ein Charakteristikum staatlich organisierter Gesellschaften darstellt, sondern vielmehr in eine Reihe von Gruppen mit je einem Herrscher aufgeteilt ist, die aber eine gemeinsame kulturelle Tradition teilen [...]. Die Zentren dieser einzelnen Gemeinschaften müssen noch bestimmt werden, obwohl die zahlreichen Nebenflüsse des Río Grande de Nazca-Systems natürliche Grenzen für eine derartige Einteilung gebildet haben könnten."

Wenn die Zeugnisse, die die frühen Nascatextilien darstellen, auch nie mit dieser Art von Beobachtungen zu den sozialen und politischen Strukturen der Nascakultur verbunden worden sind, ist es dennoch möglich, dass eine Analyse einer repräsentativen Auswahl von Stoffen den Forschern erlaubt, die Textilfaser, eines der wertvollsten Materialen der antiken Andenbevölkerung, in unsere Interpretation dieser bemerkenswerten Zivilisation einzubeziehen.

Danksagung

Da es mir nicht möglich war, alle in diesem Artikel diskutierten Objekte selbst zu untersuchen, war ich von der Fachkenntnis und dem guten Willen verschiedener Personen abhängig, denen ich hier einzeln danken möchte: Ilaria Pulini, die mir zahlreiche Fragen zu den Textilien in Modena beantwortete und mir ihre Photographien zur Verfügung stellte; Michael Whittington für die Untersuchung der Stücke im Mint Museum Charlotte; Petra Czerwinske für die Analyse des Schals in Köln; Kristina Angelis-Harmening, die vor ein paar Jahren geholfen hat, Beobachtungen am Textil in Köln aufzunehmen; Tanja Vogel, die Fragen zur

Ikonographie und Farbgebung der Schals aus Mannheim und München beantwortet hat; Christine Giuntini, die mir Informationen über zwei Stoffe im Metropolitan Museum of Art zukommen ließ; Syliva Mitschke, die mir technische Informationen über die Fragmente in Mannheim mitteilte; und Margaret Young-Sánchez, die mich auf die Pauke im Denver Art Museum aufmerksam machte. Außerdem danke ich Michael Tellenbach für viele engagierte Gespräche, während derer er mir seine Gedanken zur antiken Nascakultur mitteilte.

Tabelle 1

Rechteckige Früh-Nasca-Stoffe

Inventarnummer	Größe in cm	Längen-/ Breiten- verhältnis	Verweise
Spätes EIP 2 oder EIP 3 Früh-Nasca-Stoffe ohne genaue Herkunftsangabe:			
MfV, M 34–41-47a	90 x 61	1,5	Abbildung 3
MfV, M D-1006	134,5 x 126	1,1	Abbildung 4
REM AM4945	90 x 60?	1,5?	Abbildung 5
MCM F1	96 x 53,4	1,8	Abbildung 8
RJM 49748	122 x 108,5	1,1	Abbildung 9
MM 1996.16	89,5 x 58,5	1,5	Abbildung 10
MFAB 642044	175 x 100	1,8	Stone-Miller 1992:pl. 17
TM 91511	157 x 125	1,3	Bird und Bellinger 1954:Pl. CX, 83
Met 1980233.1	137,5 x 125	1,1	unpubliziert
Met 1980233.2	162,5 x 135	1,2	unpubliziert
EIP 3 Früh-Nasca-Stoffe aus Cahuachi:			
171182a	140 x 120	1,2	O'Neale 1937:154
171214	137,5 x 112,5	1,2	O'Neale 1937:154, pl. LXVIIf
171216	142,5 x 118,8	1,2	O'Neale 1937:154, pl. LVIII
171220	200? x 162,5	1,2	O'Neale 1937:154, pl. XLIX
171222	125 x 103,6	1,2	O'Neale 1937:154, pl. LIX
171262	150 x 130	1,2	O'Neale 1937:154, pls. XXXIVb, XXXVIIf
171265	120 x 95	1,3	O'Neale 1937:154, pl. XXXVIIe
171305a	170 x 130	1,3	O'Neale 1937:154

Anmerkungen

1   Photographien der Keramik, die Dawson benutzte, um die neun Phasen seiner Gliederung zu definieren, wurden von Silverman publiziert (1993:figs. 3.2–3.8). Von besonderem Interesse für die Diskussion hier sind Abbildungen 3.2. und 3.3. (ibid.), die Keramik-Merkmale der Nasca-Phasen 1, 2 und 3 illustrieren.

2   Es ist besonders schwer, den Textilien mit geometrischen Verzierungen relative chronologische Daten zuzuweisen. Ein technisch komplexer und sehr schöner rechteckiger Nasca-Stoff im Museum of Fine Arts in Boston weist beispielsweise ein zentrales Band mit eingewebter Stufen-Mäander-Verzierung auf (Stone-Miller 1992:pl. 17). Bei dem Versuch, diesen Stoff durch einen Motiv-Vergleich mit ausgegrabener Nasca-Keramik zu datieren, fanden wir heraus, dass der Stufen-Mäander-Dekor auf Nasca 3 (Kroeber und Collier 1998:figs. 121, 150, und 235), Nasca 5 (ibid.:figs. 252, 261, 263, 274, and 280), Nasca 6 (ibid.:fig. 292), Nasca 7 (ibid.:fig. 319) und Nasca 8 (ibid.:figs. 324 and 342) Keramik erscheint. Das Bordüren-Format auf dem Nasca-Textil in Boston ist unter den späten EIP 2 Paracas-Nekropolis-Umhängen von der Paracas-Halbinsel vertreten, während die feine, hauchdünne Stofffläche zweier hier behandelter Textilien (Abbildungen 9 und 10) vergleichbar ist; aufgrund dieses Vergleichs würde ich das Bostoner Textil in EIP 3 datieren.

3   Der Fundort Cahuachi im Nazca-Tal war in EIP 1 vermutlich ein Siedlungsort, gleichzeitig aber auch ein Kultzentrum, während er ab EIP 3 ein Pilgerschrein ohne zahlreiche und andauernde Besiedlung war (siehe Silverman 1993:300ff).

4   D. Strong (1957) grub 1952–53 ebenfalls Textilien in Cahuachi aus, diese wurden allerdings in einer künstlichen Schicht von Kulturablagerungen gefunden, was eine zuverlässige Datierung erschwert (siehe Phipps (1989:291). Außerdem haben H. Ubbelohde-Doering, H. Silverman und G. Orefici in Cahuachi gegraben. Ubbelohde-Doerings Funde befinden sich im Museum für Völkerkunde in München und sind bisher nicht publiziert. Silverman (1993:264–274) illustriert und beschreibt EIP-Textilien dieser Fundstätte, mir sind aber keine Hinweise auf eine Publikation von EIP 2 oder 3 Textilien durch Orefici bekannt, die dort entdeckt worden sein können. Schließlich hat seit 1997 ein Archäologen-Team unter der Leitung von M. Reindel EIP Fundstätten im Grande- und Palpa-Tal ausgegraben. EIP 2 und 3 Textilien der Fundstätten Los Molinas und La Muña (beide nahe der Ufer des Río Grande gelegen) werden von D. Biermann gegenwärtig zur Publikation vorbereitet (persönliche Mitteilung 2001). Zur Geschichte der Feldforschung in der Nasca-Region, siehe H. Silverman (1993:14–29) und K. Schreiber (1998).

5   Beim 4/2 Stielstich bewegt sich die Nadel mit Faden über vier Kett- bzw. Schussfäden des zu bestickenden Gewebes hinweg. Dann wird sie durch den Stoff zur Unterseite gezogen, wo sie rückwärts über zwei Kett- bzw. Schussfäden und wieder durch den Stoff auf die Oberseite geführt wird, worauf dieselbe Prozedur wiederholt wird. Diese Stichtechnik erzeugt einen Stoff, der zwei verschiedene Seiten aufweist, von der eine die Ansichtseite ist. Wenn das Verhältnis der Vorwärts- und Rückwärtsbewegung auf 6/4 wechselt, entsteht eine Stickerei, die auf beiden Seiten des Stoffes gleich aussieht, so dass er beidseitig verwendbar ist.

6   Gleitreflexion wird definiert als Parallelverschiebung der Motive, die somit versetzt wiedergegeben sind, und Spiegelung an der Längsachse, so dass sich nach rechts und links gewandte Bilder entlang des Bandes abwechseln (Shepard 1948:219).

7   Vergleiche die Motive der Textilien mit Vogeldarstellungen auf Nasca-3-Gefäßen in Proulx 1968:pl. 13; Kroeber und Collier 1998:figs. 94, 103, 108, 178, und 183. Keines entspricht exakt den auf das Textil aufgemalten Vögeln, die Darstellungsweise der gelappten Beine ist aber gleich.

8 Doppeltgeklappte Drehung bezeichnet eine Form der Punkt-symmetrie, die durch eine 180 Grad-Drehung der Motive erzeugt wird (Shepard 1948:219). Um eine symmetrische Wiederholung zu erhalten, müssen die Motive identisch sein, was hier nicht der Fall ist, da sich in dem Doppelmotiv, bestehend aus Vogel und Pflanzen, das Pflanzen-Motiv ändert. Um die Orientierungsmuster auf diesem Stoff ermitteln zu können, habe ich in dem Diagramm die Vögel ohne Berücksichtigung ihrer Pflanzen aufgenommen. Eine S-Diagonale verläuft schräg von oben links nach unten rechts, während eine Z-Diagonale schräg von oben rechts nach unten links verläuft.

9 Ein anderes EIP 3 Textil in einer Privatsammlung (abgebildet bei Kajitani 1982:pl. 49) ist diesen beiden Stoffen verwandt: es hat einen gestreiften Grundstoff mit einer U-förmigen Schlingstich-Stickerei-Bordüre, die an einer Seite angenäht wurde.

10 Verschiebung bezeichnet eine Symmetrieform, bei der das Motiv seine Position ändert, ohne dass ein Orientierungswechsel vorgenommen wird (Shepard 1948:219).

11 Ilaria Pulini zeichnete freundlicherweise die Farbsequenzen der 233 Verbindungsstreifen auf diesem Schal für mich auf.

12 Jede vollständige Sequenz setzt sich aus einem regelmäßigen Wechsel der Farben Rot, Hellgrün, Pink, Dunkelgrün, Gold, Blau, Gold, Braun, Rot, Dunkelgold und Grau zusammen. Angefangen auf der linken Seite der oberen Bordüre auf Abbildung 9c, wiederholen sich die Motive in folgender Ordnung: Abschnitt A: 1 komplette Sequenz + 1 Rot; Abschnitt B: 5 komplette Sequenzen, eine unvollständige (Grau fehlt); 1 unvollständige Sequenz (das zweite Gold fehlt); 2 vollständige Sequenzen, 1 unvollständige Sequenz (Dunkelgold und Grau fehlen); Abschnitt C: 1 komplette Sequenz, die mit dunkelgrün anstatt mit Rot + 1 Dunkelgrün beginnt. Folgt man der oberen Bordüre auf der rechten Seite im Uhrzeigersinn um das Tuch, zeichnet sich folgendes Farbmuster ab: Abschnitt D: 1 Sequenz + 1 Rot; Abschnitt E: 1 unvollständige Sequenz, in der sieben Farben ohne Ordnung verwendet werden; 4 unvollständige Sequenzen; 1 unvollständige Sequenz, in der vier Farben ohne Ordnung verwendet werden; 3 komplette Sequenzen; 1 unvollständige Sequenz, in der vier Farben ohne Ordnung verwendet werden; Abschnitt F: 1 Rot + 1 komplette Sequenz, in der die Farben in umgekehrter Reihenfolge angeordnet sind.

Übersetzung: Tina Schrottenbaum

Die acht Naturräume Altperus

- Unmittelbar am Pazifik mit seinen reichen Fischgründen befindet sich die **Chala**-Zone oder Küstenregion; sie ist frisch und niederschlagsfrei, aufgrund der Inversionswetterlage fast immer von Nebel bedeckt und erstreckt sich vom Strand bis in 200 m bis 300 m Höhe.
- Die daran anschließende tropische **Yunga**-Zone umfasst die Flussoasen, dort gibt es seltene Niederschläge in der Regenzeit. Hier wachsen die verschiedensten tropischen Nahrungspflanzen, u. a. Obst und Gemüse und der Maniok, aber auch wichtige Nutzpflanzen wie die Baumwolle.
- Die Yunga-Zone geht in ungefähr 2300 m Höhe über in den gemäßigten **Quechua**-Bereich mit subtropischem Winterregenklima. Dies ist die am dichtesten besiedelte Zone Altperus mit den charakteristischen Anbauterrassen an den Steilhängen bis in eine Höhe von 4000 m. Die altindianischen Grundnahrungsmittel Mais und Bohnen sind hier die wichtigsten Hauspflanzen.
- Oberhalb davon schließt die **Jalca**-Zone an. Hier wachsen noch Bäume. Hier ist unter anderem der ursprüngliche Lebensraum des Meerschweinchens, des universalen Haustiers der alten Andenkulturen.
- Ab ca. 4000 m beginnt die **Puna**-Zone. Sie umfasst die baumlosen Graslandflächen der interandinen Hochflächen mit reichlichen Sommerregen und jahreszeitlichen sowie Tages-Temperaturschwankungen von +22 bis -25 Grad. Es ist der natürliche Lebensraum der Neuwelt-Cameliden Vicuña, Guanaco, Lama und Alpaca. An Nahrungspflanzen gedeiht hier fast nur noch die Kartoffel.
- Oberhalb der Puna, ab etwa 4800 m Höhe, endet in der **Janca**-Zone der Lebensraum für Mensch und Tier, diese Zone wird nur gelegentlich für Opferriten aufgesucht.
- Am Anden-Ostrand findet sich dieselbe Abfolge der Naturräume bis hinunter in die Yunga Region, unterhalb schließt die eigentlich immer wolkenverhangene, zumeist im Regen liegende obere Waldzone, die **Rupa-Rupa**-Zone (= Heiß-Heiß-Zone) an, ein Ort der Heilkräuter und berauschenden Pflanzen.
- Unterhalb 400 m beginnt die **Omagua**-Zone, das Amazonas-Tiefland mit seiner tropischen Fauna und Flora, bunten Vögeln, dem gefleckten Jaguar, dem Kaiman, großen Würgeschlangen mit glitzernden Schuppen und vielem anderen.

Bibliographie

Alva, Walter
  2001: Gold aus dem Alten Peru. Die Königsgräber von Sipán. Kunst und Ausstellungshalle Bonn

Ardenois Arnaud, Gérard
  1999: Acústica de las siringas andinas de uso actual en la parte andina de Bolivia. Tesis de grado. Universidad Autonoma Tomas Frías. Potosí

Bennett, Wendell
  1953: Excavations at Wari, Ayacucho, Perú. Yale University Publications in Anthropology, no. 49. New Haven

Benson, Elisabeth
  1972: The Cult of the Feline; a Conference in pre-Columbian Iconography, October 31st and November 1st 1970. Washington, D.C.

Bird, Junius B., and Louisa Bellinger
  1954: Paracas Fabrics and Nasca Needlework: 3rd century B.C. – 3rd century A.D.: The Textile Museum. Catalogue Raisonné. Washington, D.C.

Bischof, Henning
  1984: „Zur Entstehung des Chavín-Stils in Alt-Perú." Beiträge zur Allgemeinen und Vergleichenden Archäologie Bd. 6, 355–452

Blagg, Mary Margaret
  1975: The Bizarre Innovation in Nasca Pottery. M.A. Thesis, Department of Art History, The University of Texas at Austin

Blasco, Concepción; Ramos, Luis-Javier
  1980: Cerámica Nazca. Valladolid
  1986: Catálogo de la Cerámica Nazca del Muséo de América. Vol. 1. Recipientes Decorados con Temas Relacionados con el Mundo de las Creencias. Madrid

Bolaños, César
  1988: Las antaras Nasca: historia y análisis. Lima

Carrión, Rebecca
  1949: „La Cultura Chavín. Dos Nuevas Colonias: Kuntur Wasi y Ancón." Revista del Museo Nacional de Antropología y Arqueología II, 99–169

Cobo, Bernabé
  [1964]: Historia del Nuevo Mundo. Madrid

Cordy-Collins, Alana
  1999: La sacerdotisa y la ostra: ¿queda resuelto el enigma del Spondylus? en: Spondylus. Ofrenda sagrada y símbolo de paz. Museo Arqueológico Rafael Larco Herrera, Lima

Desrosiers, Sophie; Pulini, Ilaria
  1992: Musei Civici de Modena: Tessuti Precolombiani. Modena

Disselhoff, Hans Dietrich
   1968: Oasenstädte und Zaubersteine im Land der Inka:
   Archäologische Forschungsreisen in Peru. Berlin
   1974: Das Imperium der Inka und die indianischen
   Frühkulturen der Andenländer. Berlin
Eisleb, Dieter
   1975: Altperuanische Kulturen I. Veröffentlichungen des
   Museums für Völkerkunde Berlin, neue Folge 31. Abtei-
   lung Amerikansiche Archäologie 3. Berlin: Museum für
   Völkerkunde
   1977: Altperuanische Kulturen. Nazca II. Veröffent-
   lichungen des Museums für Völkerkunde Berlin, Neue
   Folge 34 Abteilung Amerikanische Archäologie IV. Berlin
Kajitani, Nobuko
   1982: „Andesu No Senshoku (Textiles of the Andes)",
   Senshoku no Bi (Textile Art) 20 (Autumn): 9–99. Kyoto
Kroeber, Alfred L.
   1937: Preface to Archaeological Explorations in Peru,
   Part III: Textiles of the Early Nazca Period by Lila
   O'Neale. Field Museum of Natural History, Anthro-
   pology, Memoirs (Chicago) 2/3:127–129
Kroeber, Alfred L.; Collier, Donald
   1998: The Archaeology and Pottery of Nazca, Peru:
   Alfred L. Kroeber's 1926 Expedition, edited by Patrick
   H. Carmichael. Walnut Creek, California and The Field
   Museum, Chicago
Gayton, A.; Kroeber, A.
   1927: „The Uhle Pottery Collections from Nazca." University of California Publications in American Archaeology and Ethnology. Vol. 24/1, 1–46
Hickmann, Ellen
   1990: Musik aus dem Altertum der Neuen Welt: Archäologische Dokumente des Musizierens in präkolumbi-
   schen Kulturen Perus, Ekuadors und Kolumbiens. Frank-
   furt am Main; Bern; New York; Paris
Kroeber, Alfred
   1956: „Towards Definition of the Nazca Style." University of California Publications in American Archaeology
   and Ethnology. 43/4, 327–432
Kroeber, Alfred; Strong, William D.
   1924: „The Uhle Pottery Collections from Ica, with three
   Appendices by Max Uhle." University of California Publications in American Archaeology and Ethnology. Vol.
   21/3, 95–134
Kutscher, Gerd
   1949: Chimú. Eine altindianische Hochkultur. Berlin
   1983: Nordperuanische Gefäßmalerei des Moche-Stils.
   Mit einer Einführung und Nachweisen von Ulf Bank-
   mann. Materialien zur Allgemeinen und Vergleichenden
   Archäologie Bd. 18, München
Lavallée, D.; Lumbreras, L.
   1986: Die Andenvölker. Von den frühen Kulturen bis zu
   den Inka. Universum der Kunst. München

Lothrop, S.; Mahler, J.
1957: Late Nazca Burials in Chaviña, Perú. Papers of the Peabody Museum of Archaeology and Ethnology, Havard University. Vol. 50/2. Cambridge, Massachusetts, USA

Lumbreras, L.
1959: „Esquema Arqueológico de la Sierra Central del Perú." Revista del Museo Nacional. Tomo 28, 64–117
1973: Chavín de Huantar. Excavaciones en la Galería de las Ofrendas. Materialien zur Allgemeinen und Vergleichenden Archäologie Bd. 51. Mainz

Lyon, P.
1983: „Hacia una Interpretación Rigurosa del Arte Antiguo Peruano" Historia y Cultura. Revista del Museo Nacional de Historia. Tomo 16, 161–173

Menzel, D.
1964: „Style and Time in the Middle Horizon." Ñawpa Pacha 2, 1–106

Menzel, D.; Rowe, J.; Dawson, L.
1964: The Paracas Pottery of Ica. A Study in Style and Time. University of California Publications in American Archaeology and Ethnology. Vol. 50. Berkeley

Murúa, Martín de
[1964]: Historia general del Pirú. Bibiotheca Americana, Madrid

Neudecker, A.
1979: Archaeologische Forschungen im Nazca-Gebiet, Peru. Das Tal des Río Santa Cruz in praespanischer Zeit aus der Sicht der Forschungen Professor Dr. Ubbelohe-Doerings im Jahre 1932. Münchner Beiträge zur Amerikanistik Band 3. Hohenschäftlarn

O'Neale, Lila M.
1937: Archaeological Explorations in Peru, Part III: Textiles of the Early Nazca Period. Field Museum of Natural History, Anthropology, Memoirs (Chicago) 2/3: 118–253

O'Neale, Lila M., and A. L. Kroeber
1930: Textile Periods in Ancient Peru. University of California Publications in American Archaeology and Ethnology 28: 23–56. Berkeley and Los Angeles

Orefici, Giuseppe
1993: Nasca. Arte e società del popolo dei geoglifi. Jaca Book, Milano
1992: Oro y Templo de Kuntur Wasi. Tokio

Otto, Rudolph
1929: Das Heilige. Über das Irrationale in der Idee des Göttlichen und sein Verhältnis zum Rationalen. Gotha

Parsons, M.
1970: „Preceramic Subsistence on the Peruvian Coast." American Antiquity Vol. 35, 292–304

Paul, Anne
1980: Paracas Ritual Attire: Symbols of Authority in Ancient Perú. Ph. D. Thesis Austin, Texas

1986: The coloring of figures on a Paracas mantle. In Textile Conservation Symposium in Honor of Pat Reeves, edited by Catherine C. McLean and Patricia Connell, pp. 10–20. Los Angeles: Los Angeles County Museum of Art

1991: „Paracas Necrópolis Bundle 89: A Description and Discussion of Its Contents," in Paracas Art and Architecture: Object and Context in South Coastal Peru, edited by Anne Paul, pp. 172–221. Iowa City

1997: „Color Patterns on Paracas Necrópolis Weavings: a Combinatorial Language on Ancient Cloth." Techniques et culture (janvier-juin 1997) 29:13–153. Paris

2000: Protective perimeters: the symbolism of borders on Paracas textiles. RES 38 Autumn 2000:142–167

(in press): Symmetry schemes on Paracas Necrópolis textiles. In Embedded Symmetries: Natural and Cultural, edited by Dorothy Washburn. Albuquerque

Perez de Arce, José

1998: Sonido rajado: the Sacred Sound of Chilean Pifilca Flutes. en: The Galpin Society Journal. No LI

Phipps, Elena Juarez S.

1989: Cahuachi Textiles in the W.D. Strong Collection: Cultural Transformation in the Nasca Valley, Peru, Ph.D. dissertation, Department of Art History, Columbia University, New York. University Microfilms, Ann Arbor

Polo de Ondegardo, Juán

[1916]: Información sobre la religión y gobierno de los Incas por...notas bibliográficas y concordancia de los textos por Horacio H. Urteaga. Colección de libros y documentos referentes a la historia del Perú, Lima

Proulx, Donald

1968: Local Differences and Time Differences in Nasca Pottery. University of California Publications in Anthropology. Vol. 5. Berkeley

1970: Nasca Gravelots in the Uhle Collection from the Ica Valley, Peru. Research Reports Number 5. Department of Anthropology. University of Massachusetts. Amherst

2001: Ritual Uses of Trophy Heads in Ancient Nasca Society. In Ritual Sacrifice in Ancient Peru, edited by Elizabeth P. Benson and Anita G. Cook, pp. 119–136. Austin

Putnam, Edward

1914: „The Davenport Collection of Nazca and other Peruvian Pottery." Proceedings of the the Davenport Academy of Sciences XIII, 17–45

Roark, Richard P.

1965: „From Monumental to Proliferous in Nasca Pottery." Ñawpa Pacha 3, 1–92

Rowe, John H.

1960: „Nuevos Datos Relativos a la Cronología del Estilo Nasca." in: Matos, R. (Hrsg.) Antiguo Peru: Espacio y Tiempo, 29–45. Lima

1985: „Kunst in Perú und Bolivien." In: Willey, G. Das Alte Amerika. Propyläen Kunstgeschichte Bd. 19, 285–350

Salazar, Lucy; Burger, Richard

1982: „La Araña en la Iconografía del Horizonte Temprano en la Costa Norte del Perú." Beiträge zur Allgemeinen und Vergleichenden Archäologie 4, 213–253

Sawyer, Alan

1961: „Paracas and Nazca Iconography." In: Lothrop, S. (ed.) Essays in Pre-Columbian Art and Archaeology, 269–298. Cambridge

1997: Early Nasca Needlework. London

Schlesier, Karl

1959: „Stilgeschichtliche Einordnung der Nazca-Vasenmalerei: Ein Beitrag zur Geschichte der Hochkulturen des Vorkolumbischen Peru." Annali Lateranensi Vol. 23, 9–236. Vatikan-Stadt

Schreiber, Katharina J.

1998: Nasca research since 1926. Afterword in The Archaeology and Pottery of Nazca, Peru: Alfred L. Kroeber's 1926 Expedition, Alfred L. Kroeber and Donald Collier, edited by Patrick H. Carmichael, pp. 261–270. Walnut Creek, California and The Field Museum, Chicago

Schreiber, Katharina; Lancho Rojas, Josue

1995: „The Puquios of Nasca". Latin American Antiquity 6 (3), 229–54

Seler, Euard

1923: Die Buntbemalten Gefäße von Nazca im südlichen Peru und die Hauptelemente ihrer Verzierung. Gesammelte Abhandlungen zur Amerikanischen Sprach- und Altertumskunde. Band IV, 170–338. Berlin

Shepard, Anna O.

1948: The symmetry of abstract design with special reference to ceramic decoration, Contributions to American Anthropology and History, no. 47, pp. 210–292. Pub. 574, Washington, D.C.

Silverman, Helaine

1977: Estilo y estado: el problema de la cultura Nasca. Informaciones Arqueológicas 1:49–78. Lima

1991: The Paracas Problem: Archaeological Perspectives. In Paracas Art and Architecture: Object and Context in South Coastal Peru, edited by Anne Paul, pp. 349–415. Iowa City

1993: Cahuachi in the Ancient Nasca World. Iowa City

Stone-Miller, Rebecca

1992: To Weave for the Sun: Andean Textiles in the Museum of Fine Arts, Boston. Boston: Museum of Fine Arts

Strong, William D.

1957: Paracas, Nazca, and Tiahuanacoid Cultural Relationships in South Coastal Peru. Memoirs of the Society for American Archaeology 13. Salt Lake City: Society for American Archaeology

Tellenbach, Michael
    1986: Die Ausgrabungen in der formativzeitlichen Sied-
    lung Montegrande, Jequetepeque-Tal, Nord-Peru. Mate-
    rialien zur Allgemeinen und Vergleichenden Archäolo-
    gie Bd. 39. München
    1998: Chavín. Investigaciones acerca del desarrollo cultu-
    ral Centro-Andino en las épocas Ofrendas y Chavín Tar-
    dío. [= Chavín. Untersuchungen zur Kultur-Entwicklung
    im nördlichen Zentral-Andenraum und seinen Nachbar-
    Regionen in der Ofrendas- und Spät-Chavín-Zeit.]
    2 Bände in der Reihe: Andes. Boletín de la Misión Arqueo-
    lógica Andina. Universidad de Varsovia No 2. Warschau
    2001: „Zur Ikonographie des Fruchtbarkeitskultes im
    präkolumbischen Amerika" in: R. M. Jacobi u. a. (Hrsg.)
    Festschrift für Dieter Janz. Die Wahrheit der Begegnung
    – Anthropologische Perspektiven der Neurologie.
    Beiträge zur medizinischen Anthropologie Bd. 3,
    379–298. Würzburg
Tello, Julio C.
    1917: „Los Antiguos Cementerios en el Valle de Nasca."
    Proceedings of the Second Pan-American Scientific
    Congress, Washington, U.S.A., Monday, December 27,
    1915 to Saturday, January 8, 1916. Section I, Anthropo-
    logy. Vol. I, 283–291
    1923: „Wira Cocha." Inca. Vol. I no. 1, enero-marzo,
    93–320; no. 3, julio–setiembre, 583–606
Towle, Margret
    1961: The Ethnobotany of Pre-Columbian Peru. Viking
    Fund Publikations in Anthropology. Vol. 30, New York
Ubbelohde-Doering, Heinrich
    1929: „Altperuanisches Kunstgewerbe." In: Geschichte
    des Kunstgewerbes aller Zeiten und aller Völker, Bd. II,
    269–334. Berlin
    1931: Altperuanische Gefäßmalereien. Teil 2. Marbur-
    ger Jahrbuch für Kunstwissenschaft 6. Berlin
    1958: „Bericht über Archaeologische Feldarbeiten in
    Peru." Ethnos 23/2–4, 67–99
    1952: The Art of Ancient Peru. London
    1967: On the Royal Highways of the Inca: Civilizations
    of Ancient Peru. New York:
Uhle, Max
    1906: „Bericht über die Ergebnisse meiner südamerika-
    nischen Reisen" Internationaler Amerikanistenkongress.
    14. Tagung Stuttgart 1904, 567–579
    1913: „Zur Chronologie der alten Kulturen von Ica."
    Journal de la Société des Américanistes de Paris. N.S.
    Tome X fasc. II, 341–367
    1914: „The Nazca Pottery of Ancient Peru." Proceedings
    of the Davenport Academy of Sciences Vol. XIII, 1–16
    (Ms.): Museo Nacional. Catálogo. Adquisiciones. Ob-
    jetos Arqueológicos. Tomo I, hojas 1–229, diciembre,
    1905 – diciembre, 1911. Museo Nacional de Antropo-
    logía y Arqueología, Lima

Washburn, Dorothy
1999: Perceptual Anthropology: The Cultural Saliency of Symmetry. American Anthropologist 101(3): 547–562

Washburn, Dorothy K.; Crowe, Donald W.
1988: Symmetries of Culture: Theory and Practice of Plane Pattern Analysis. Seattle and London: University of Washington Press

Wolfe, Elisabeth F.
1981: „The Spotted Cat and the Horrible Bird; Stylistic change in Nasca 1–5 ceramic decoration." Ñawpa Pacha 19:1–62

Yacovleff, Eugenio
1932: „La deidad Primitiva de los Nascas." Revista del Museo Nacional 1, 101–160

Glossar

Abbreviert
Verkürzt

Acallahuasis
Gebäude, in denen die „auserwählten" Inka-Frauen lebten und erzogen wurden.

Andin
Die Anden betreffend, aus den Anden stammend.

Annex
Anhängsel, Anhang

Anthropomorph
Menschengestaltig

Anthropomorphes mythisches Wesen
Menschengestaltiges Mischwesen in Gefäßmalereien. Vom Kopf sind meist nur die Katzenohren und die spitzovalen Augen mit Mittelpupillen sichtbar, da Stirn und Mund durch Masken verdeckt werden. Stirn- und Mundmaske sind einem „Katzen-Schnurrbart" nachgebildet und weisen jeweils noch einmal ein durch Striche angedeutetes Gesicht auf. Aus der Mundmaske ragt meist die Zunge heraus. Gerade durch die Mundmaske gleicht das Gesicht einem Feliden, was dem Wesen auch die Bezeichnung „Katzendämon" einbrachte. Seitlich hängen vom Kopf mit Scheibenringen verzierte Locken herab und unter dem Kinn ist ein Schmuckkragen. In den Händen hält das Wesen meist einen Grabstock und einen am Haarschopf gepackten Menschenkopf.
Im Verhältnis zum Kopf ist der seitlich anschließende und frontal gezeigte Körper relativ klein gestaltet. Darüber ist ein sogenannter Annex zu erkennen, eine Art Umhang, auch Zackenschlangen-Umhang genannt, der in einem Menschenkopf mit herausgestreckter Zunge ausläuft. Manchmal sitzt an dieser Stelle auch ein Flügel oder ein Fuchsfell.

Applik
Angefügtes Element, Gefäßappliken sind Dekorelemente aus Ton, die nicht aus dem Gefäß herausmodelliert, sondern separat gearbeitet und anschließend an das Gefäß angefügt sind.

Arid
Trocken, dürr (in Bezug auf Boden und Klima).

„Augen-Nabel"
Der Körper des menschengestaltigen mythischen Wesen ist stets mit einem Poncho bedeckt. Der Nabel ist auf dem Kleidungsstück mit einem augenartigen Zeichen angedeutet.

Ayllu
Sippe oder Gruppe von Familien im Inka-Reich, neben der Familie die wichtigste soziale Einheit.

Barbotinetechnik

Plastische Verzierung keramischer Gefäße durch Herausarbeiten von Reliefs oder durch Auftragen zähflüssigen Tonschlickers, oft farbig bemalt.

Cameliden

Zur Familie der Kamele (Camelidae) gehören das domestizierte Lama und das Alpaka, aber auch das wilde Vicuna und Guanaco, man spricht auch von Neuwelt-Cameliden.

Chorologisch

Standort und Verbreitung von Kulturen, Kulturgütern, Tieren und Pflanzen betreffend.

Exzentrische Pupille

Pupille, die nicht im Zentrum des Augapfels, sondern am Ober- oder Unterlid liegt. Die exzentrische Pupille ist seit der Frühzeit der Andenkulturen ein Zeichen für das Übernatürliche.

Engobe

Dünne, glänzende, oft farbige Überzugsmasse aus mineralischem Tonschlicker für Keramik.

Falkenspur

Gemaltes Dekorelement am Auge, geformt wie die Zeichnung um das Auge des Falken.

Felide

Katzenartiges Wesen

Figuralprotome

Aus dem Gefäß herausmodellierte figürliche Elemente, meistens Köpfe.

Figurativ

Gegenständlich

Grabstock

In Altamerika gab es keinen Pflug, sondern mit einem Grabstock wurden die Samen und Stecklinge ausgesät bzw. gesetzt.

Horizont

Horizonte bezeichnen in der präkolumbianischen Archäologie Zeiträume, in denen sich eine gewisse Vereinheitlichung der Lebensäußerungen im altperuanischen Raum abzeichnet (Chavín, Tiahuanaco-Huari, Inka). In den Anden liegen zwischen diesen Horizonten regional begrenzte Stile.

Hortikulturen

Gartenbaukulturen, sie arbeiten mit dem Grabstock und nutzen den Boden sehr intensiv.

Ikonographie

Beschreibung der Bildtypen, ihrer Traditionen und ihres Einflusses auf die Deutung von Bildinhalten.

Ikonologie

Untersuchung gleichartiger Themen in unterschiedlichen Bildtraditionen und Darstellungsformen.

„Interlocking"-Darstellung

Ineinandergreifende Darstellungen mit gemeinsamen Umrisslinien.

Kammdekor
Schmuckband, dass auf Gefäßmalereien vor Frauen-
gesichtern hängt und unter den Augen einem Kamm
nachgebildet ist. Es handelt sich dabei um einen typischen Dekor für die (späte) Phase 7 der Nascakultur.

Katzendämon
Siehe Anthropomorphes mythisches Wesen

Konkav
Nach innen gewölbt (im Gegensatz zu konvex)

Konvex
Nach außen gewölbt (im Gegensatz zu konkav)

Kropf
Erweiterung oder Ausstülpung der Speiseröhre bei vielen Vögeln.

Kurvolinear
Gekrümmte Linien

Mittelpupille
Pupille, die im Zentrum des Augapfels liegt.

Nazca bzw. Nasca
Um Verwechslungen zu vermeiden, wird in der Schreibung zwischen dem Nazca-Tal und der danach bezeichneten Nascakultur, Nasca-Keramik usw. unterschieden.

Orthostaten
Aufrecht stehende Steine, die eine Mauer bilden.

Panperuanisch
Ganz Altperu umfassend

Pars-pro-toto-Darstellung
Wörtlich „Teil für das Ganze"-Darstellung. Verkürzung
der Darstellung auf ein wesentliches Element, das für
die gesamte Darstellung steht.

Phase
Bezeichnet einen bestimmten Zeitraum einer Kultur, der
sich in Stil und Typeninventar von anderen Zeiträumen
unterscheidet.

Polychrom
Mehrfarbig

Proximales Gelenk
Gelenk, das näher am Rumpf liegt; dagegen wird
das vom Rumpf entferntere Gelenk als distal bezeichnet.

Pyrograviert
Mit Hilfe von Feuer eingraviert, eingebrannt.

Pyxis
Gefäß in Form einer Dose, rund, mit steiler Wand und
flach gewölbtem Oberteil.

Repetitiv
Sich wiederholend

Rhombisch
Rautenförmig

Ritzbegrenzte Überzugbemalung
Technik der Gefäß-Verzierung, bei der die Darstellungen und Ornamente in die Gefäßwand eingeritzt und

die dadurch entstehenden Felder nach dem Brand mit unterschiedlichen Farben ausgefüllt werden.

Scharrbild

Bezeichnung großer Bodenzeichnungen, wie die bekannten Bilder in der Umgebung des Nazca-Tals.

Spongiös

Schwammartig

Stirnkarunkel

Hahnenkammartiger, roter herunterhängender Fortsatz an der Stirn; anatomisches Charakteristikum des Kondors

Stufenmäander

Geometrisches Muster, das sich aus wechselnden stehenden und hängenden Stufen beiderseits eines Bandes zusammensetzt.

Tremendum

Erzittern von Menschen, die die Begegnung mit der Gottheit spüren.

Vergesellschaftung

Fundstücke, die zusammen niedergelegt wurden oder zu gleicher Zeit in den Boden kamen; auch „geschlossener Fund", Fund-Kontext oder Fundzusammenhang.

Zoomorph

Tiergestaltig

Impressum

AN DIE MÄCHTE DER NATUR
Mythen der altperuanischen Nasca-Indianer

21. Juli bis 20. Oktober 2002
Reiss-Engelhorn-Museen Mannheim
Museum für Archäologie, Völkerkunde und Naturkunde D 5

Gesamtleitung
Prof. Dr. Alfried Wieczorek

Herausgeber
Prof. Dr. Alfried Wieczorek, PD Dr. Michael Tellenbach

Konzeption von Ausstellung und Katalog
PD Dr. Michael Tellenbach

Redaktion
Luisa Reiblich

Ausstellungsleitung
PD Dr. Michael Tellenbach, Dr. Claudia Braun

Ausstellungstexte
Luisa Reiblich, Tina Schrottenbaum M.A.

Museumspädagogisches Rahmenprogramm und Führungsorganisation
Patricia Pfaff M.A., Tanja Vogel M.A., Sibylle Schwab M.A.

Ausstellungstechnik
Oliver Klaukien M.A.

Ausstellungsaufbau
Ulrich Debus unter Mitarbeit von Robert Leicht, Wolfgang Lickert, Orazio Petrosino und Giuseppe Presentato

Restauratorische Betreuung
Hans Peter Niers, Sandra Gottsmann, Sylvia Mitschke

Photographien
Jean Christen

Graphische Bearbeitung und Inszenierungen
Tanja Vogel M.A.

Unterstützung bei Technik und Gestaltung
Rainer Mietsch
Volker Keipp von der Fachhochschule Mannheim, Hochschule
für Technik und Gestaltung

Medienarbeit und Marketing
Dr. Hans-Jürgen Buderer

Leihgeber
Martin von Wagner-Museum Würzburg
Museum für Völkerkunde München

XVI, 264 Seiten mit 201 Farb- und 36 Schwarzweißabbildungen

Umschlagvorderseite: Doppelausgusskanne Kat. Nr. 1.15
Photo Jean Christen

Vorsatz vorn: Satellitenaufnahme Peru
© WorldSat International Inc., „2001-www.worldsat.ca"
All Rights Reserved. Bearbeitet von Rainer Mietsch

Frontispiz: Blick in eine Taloase. Photo Michael Tellenbach

Vorsatz hinten: Zeittafel. Gestaltung Rainer Mietsch

Umschlagrückseite: Malerei auf der Doppelausgusskanne
Kat. Nr. 7.19. Umzeichnung von Tanja Vogel

Die Deutsche Bibliothek – CIP-Einheitsaufnahme

An die Mächte der Natur : Mythen der altperuanischen
Nasca-Indianer / Reiss-Engelhorn-Museen Mannheim.
Hrsg. von Alfried Wieczorek und Michael Tellenbach. –
Mainz : von Zabern, 2002
ISBN 3-8053-2941-5 (Buchhandelsausgabe)
ISBN 3-8053-2942-3 (Museumsausgabe)

Satz und Gestaltung: Klaus Rob und Lothar Bache,
Verlag Philipp von Zabern, Mainz
Lithos: Schmidt & more, Ginsheim-Gustavsburg
Alle Rechte, insbesondere das der Übersetzung in fremde
Sprachen, vorbehalten. Ohne ausdrückliche Genehmigung des
Verlages ist es auch nicht gestattet, dieses Buch oder Teile daraus
auf photomechanischem Wege (Photokopie, Mikrokopie) zu ver-
vielfältigen oder unter Verwendung elektronischer Systeme zu
verarbeiten und zu verbreiten.
Printed in Germany by Kunze & Partner, Mainz
Printed on fade resistant and archival quality paper
(PH 7 neutral) · tcf

Heute

1521

1200

1000

500

0

300

1000

v. Chr.